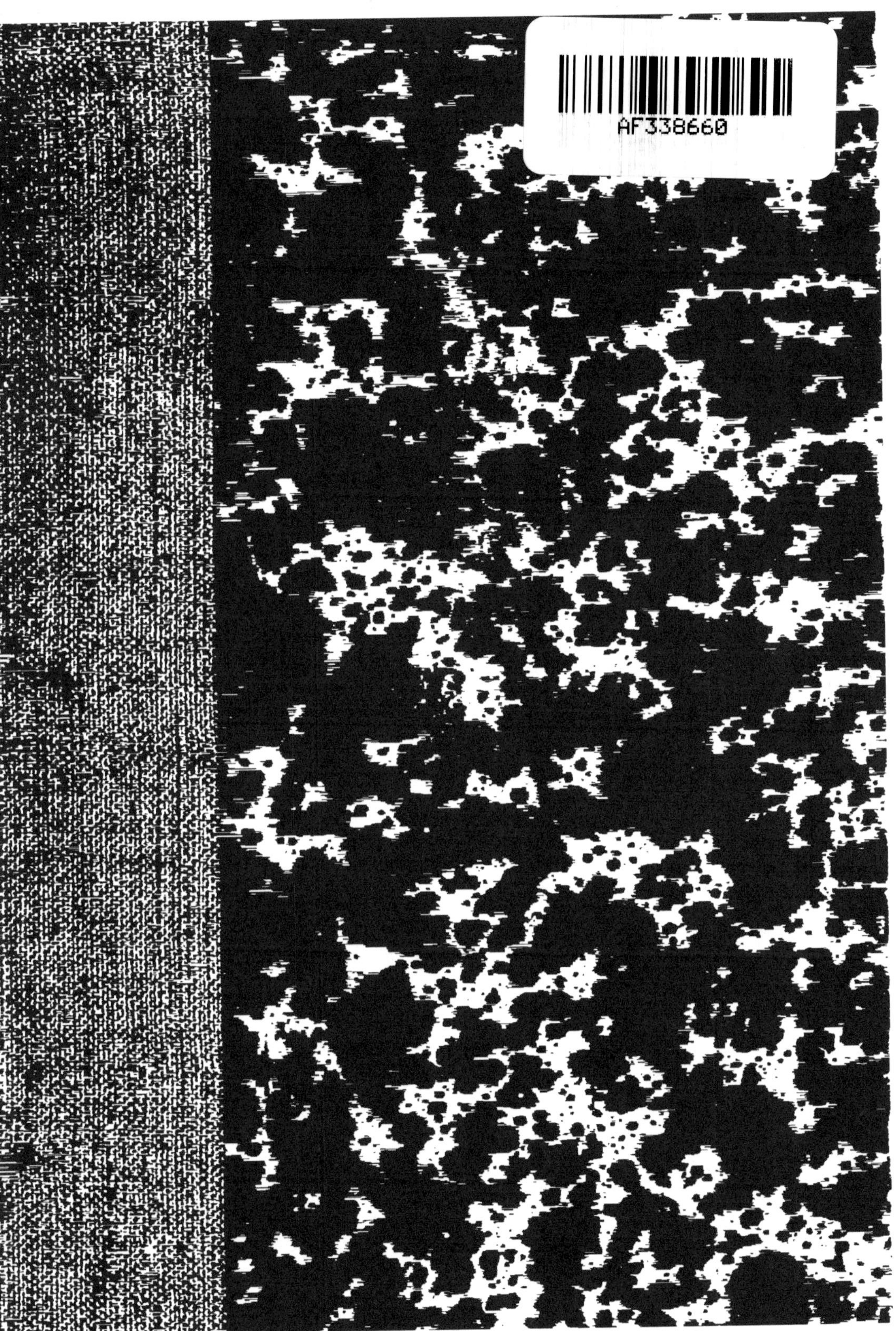
AF338660

Conserve — la Camertius

LE ...
JEAN DE MATHA

FONDATEUR

DE L'ORDRE DE LA TRÈS-SAINTE TRINITÉ

POUR LA RÉDEMPTION DES CAPTIFS

PRÉCÉDÉE

D'UNE LETTRE DE MONSEIGNEUR ...

Sur la mission actuelle de l'Ordre

REVÊTUE

des Approbations de NN. SS. les Évêques de Digne, ...,
Fréjus, Annecy, Saint-Jean-de-Maurienne ...

celle du T. R. P. GÉNÉRAL ...

Par le R. P. CALIXTE de la ...

RELIGIEUX TRINITAIRE

PARIS

WATTELIER ET C...

17, RUE DE SÈVRES ...

1867

VIE

DE

SAINT JEAN DE MATHA

VIE

DE

S. JEAN DE MATHA

FONDATEUR
DE L'ORDRE DE LA TRÈS-SAINTE TRINITÉ
POUR LA RÉDEMPTION DES CAPTIFS

PRÉCÉDÉE

D'UNE LETTRE DE Mgr L'ÉVÊQUE D'ORLÉANS
SUR LA MISSION ACTUELLE DE L'ORDRE

et revêtue de plusieurs Approbations épiscopales
et de celle du T.-R. P. Général

AVEC UN APERÇU GÉNÉRAL SUR L'EXISTENCE DE L'ORDRE
APRÈS LA MORT DU SAINT FONDATEUR

Par le R. P. CALIXTE de la Providence
Religieux Trinitaire.

PARIS
F. WATTELIER, ÉDITEUR
RUE DE SÈVRES, 19
1867

DÉDICACE ET PRIÈRE

A

SAINT JEAN DE MATHA.

Illustre Saint et Père bien-aimé,

O vous, que la plus ardente charité a porté à tout endurer pour délivrer les captifs d'une affreuse oppression, pour améliorer le sort de tant de malades et d'infirmes, pour préserver, en un mot, un si grand nombre d'âmes des flammes éternelles, à qui, mieux qu'à vous-même, pourrions-nous dédier ces pages destinées à redire aux chrétiens de nos jours tant de mémorables actions? Nous n'ignorons point la faiblesse de notre travail, mais nous osons espérer, néanmoins, de votre bonté paternelle que vous daignerez en accepter l'offrande et le bénir, afin qu'il produise dans le cœur de ceux qui le liront les fruits de salut que nous avons eus en vue en le préparant.

Daignez, ô grand Saint, couvrir toujours de votre protection les habitants de la contrée à laquelle vous avez appartenu par votre naissance et votre baptême. Protégez aussi, d'une façon toute spéciale, cette Famille religieuse dont vous fûtes et serez toujours le Père bien-aimé. Elle s'efforce de marcher constamment sur vos traces, dans la voie du sacrifice et du dévouement à toutes les misères humaines. Aidez de votre puissant secours ces missionnaires qui, sur tous les points du globe, arrachent chaque jour de nouvelles victimes à la captivité du démon.

Mais surtout dilatez, ô vous sublime rédempteur des esclaves, bienfaiteur infatigable de l'humanité souffrante, dilatez cette œuvre qui est une extension et comme un complément de la vôtre, l'œuvre de l'affranchissement et de la civilisation de ces pauvres nègres qui gémissent, profondément humiliés, dans tant de contrées de la terre, et surtout en Orient. Oh ! faites que la France, votre patrie, sente de nouveau ses entrailles s'émouvoir, au spectacle de ces créatures que la servitude et le malheur de leur naissance ont fait descendre jusqu'aux dernières limites de la dégradation morale. Faites que, suivant votre noble exemple, des hommes dévoués devenus vos disciples, préparent à ces infortunés un sort meilleur, et qu'ils parviennent à les placer, affranchis et sanctifiés par une éducation chrétienne, au rang des serviteurs du vrai Dieu.

Tels sont les vœux qu'ose formuler le plus indigne de vos enfants. Tels sont, sans doute, aussi les vôtres, puisque leur accomplissement contribuerait puissamment à la glorification de ce Dieu trois fois saint que vous avez fait connaître et bénir sur la terre et qui maintenant récompense dignement vos travaux dans le ciel.

P. Fr. CALIXTE de la Providence.

LETTRE

DE

MONSEIGNEUR L'ÉVÊQUE D'ORLÉANS.

RÉPONSE A UNE OBJECTION.

Le 1er mai 1865, Monseigneur Dupanloup, évêque d'Orléans, nous a fait l'honneur de nous adresser la lettre que voici :

Mon Révérend Père,

J'ai toujours eu pour votre saint Ordre la plus vive sympathie, et je suis bien loin de croire qu'il n'ait plus de mission à remplir dans un siècle où l'exploitation de l'homme par l'homme est fort loin d'avoir cessé, et où l'horrible plaie de l'esclavage souille encore tant de contrées de la terre. J'ai, de même, la plus profonde vénération pour votre saint Fondateur, qui a eu la gloire de réaliser une des œuvres les plus honorables à notre divine religion, et j'estime opportune et utile, au plus haut degré, cette nouvelle Vie de ce grand serviteur de Dieu et des hommes.

Veuillez agréer, avec mes vives et profondes sympathies, l'expression de mes plus dévoués sentiments en N.-S.

FÉLIX, *Év. d'Orléans.*

La lettre de l'illustre prélat répond à l'objection faite quelquefois contre l'opportunité de l'existence actuelle des religieux Trinitaires. On prétend, en effet, que cet Ordre a fait son temps et que sa mission est achevée, puisqu'il n'y a plus, dit-on, d'esclaves à racheter.

Il est vrai qu'il n'y a plus d'esclaves sur les côtes de Barbarie, grâce aux armes victorieuses de la France; mais est-il également vrai qu'il n'y en ait plus ailleurs? Il suffirait, au contraire, d'ouvrir les Annales de la Propagation de la Foi et celles de la Sainte-Enfance, pour voir que des missionnaires de différentes congrégations religieuses s'occupent actuellement, surtout en Afrique, de l'affranchissement des nègres, pour arriver à les civiliser et à les rendre chrétiens.

Le P. Horner, de la congrégation du Saint-Esprit, écrivait naguère de la côte de Zanzibar qu'il a opéré plusieurs acquisitions parmi les prisonniers que se font mutuellement les peuplades de cette contrée qui sont toujours en guerre.

M. Planque, supérieur des prêtres qui évangélisent le Dahomey, disait également dans les Annales de la Sainte-Enfance qu'ils ont à Alméria, sur la côte orientale de l'Espagne, une fondation pleine d'avenir, où de jeunes enfants, achetés dans l'intérieur de l'Afrique, sont élevés dans les principes de la foi chrétienne. Les religieux Observantins ont près de 200 enfants nègres sous leur direction à Naples. Mgr Kobès, en élève à peu près le même nombre dans son Orphelinat de N'gazobil, au Sénégal. Il donne aux naturels du pays qu'il a pu se procurer une éducation morale et professionnelle, et il est parvenu à former ainsi une grande agglomération autour de laquelle se sont groupés, en moins de deux ans, cinq ou six autres villages.

Mais voici un témoignage qui va mieux encore à notre but. Le R. P. Finaz, jésuite et missionnaire sur les côtes orientales de Madagascar, opère, lui aussi, quelques rachats, et dans une lettre rapportée en 1861 par les Annales de la Propagation de la Foi, il s'écriait : « Jadis, un Ordre avait été fondé pour la délivrance des captifs ; que de bien n'aurait-il pas à faire ici en ce moment ! »

Nous tenons à signaler surtout l'œuvre fondée en 1838 par le digne abbé Olivieri, et qui consiste à recueillir, en Orient, de pauvres enfants nègres, pour les amener graduellement à la civilisation par l'Évangile. Déjà plus de 800 enfants des deux sexes lui doivent le bienfait d'une éducation chrétienne, et le Souverain Pontife a daigné combler de ses bénédictions les bienfaiteurs dont le zèle soutient cette œuvre si méritoire.

De plus, Sa Sainteté, voulant en assurer la perpétuité et le développement, l'a confiée, dès 1853, aux religieux Trinitaires, comme répondant parfaitement au but primitif de leur institution.

Après l'exposé que nous venons de faire, pourra-

t-on dire encore qu'il n'y a plus d'esclaves nulle part ?
Or, les rachats qu'opèrent dans l'occasion les zélés
missionnaires dont nous venons de parler, et d'autres
que nous aurions pu citer encore, les religieux Trinitaires, rédempteurs par vocation et par mission
divines, les feront, eux aussi, lorsque leur nombre,
aujourd'hui trop restreint, le leur permettra, et dès
lors, leur Institut, bien loin de paraître inutile dans
les temps actuels, pourra renouveler au profit des
malheureux esclaves les prodiges de dévouement
qui l'ont signalé si longtemps à l'admiration des
peuples. C'est là, croyons-nous, pour cet ordre, un
gage certain de succès réel et durable, car les institutions, comme les individus, ne peuvent espérer de
réussir que lorsqu'elles marchent résolûment dans
la voie que la Providence leur a assignée, selon leur
vocation particulière, dans l'Église de Dieu.

Au reste, lors même que l'esclavage disparaîtrait
sur tous les points du globe et que l'œuvre du rachat serait rendue par le fait impossible, la mission
de l'ordre de Saint-Jean de Matha ne serait point
encore tout à fait achevée. Nous ne parlerons point
ici de cette rédemption spirituelle exercée par les
Trinitaires à l'égard des esclaves chrétiens qu'ils
délivraient des liens du péché, en même temps qu'ils
faisaient tomber de leurs mains les fers de la captivité ; il est évident que ces religieux pourront toujours exercer ce rachat des âmes par la prédication
et par d'autres œuvres du ministère sacerdotal.

Mais nous voulons faire remarquer que saint Jean
de Matha, en donnant à ses enfants l'œuvre du rachat
pour but principal, leur avait aussi assigné comme
but secondaire et accessoire, l'exercice de la charité
corporelle sous d'autres formes. Ainsi, il a voulu

qu'ils fussent Hospitaliers pour soigner dans des hôpitaux, souvent contigus à leurs propres couvents, toute sorte de malades, mais surtout les captifs rachetés que la faiblesse de leur santé empêchait de rentrer dans leurs foyers. Il voulut aussi qu'ils donnassent leurs soins aux soldats sur les champs de bataille, en qualité d'aumôniers et aussi d'infirmiers.

Frédéric Hurter nous dit que notre Saint avait confié aux chefs des croisés, et surtout au comte de Flandre, plusieurs de ses religieux qui devaient soigner en même temps l'âme et le corps des combattants. L'illustre fondateur assista lui-même, en 1212, avec une multitude de ses disciples, à la fameuse bataille de las Navas de Tolosa, où Alphonse IX tailla en pièces l'armée des Musulmans. Ils y remplissaient aussi le double emploi dont nous avons parlé. Le sire de Joinville nous rapporte dans ses Mémoires que le grand maître de la Trinité, c'est-à-dire le supérieur général de l'ordre, qui était alors le P. Nicolas Ier, se trouvait, avec un grand nombre de ses religieux, dans l'armée de saint Louis en Égypte, et il parle des services signalés que ces frères Trinitaires rendirent au roi et à son armée, au moment des revers et pendant la peste.

Or, si l'on veut bien y faire attention, on verra que cette direction que le pieux fondateur avait donnée au zèle de ses enfants leur assigne précisément de nos jours un rôle plein d'actualité. En effet, nous avons appris que, par suite d'une convention intervenue à Genève en 1864, entre les diverses puissances de l'Europe, il a été stipulé qu'on formerait une association internationale pour les secours à donner, même sur le champ de bataille, aux soldats blessés, association qui comprendrait dans son personnel plusieurs membres de corporations religieuses [1]. Nous ignorons encore si des religieux hospitaliers et infirmiers ont exercé déjà cet emploi sur le théâtre des dernières guerres, en Allemagne et en Italie. Mais si la pensée qui a présidé à cette résolution des puissances européennes vient à se réaliser complétement, il nous semble que les religieux Trinitaires ont bien quelques droits à figurer à ce poste d'honneur et de périls, d'autant que leurs états de services en ce genre de dévouement sont des plus anciens, des mieux constatés et des plus honorables.

Tout nous paraît donc se réunir pour démontrer la vérité des paroles que nous adressait encore l'éminent Prélat que nous avons déjà cité. Sa Grandeur nous disait, en parlant de la restauration des Trinitaires en France et de leur but actuel : « Cette œuvre est éminemment catholique; elle me semble venir merveilleusement en son temps aujourd'hui [2]. »

[1] Voici en entier l'article du journal auquel nous faisons allusion : « Un nouvel uniforme, ou, pour parler plus exactement, un signe distinctif que les précédentes guerres n'ont pas connu, vient de paraître sur les champs de bataille de l'Allemagne et de l'Italie. C'est une bande d'étoffe blanche, coupée d'une croix rouge, et que portent au bras gauche les membres de l'association internationale pour les secours aux blessés de campagne. Aux termes de la convention intervenue en 1864, à Genève, il a été stipulé entre les diverses puissances de l'Europe qu'un brassard avec croix rouge sur fond blanc, serait uniformément adopté pour faire reconnaître le personnel neutralisé : les chirurgiens, médecins, pharmaciens, infirmiers, corporations religieuses, etc. » (Journal général de l'instruction publique, 16 juillet 1866, page 698.)

[2] Lettre de Mgr Dupanloup, du 18 août 1865.

APPROBATIONS.

APPROBATION DE L'ORDINAIRE
MONSEIGNEUR MEIRIEU,
ÉVÊQUE DE DIGNE.

Très-Cher Père,

Je vous félicite de la bonne pensée que vous avez eue de publier une nouvelle vie de saint Jean de Matha. Écrit avec simplicité mais avec onction, votre livre contribuera, je n'en doute pas, à faire connaître et aimer cet illustre Saint, auquel notre diocèse s'honore d'avoir donné le jour. Vous avez donc fait une œuvre agréable à Dieu, utile aux fidèles et à l'ordre de la Très-Sainte Trinité.

Recevez, très-cher Père, l'assurance de mes sentiments bien affectueux.

Digne, le 14 avril 1865.

MARIE JULIEN, évêque de Digne.

APPROBATION DE MONSEIGNEUR DELCUSY,
ÉVÊQUE DE VIVIERS.

Le livre intitulé : *Vie de saint Jean de Matha par le R. P. Calixte de la Providence, supérieur du couvent des Pères-Trinitaires à Faucon,* est approuvé pour notre diocèse. Le pieux récit des merveilles de la foi et de la charité des temps passés doit nécessairement édifier les fidèles de nos jours, et les encourager puissamment à la pratique des vertus des saints.

Viviers, le 14 novembre 1865.

LOUIS, évêque de Viviers.

APPROBATION DE MONSEIGNEUR BERNADOU,

ÉVÊQUE DE GAP.

Mon Révérend Père,

C'est une heureuse idée de donner au public une nou-velle vie de l'illustre fondateur de l'ordre de la Très-Sainte Trinité, au moment où cet ordre renaît en France par vos soins. Votre livre, en faisant mieux connaître saint Jean de Matha qui fut tout à la fois un grand saint et un des plus insignes bienfaiteurs de l'humanité, exci-tera, je l'espère, de vives et nombreuses sympathies pour l'œuvre de rétablissement que vous accomplissez avec tant de zèle.

J'aime à croire qu'un ordre autrefois si utile à la reli-gion et à la société, est appelé à leur rendre, encore de nos jours, d'importants services. Je joins avec plaisir mon approbation à celles de mes vénérés collègues de Digne, d'Orléans et de Viviers, et je désire voir se répandre dans mon diocèse la vie d'un saint qui ne lui est point étran-ger, puisque Faucon, patrie de saint Jean de Matha, ap-partenait à l'ancien diocèse d'Embrun.

Agréez, mon Révérend Père, l'assurance de mes senti-ments tout dévoués en Notre-Seigneur Jésus-Christ.

Gap, le 24 février 1866.

VICTOR FÉLIX, évêque de Gap.

APPROBATION DE MONSEIGNEUR JORDANY,

ÉVÊQUE DE FRÉJUS.

Très-Révérend Père,

J'applaudis de tout cœur à la pensée que vous avez eue de donner au public une vie de saint Jean de Matha, l'il-lustre fondateur de votre saint ordre. Cette vie sera très-favorablement accueillie, dans nos Alpes d'abord, qui ont eu l'insigne honneur de donner à l'Église ce zélé rédempteur des captifs, et de plus, dans toutes les contrées du Midi, où vivent encore les institutions de charité qui en sont sorties. Sur le témoignage favorable de Mgr de Digne, qui a examiné votre travail et qui est si bon juge, je joins très-volontiers mon approbation à la sienne pour recommander votre livre aux prêtres et aux fidèles de mon diocèse.

Recevez, mon Révérend Père, l'assurance de mes meilleurs sentiments d'estime et d'amitié.

Fréjus, le 22 mars 1866.

JOSEPH HENRI, évêque de Fréjus et de Toulon.

APPROBATION DE MONSEIGNEUR MAGNIN,

ÉVÊQUE D'ANNECY (SAVOIE).

Très-Révérend Père,

Un livre aujourd'hui trop oublié dans les familles chrétiennes, c'est la vie des saints. Je ne puis que vous féliciter de donner au public celle de votre illustre et saint fondateur. Elle présente à notre siècle, tout absorbé par la recherche des biens d'ici-bas, les exemples de charité et de dévouement qui font les grandes œuvres et les grands caractères. C'est lui rappeler aussi qu'au delà des intérêts matériels il y en a pour lui de plus nobles et de plus élevés. Je suis heureux d'unir mon approbation à celle que Mgr de Digne a donnée à la nouvelle vie de saint Jean de Matha, et je demande au ciel qu'elle porte au loin, et surtout au sein de de nos montagnes, l'esprit de celui qui est la gloire des vôtres.

Recevez, très-révérend Père, l'assurance de mon profond dévouement.

Annecy, le 10 avril 1866.

C. MARIE, évêque d'Annecy.

APPROBATION DE MONSEIGNEUR VIBERT,

ÉVÊQUE DE SAINT-JEAN DE MAURIENNE.

Mon Révérend et Très-Cher Père,

Vous savez combien j'ai applaudi à la bonne pensée que vous avez eue de donner au public français une nouvelle vie de votre illustre fondateur qui est réellement trop peu connu, trop peu apprécié de nos jours. Sa gloire semble s'être éclipsée dans les temps de froid égoïsme que nous traversons. Il importait donc de faire revivre le spectacle de ses vertus et le souvenir de ses immenses travaux pour le soulagement et le bonheur de ses semblables. Vous avez dignement rempli cette tâche que vous imposait votre amour d'enfant dévoué d'un si grand saint. Je ne doute point que votre travail ne soit goûté des âmes pieuses, et que cette lecture ne contribue puissamment au développement de votre œuvre, en vous procurant de zélés coopérateurs, au sein même de notre catholique Savoie.

Agréez, je vous prie, très-révérend Père, la nouvelle assurance bien cordiale de mon respectueux dévouement.

Saint-Jean de Maurienne (Savoie), 19 avril 1866.

François Marie, évêque de St-Jean de Maure.

APPROBATION DU T. R. P. MINISTRE GÉNÉRAL

DE L'ORDRE DE LA TRÈS-SAINTE TRINITÉ.

L'accueil favorable que les fidèles ont fait à l'abrégé de la vie de saint Michel des Saints, publié l'année passée, a déterminé le R. P. Calixte de la Providence, président de notre couvent de Faucon, à faire paraître un nouvel opuscule qu'il soumet aujourd'hui à notre examen, et qui a pour titre : *Vie de saint Jean de Matha, fondateur de l'ordre de la Très-Sainte Trinité.* Nous ne saurions exprimer

la vive satisfaction que nous éprouvons de la publication
de ce livre qui a pour but et qui aura pour résultat de
faire connaître et apprécier de plus en plus notre saint
patriarche et son œuvre.

Ami lecteur, le saint qu'on présente ici à votre émulation mérite à plus d'un titre vos ardentes sympathies.
Saint Jean de Matha sera votre guide et votre modèle,
dans quelque position que la Providence vous ait placé.
Vous verrez dans le jeune seigneur de Faucon, une obéissance aveugle aux moindres désirs de ses parents, une
charité précoce pour les pauvres, une vie d'oraison et de
mortification au sein de la famille.

Le pieux écolier d'Aix et de Paris vous apprendra à
joindre une piété sincère à une étude assidue. Sa vigilance et sa fermeté contre les assauts que le monde livra
à sa vertu, vous rendront prudent, au milieu des dangers
du siècle. Peut-être êtes-vous sur le point de faire un choix
de vie, lisez ce livre, et vous verrez comment on doit se
préparer à ce grand pas. La prière et la mortification ouvrirent à saint Jean de Matha la voie qu'il devait suivre.

Les personnes religieuses trouveront dans cette vie le
résumé des vertus propres à leur état. Les inférieurs ad-
mireront cette entière soumission du docteur de Paris à
la conduite d'un obscur anachorète. Les supérieurs trouveront dans le saint fondateur cette majesté, cette gravité
propres à leur rang, unies à une douce simplicité et à
une ardente et inépuisable charité. Mais le trait principal de
cette admirable vie c'est le but que se proposa saint Jean
de Matha, en instituant l'ordre de la Très-Sainte Trinité,
Oui, l'œuvre du rachat a mérité aux religieux Trinitaires,
et surtout à leur saint patriarche, l'approbation de tous
les siècles et les louanges de ceux mêmes dont on devait
le moins les attendre, les ennemis déclarés de notre sainte
religion.

Cet ordre, éminemment français par son fondateur
et par le zèle et par le dévouement qu'il exige de ses
membres, s'est acquis, par les services qu'il a rendus
constamment à l'Église et à l'humanité un droit sacré

aux sympathies de la France et de ses généreux enfants. Nous espérons donc que la lecture de cet opuscule fera naître dans plus d'un cœur français le désir d'embrasser notre saint institut.

Dans ce doux espoir, nous approuvons par la présente, la susdite vie et permettons de la livrer à l'impression.

Donné à Rome, en notre couvent de Saint-Chrysogone, le 8 mars 1865.

P. Fr. Antoine de la Mère de Dieu,
Ministre général.

Fr. Gratien de Saint-Félix, secrétaire.

CONSIDÉRATIONS PRÉLIMINAIRES.

La société catholique était profondément troublée, lorsque trois grands réparateurs, Dominique de Guzman, François d'Assise et Jean de Matha parurent ; l'un pour défendre la Foi contre les hérésies, l'autre pour rendre l'Espérance aux pauvres, et le troisième pour étendre le règne de la Charité, en procurant la liberté aux chrétiens captifs chez les Maures, et en soignant des milliers d'infirmes et de malades au sein de l'Europe civilisée. Fidèles à leur sublime mission, les trois envoyés du ciel répondirent avec élan aux vues de la divine Providence, et laissèrent après eux des disciples qui ont continué leurs œuvres immortelles.

Leur gloire fut si éclatante, que chacune des trois nations auxquelles ils appartiennent est fière de compter un d'entre eux au nombre de ses plus illustres citoyens. La France revendique l'honneur d'avoir donné naissance au dernier de ces héros. Elle le range parmi les saints qui lui sont propres, et dans lesquels se trouve au plus haut point cette soif de dévouement que la main du Très-Haut dispense si libéralement à ses enfants. L'œuvre de saint Jean de Matha fut certainement une des plus belles créations du génie catholique. Mais il nous semble que pour en bien saisir toute l'importance, il faut jeter un rapide coup d'œil sur la triste position où se trouvaient les malheureux captifs auxquels l'ingénieuse charité de notre illustre Fondateur venait apporter un remède efficace et proportionné à l'étendue de leurs infortunes :

« Il y avait en Barbarie, et particulièrement à Alger, trois sortes d'esclaves ; ceux du deylik ou de la république, au service du dey ou du gouvernement ; ceux des galères, employés aux travaux du port et à la manœuvre dans les expéditions maritimes ; enfin, ceux des particuliers, lesquels étaient eux-mêmes de deux sortes, les uns avaient été achetés par des patrons pour l'usage de leurs maisons et de leurs métairies, les autres, simple objet de commerce, étaient vendus et revendus comme de vils animaux par des trafiquants ou maquignons, et de tous ils étaient les plus à plaindre. En général, et à quelque catégorie qu'ils appartinssent, leur sort était horrible. Le corps dans l'oppression, l'esprit dans l'angoisse, le cœur dans le désespoir, la foi même en danger évident, tel était le tableau abrégé de l'esclavage du chrétien sous le joug musulman. Les histoires de Barbarie, les relations des missionnires sont pleines d'horribles détails sur les souffrances physiques et morales des esclaves, et l'horreur redouble quand on songe qu'elles tombaient sur des milliers et des milliers de malheureux.

« Pendant la première moitié du xviie siècle, il y avait dans la seule ville d'Alger et dans sa banlieue de 25 à 30,000 esclaves français, espagnols, anglais, italiens, allemands et même russes. On en comptait de toutes les provinces et même de presque toutes les villes de France. Dans les annales de cet esclavage, on trouve les noms les plus illustres. Il suffit de citer ici saint Vincent de Paul, Michel Cervantes, vers la fin du xvie siècle; Regnard, environ cent ans après; et, de nos jours, le savant Arago.

« Le martyre des esclaves commençait à leur arrivée dans la ville où ils devaient résider. On les dépouillait aussitôt, et tous, même les prêtres et les femmes, étaient exposés entièrement nus, sur une place publique et vendus comme des bêtes de somme. Pendant que ceux du devlik étaient emmenés dans des expéditions contre les chrétiens, les autres, à peine couverts de haillons, étaient soumis à des travaux excessifs; à l'exception de quelques-uns employés par des patrons plus doux et entendant même leur intérêt, le reste ne s'appartenait ni dans son corps ni dans son âme et avait à supporter, sans relâche et sans compensation, les plus rudes fatigues. Les uns étaient condamnés aux travaux de la campagne, et sous un ciel dévorant, ils labouraient la terre, coupaient du bois dans les forêts, faisaient du charbon ou tiraient des pierres des carrières. Les autres restaient dans les villes et travaillaient au port, plongés dans l'eau neuf heures de la journée; ou bien, exposés tout le jour aux ardeurs du soleil, dans une atmosphère ardente que les animaux eux-mêmes ne peuvent respirer, ils sciaient le marbre, sans pouvoir jamais, quel que fût leur accablement, se retirer ni même prendre un court instant de repos.

« On les voyait, dit un missionnaire, tirer la langue comme des chiens et perdre la peau qu'ils donnaient en proie à ces ardeurs dévorantes : n'importe, disait le surveillant impitoyable, le bâton à la main, travaille, dusses-tu crever sur la pierre! Si quelques-uns travaillaient à l'intérieur, ils n'en avaient pas moins à souffrir, on les entassait jusqu'à 40 dans une sorte d'étable si petite et si étroite qu'à peine ils pouvaient remuer. Ils n'y recevaient l'air que par un soupirail ouvert à la voûte et fermé d'une grille de fer. Là, enchaînés deux à deux et perpétuellement enfermés, ils travaillaient sans cesse, par exemple

à moudre du blé dans un petit moulin à bras, avec obligation d'en rendre chaque jour une quantité qui dépas-
sait leurs forces. Pour soutenir de telles fatigues, dix onces
de pain par jour et un peu d'eau et de vinaigre ! Le soir
même ne leur apportait ni soulagement à leurs maux ni
repos véritable. Logés dans des bouges infects, les fers aux
pieds et aux mains, ils n'avaient pour se reposer, pendant
une courte partie de la nuit, qu'une couverture et la terre
nue. Si le vendredi, jour de prière des musulmans, in-
terrompait leurs travaux, par une cruelle compensation,
on trouvait encore à retrancher sur leur maigre et chétive pitance.

« Mais tout cela n'était rien encore, en comparaison des
injures et des châtiments qui punissaient les moindres
fautes, ou qui même n'avaient d'autre but que la satisfaction de caprices cruels ; les coups de pierre ou de cou-
teau, les coups de bâton sur les pieds, le dos ou le ventre,
les dents brisées, le nez et les oreilles coupés, l'estrapade
mouillée, consistant à suspendre un pauvre esclave aux
antennes d'un vaisseau et à le plonger violemment et à
plusieurs reprises dans la mer à l'aide d'une poulie, les
ongles mêmes des pieds arrachés, et les plaies arrosées de
cire fondue, ce n'étaient là que jeux pour ces barbares.

« Quand le supplice devait être sérieux, ils roulaient les
esclaves dans des tonneaux armés de clous pointus ; ils
les écrasaient sous 5 ou 600 coups de bâton ; ils les jetaient à la mer cousus dans des sacs, ou les enterraient
jusqu'aux épaules dans des fosses où ils pourrissaient vi-
vants ; ils leur ouvraient le dos à coups de hâche et intro-
duisaient dans les plaies béantes de longs flambeaux de
cire allumés ; ils leur coupaient des lambeaux de chair
qu'ils faisaient griller aussitôt et qu'ils les forçaient à
manger ; ils les enferraient à des crocs fixés aux murs,
tantôt par les épaules, tantôt par le ventre, comme les
bouchers font pour les viandes suspendues à leur étal ; ils
les attachaient à la queue d'un cheval indompté qui bientôt les mettait en pièces ; ils les écartelaient à quatre navires
allant en sens inverse, ou les perçaient de flèches aux an-

tennes; ils les laissaient mourir de faim, ou les forçaient à s'entretuer à coups de hache.

« Enfin, d'autres étaient écorchés vifs, rompus, crucifiés, étranglés, empalés, et le supplice du feu attendait ceux qui avaient essayé de se soustraire à la torture par la fuite. « Notre courage s'épuisait, a écrit l'illustre écri-« vain Cervantès, résumant toutes ces horreurs, à la vue « des cruautés que Hosson exerçait dans son bagne. Tous « les jours un supplice nouveau, tous les jours un captif « était suspendu au croc fatal, un autre était empalé, un « troisième avait les yeux crevés, et cela sans motif, « uniquement pour satisfaire la soif du sang qui était « naturelle à ce monstre, et qui inspirait même de l'hor-« reur aux bourreaux qui le servaient. »

« Voilà pour le corps, mais qui dira les tortures de l'âme, les outrages à la vertu et les persécutions de la foi? Les femmes et les enfants étaient les premières victimes de ces barbares doublement voluptueux, et la moindre résistance était punie des plus horribles tourments. Le prosélytisme ou plutôt le fanatisme musulman cherchait à faire des conquêtes parmi les esclaves chrétiens, non plus seulement par la force et le glaive, comme aux temps primitifs du Coran, mais encore par toute sorte de séductions. Appâts de l'or, promesse d'affranchissement, volupté, ivrognerie même, dans laquelle on noyait la foi et la liberté, pour arracher une apostasie. Aussi, hélas! les apostats se voyaient par milliers.

« Le P. Dan comptait à Alger, vers 1650, 8,000 renégats et 1,000 à 1,200 renégates, dont 4 seulement étaient françaises; à Tunis, 1,000 à 1,200 renégats et 7 à 800 renégates; à Salé, à Tripoli, ils étaient moins nombreux quoique dans une proportion encore alarmante pour la foi. C'était parmi les apostats que les chrétiens demeurés fidèles, trouvaient leurs plus ardents persécuteurs et leurs plus impitoyables bourreaux. On comprend à quels excès de désespoir une telle captivité devait, de temps en temps, porter les esclaves; les uns se coupaient la gorge, d'autres se pendaient ou s'étranglaient, ceux-ci s'ouvraient les veines, ceux-là , dans un emportement de fureur, se jetaient sur leurs patrons pour les tuer, et en punition de leur révolte, ils étaient brulés vifs [1]. »

L'esclavage, si fécond en souffrances et si dangereux pour la foi, avait toujours attiré la tendre sollicitude de l'Église. Dès le début du christianisme, le rachat, ou plutôt la rédemption des captifs, passait pour une œuvre excellente à laquelle on devait consacrer, en cas de besoin, jusqu'aux vases sacrés. Saint Ambroise avait vendu des calices bien précieux pour racheter des chrétiens tombés en servitude ; ce bon exemple avait été suivi par d'autres saints prélats. Saint Césaire avait dépouillé son église et aliéné des fonds ecclésiastiques dans le même dessein. Saint Paulin de Nole s'était vendu lui-même par une charité dont on n'avait vu encore d'autre exemple que celui de Jésus-Christ.

La délivrance des captifs chrétiens avait été aussi un des buts des croisades, ainsi qu'on le trouve exprimé dans le discours d'Urbain II, au concile de Clermont, dans le bref du Pape à saint Bernard pour la deuxième croisade, et, plus tard, dans les bulles et décrétales d'Innocent III. Saint Louis, en dirigeant son expédition sur les côtes d'Afrique, projetait aussi l'affranchissement des esclaves. Mais l'œuvre de la Rédemption, organisée et définitivement consti-

---

[1] *Vie de saint Vincent de Paul*, par M. l'abbé Maynard, t. I, p. 241, édition in-8°.

tuée, était réservée à saint Jean de Matha et à son compagnon de sainteté et de travaux, saint Félix de Valois, tous deux Français et appartenant à la plus haute noblesse du royaume. Saint Félix était même issu de la famille royale des Valois. L'histoire de nos deux saints et de leur œuvre forme donc une des pages les plus glorieuses de l'histoire de France. Dans cette page, il n'est point question de combats sanglants, mais l'héroïsme de la charité chrétienne s'y déploie tout entier, et nous verrons nos illustres Fondateurs réaliser un bien immense pour le soulagement d'autrui en ne répandant d'autre sang que le leur et celui de leurs enfants.

Remarquons, de plus, que l'institution dont il s'agit était fondée en plein moyen âge, au XIIIᵉ siècle, un de ceux que l'on qualifie si souvent, mais si injustement, de siècles barbares ! De nos jours, il est vrai, on vante partout l'esprit philanthropique et la charité légale ; mais où sont nées, où vivent, où se développent, sous ce double courant, des institutions comparables à celle des religieux de la Très-Sainte Trinité ? Œuvre catholique, c'est-à-dire universelle, ne reconnaissant aucune limite ni de temps, ni de pays, ni de religion ; œuvre féconde en résultats de bienfaisance, en soulagement réel de toutes les misères ; œuvre grandissant le riche, qui donne non-seulement une part de sa fortune, mais ses forces, mais sa liberté, mais sa vie ; œuvre relevant à ses propres yeux le pauvre qui reçoit, non plus une froide aumône, mais qui partage le pain de ses frères entouré de leur respect et de leur amour; œuvre de civilisation, de vraie liberté, qui a fait tomber plus de chaînes et adouci plus de législations que toutes les théories sociales et humanitaires des politiques et des philosophes; œuvre immortelle, enfin, enfantée par la foi, soutenue par l'espérance, et fécondée par la charité.

PROTESTATION DE L'AUTEUR.

Conformément aux décrets d'Urbain VIII et de la sainte Inquisition, en date des années 1625, 1631 et 1634, nous déclarons que, s'il nous est arrivé de donner, dans cet écrit, le nom de *saint* ou de *bienheureux*, à ceux que l'Église n'a point investis de ce caractère, c'est dans l'esprit de la plus complète soumission à son autorité souveraine.

Nous déclarons également n'ajouter qu'une foi purement humaine aux grâces, révélations et faits miraculeux, rapportés dans cet ouvrage, excepté en ce qui a été confirmé par la sainte Église catholique, apostolique et romaine, dont nous sommes et voulons demeurer toujours le fils très-obéissant.

NATIONE GALLUS, FIDE ROMANUS.

PRINCIPAUX OUVRAGES

CONSULTÉS OU CITÉS PAR L'AUTEUR.

François Tarizzo. Vie de saint Jean de Matha; Turin, 1684.

P. Ignace Dilloud, Provincial des Trinitaires réformés de France. Vie de saint Jean de Matha; 1695.

P. Macedo, Franciscain. Vita Sancti Joannis de Matha.

Gallia christiana, pour les noms et les principaux faits des généraux, t. VIII, p. 1732 à 1754.

Diverses relations des Pères rédempteurs, surtout celles des PP. Dan, Commelin et Lucien Hérault; Paris, 1643, 1732 et 1785.

Mémoires de la fondation du couvent de Faucon.

Honoré Bouche. Histoire de la Provence; 1664, p. 189.

Ribadeneyra. Vies des Saints.

Giry. Vies des Saints.

Croiset. Vies des Saints.

Abrégé de la vie de saint Jean de Matha; Digne, 1835.

P. Prat. Histoire de saint Jean de Matha et de saint Félix de Valois, avec des notes savantes; 1846.

Mgr Depéry. Histoire hagiologique du diocèse de Gap; 1852.

Albert de Chantemerle. Histoire du diocèse d'Embrun; 2 volumes in-8°.

J.-J. Cartier. Les Trinitaires de la Rédemption; Lille, 1866. Opuscule plein d'érudition.

LIVRE PREMIER.

ENFANCE DU SAINT. — SÉJOUR A AIX ET A PARIS.

I

Origine et naissance du saint.

Dieu n'a jamais cessé de veiller avec la plus vive sollicitude sur les destinées immortelles de son Église. Il voit au loin s'élever les noires tempêtes qui semblent devoir lui porter des coups irréparables, et il tient en réserve, pour venger ses droits méconnus, autant de généreux défenseurs qu'elle compte d'ennemis acharnés à sa perte; puis, le moment opportun une fois arrivé, il les produit et les fait agir sur la scène du monde, au grand étonnement de ceux qui ont fermé les yeux à la lumière de la vérité. C'est ce qui a eu lieu dans tous les siècles de l'existence de l'Église, et jamais elle n'a été plus près du triomphe que lorsqu'on croyait la voir déjà sur le penchant de sa ruine.

Au XIIe siècle, cette mère commune des chrétiens gémissait sur le sort d'un grand nombre de ses enfants, qui, devenus esclaves des Sarrasins ou mahométans du nord de l'Afrique, étaient victimes de leurs sauvages brutalités, et levaient chaque jour vers le ciel leurs mains chargées de chaînes, lui demandant à grands cris le bienfait si doux de la liberté. Des vœux si ardents furent enfin exaucés; il plut à Dieu de leur envoyer un libérateur dans la personne de saint Jean de Matha, dont nous avons entrepris de raconter la glorieuse vie.

Notre héros eut pour père Euphème de Matha, descendant d'une noble famille, qui était, nous disent d'anciens historiens, la troisième des neuf baronnies instituées par Charlemagne pour être l'honneur et le soutien de son trône. Cette famille, établie dans la péninsule espagnole, s'était illustrée encore dans les guerres sanglantes intervenues entre les chrétiens et les Maures, et, pour léguer à ses descendants le souvenir toujours vivant des hauts faits d'armes de leurs ancêtres, elle avait fait graver dans ses armoiries un homme enchaîné proférant ce cri de détresse : « *O Domine, libera me ab his vinculis !* » O Seigneur, délivrez-moi de ces chaînes ! Paroles qui retraçaient bien moins la gloire passée de cette illustre maison qu'elles ne présageaient la splendeur future résultant pour elle de la mission providentielle de notre saint.

Les seigneurs de la maison de Matha avaient suivi

et secouru Raymond Bérenger, comte de Barcelonne, dans la conquête de la Provence, et ce prince avait récompensé leurs services et leur fidélité en leur donnant en fief plusieurs terres et entre autres celle de Faucon, dans une vallée de la haute Provence, et non loin du lieu où fut depuis bâtie, en 1213, la ville de Barcelonnette. Euphème de Matha, héritier de la terre seigneuriale de Faucon, se distinguait parmi tous les gentilshommes de son temps, non moins par sa vaillance et la noblesse de son caractère que par la ferveur de sa piété. Il fréquentait assidûment les églises, nous disent les premiers historiens de sa vie, apprenant par là aux riches de son temps, et à ceux de notre époque, qu'on peut fort bien allier les devoirs de la bonne société avec les pratiques d'une sincère religion. Il avait épousé, vers l'an 1156, Marthe, que les uns font descendre de la famille des comtes de Fenouillet, et les autres, de celle des seigneurs de Vintimille, établie à Marseille. Quoi qu'il en soit de son origine [1], nous sa-

1 On voit dans l'église paroissiale de Faucon, et à l'autel dédié au Saint-Esprit, un tableau au bas duquel se trouvent à genoux deux personnages, que la tradition a, de tout temps, désignés comme le père et la mère du saint, remerciant Dieu de leur avoir donné un fils, et le lui vouant. Leur costume et les marques de haute antiquité que porte l'ensemble de l'autel viennent encore corroborer ce que la tradition nous apprend à cet égard. Dans ce tableau, la mère du saint est représentée avec une espèce de bonnet noir encadrant sa figure. Son manteau, agrafé sur la poitrine, laisse voir des manches retombant comme la coulle de nos anciennes religieuses, et une ceinture qui se termine en forme d'étole; toutes choses qui indiquent que cette

vons qu'elle était encore plus recommandable par les vertus qu'elle pratiquait que par la noblesse de sa naissance.

Ces deux époux, si bien faits l'un pour l'autre, trouvaient ainsi dans l'accomplissement de la loi de Dieu, la source des plus pures satisfactions. Toutefois, quelque chose manquait à leur bonheur, car, après plusieurs années de mariage, ils n'avaient point encore de postérité. Grande était, sans doute, leur affliction, mais non moindre leur humble résignation à la volonté du Très-Haut. Marthe, pour attirer sur elle de plus en plus les faveurs du ciel, s'adonnait avec une ferveur toujours croissante aux exercices de dévotion, au jeûne, à la prière, mais surtout à la pratique de la charité, par le soulagement de toutes sortes d'infortunes. Sa maison était pour les malheureux un asile assuré et toujours ouvert. On venait en foule pour y puiser des secours, et la noble dame, persuadée que Jésus-Christ est caché sous les haillons des pauvres et qu'il reçoit lui-même les aumônes qu'on leur fait, n'avait ja-

peinture a été faite, au plus tard, au XIIIe siècle. La ceinture est parsemée de fleurs de lis d'or, ce qui pourrait peut-être aider à déterminer à quelle famille appartenait réellement notre pieuse Marthe.

Les fleurs de lis ont été, jusqu'à la fin du XVIIIe siècle, les armes de la France, mais on sait que quelques familles illustres de la noblesse, alliées à celle de France, ou autorisées par le roi, ont porté et portent même encore la fleur de lis dans leurs armes. Parmi elles nous pourrions citer celle de Simiane (Provence).

mais plus de joie que lorsqu'elle pouvait les assister selon ses désirs. Elle honorait d'un culte spécial la très-sainte Vierge, et cherchait au pied de ses autels, bien plus que dans le monde auprès de ses parents et de ses connaissances, un soulagement efficace à sa juste douleur. Aussi, cette reine du ciel, touchée de tant de supplications et d'une confiance si filiale, daigna-t-elle, nous dit un historien (Dilloud), apparaître à sa fidèle servante et lui adresser ces consolantes paroles : « O Marthe, quel est donc ce nuage de tristesse qui assombrit la sérénité de ton cœur? Prends courage, ma fille, car bientôt tu mettras au monde un enfant qui sera véritablement un ange par la pureté de ses mœurs, et un nouveau Rédempteur par sa fidélité à marcher sur les traces de mon propre Fils. Il sera le père d'une nombreuse famille qui, perpétuant son œuvre, sauvera un grand nombre d'âmes. »

A ces mots, la Vierge mère disparut, mais il resta sur le visage de la pieuse Marthe des signes évidents de la joie qui inondait son âme. Heureuse mère! qui a pu entendre la divine Marie elle-même préconiser d'avance le fils auquel elle devait donner le jour. Nous savons, d'ailleurs, que la Providence se plaît quelquefois à entourer des prodiges les plus étonnants la naissance et le berceau des personnages éminents qui devront être plus tard les instruments de ses desseins, dans le gouvernement du monde; et nous apprenons, par des auteurs dignes de foi, que, vers ce même temps, la mère de saint Dominique de Guzman connaissait, par un songe mystérieux, les destinées futures de l'enfant qu'elle portait encore dans son sein.

Ce fut l'an 1160 et le vingt-troisième jour du mois de juin[1] que vint au monde notre bien-aimé Père et fondateur, saint Jean de Matha. Il nous semble, vraiment, que les vagissements de ce nouveau-né durent dès lors faire tressaillir de joie les pauvres captifs dans les antres de l'esclavage, et, d'autre part, porter la terreur jusque dans les profondeurs de l'enfer. On lui donna le nom de Jean, parce qu'il fut régénéré dans les eaux du baptême le jour où l'Église célèbre la fête de saint Jean-Baptiste, avec lequel il devait avoir tant de traits de ressemblance. De lui comme du saint précurseur, on pouvait dire en toute vérité que c'était la main de la Providence qui l'avait suscité et qui allait diriger ses pas : *Fuit homo missus a Deo, cui nomen Joannes.* De même, on put dès lors appliquer avec justesse, quoique avec restriction, au bourg de Faucon qui venait

---

[1] Une chronique de notre couvent de Faucon nous dit que Euphème de Matha assistait, dans l'église de la paroisse, aux premières vêpres de la fête de saint Jean-Baptiste, pendant la délivrance de Marthe, et qu'il expédiait et recevait fréquemment des messagers pour avoir des nouvelles de son épouse, ce qui démontre les habitudes de piété du comte, et, d'autre part, le peu d'éloignement du château, et cela vient à l'appui de ce que nous disons, dans une autre note, relativement à la position présumée de cette demeure seigneuriale dans le village de Faucon.

de donner naissance à ce nouveau Rédempteur, les paroles que le Prophète avait dites de Bethléem : *Nequaquam minima es in principibus.* Non, tu n'es point, ô Faucon, au-dessous des villes les plus illustres par leurs richesses et par le nombre de leurs habitants. Tu vivras dans le souvenir et dans la reconnaissance des peuples, car tu viens de donner le jour à celui qui devra étendre à un nombre infini de ses frères le bienfait de la Rédemption [1].

[1] La plupart des auteurs qui parlent de Faucon comme patrie de saint Jean de Matha, placent ce village dans la Provence; cependant, quelques-uns d'entre eux le comprennent dans la Savoie et même dans le comté de Nice. C'est toujours le même village, et cette diversité d'indications provient de ce que la vallée de Barcelonnette, où il se trouve, a changé plusieurs fois de souverains. A l'époque de la naissance du saint, cette vallée était comprise dans la Provence, et Faucon s'appelait alors Faucon de Provence, ou de Barcelonnette, ou de Terre-Neuve. En 1388, la vallée tomba au pouvoir d'Amédée VIII, duc de Savoie. Elle fut reprise par Louis II, comte de Provence, enlevée de nouveau par Amédée IX, et enfin, annexée définitivement à la Provence et à la France par le traité d'Utrecht, en 1713. Sous la domination des ducs de Savoie, cette vallée a pu être comprise dans le comté de Nice, qu'elle confine, et, dès lors, quelques auteurs ont pu placer Faucon dans ce comté ou dans la Savoie. Les leçons du bréviaire romain disent *Falcone in Provincia.* Le village de Faucon, près le Caire, canton de la Motte, a voulu disputer autrefois à Faucon de Barcelonnette la gloire d'avoir donné naissance à saint Jean de Matha; mais les raisons que nous venons de donner, et d'autres que nous ajouterons dans la note qui traite de la fondation de notre couvent de Faucon de Barcelonnette, militent si victorieusement en faveur de celui-ci, que nous jugeons inutile de nous arrêter encore à la discussion de cette question. Ajoutons, toutefois, que Faucon de Barcelonnette, qui s'est illustré au xiie siècle par la naissance de saint Jean de Matha, a donné encore à l'Église, et jusque dans ces derniers temps,

II

Éducation et premières années du saint. — Son séjour
à Marseille.

On peut facilement dès la pointe du jour présager,
à l'aspect de l'aube naissante, si la journée qui commence sera nébuleuse ou sereine ; de même, ceux
qui furent les heureux témoins des premiers pas que
fit notre saint dans le sentier de la vie, durent se
dire les uns aux autres, comme autrefois les parents
et voisins du saint précurseur : *Quis putas, iste puer
erit?* Que pensez-vous que sera un jour cet enfant,
puisque déjà nous le voyons pratiquer tant de
vertus ?

des hommes que leur piété et leur dévouement ont rendus recommandables, quoique à des titres divers :

1º Louis de Glandèves, successivement évêque de Glandèves,
de Vence et de Marseille ; ambassadeur du roi de Naples à
Lyon et à Genève, pour traiter avec les ambassadeurs des autres
princes des moyens de faire cesser le schisme. Il mourut en 1443 ;

2º M. l'abbé J.-J. Proal, né à Faucon le 5 mai 1788, et
mort à Digne, le 5 novembre 1837, avec la réputation d'un véritable homme de Dieu. Il était supérieur du grand séminaire
de Digne et avait fondé, à Manosque, le couvent de Notre-Dame
de la Présentation ;

3º M. l'abbé Eugène Lions, né à Faucon, en 1822, et actuellement missionnaire apostolique en Chine, dans la province du
Kouy-Tchéou. Diverses lettres des Annales de la Propagation
de la foi louent hautement l'ardeur de son zèle à étendre le
royaume de Dieu.

En effet, dès l'âge le plus tendre, saint Jean de Matha suçait avec le lait maternel le goût d'une perfection toute prématurée. Il était encore au berceau que déjà il vivait comme un vigoureux anachorète, s'abstenant de prendre le sein de sa mère plusieurs jours de la semaine (Dilloud). Aussi, cette pieuse femme, ravie de trouver dans un si jeune enfant tant de bonnes dispositions pour la vertu, le traitait-elle avec une sorte de respect religieux, qui lui était d'ailleurs inspiré par la connaissance surnaturelle qu'elle avait eue de ses hautes destinées. Elle ne le perdait jamais de vue, ne voulant partager avec personne le soin de sa première éducation ; et le vertueux enfant, de son côté, réalisant en lui ce qui a été dit du divin Modèle, croissait en âge, en sagesse et en grâce devant Dieu et devant les hommes. Il répandait la joie autour de lui dans le manoir paternel, et, s'il lui arrivait parfois de se dérober quelques instants aux caresses de ses parents, c'était pour aller dans la chapelle du château, adresser ses vœux innocents à la sainte Vierge, que Marthe lui avait appris à aimer comme la plus tendre des mères. On rapporte que ce fut dans une de ces visites faites à l'autel de Marie, qu'il lui confia le trésor de son innocence, la priant d'offrir à Jésus, son divin Fils, le vœu par lequel il s'engageait à ne donner jamais son cœur à d'autres qu'à Dieu. Et certes, sa conduite prouva bien, dans la suite, que ces élans de ferveur avaient été chez lui, non point

les mouvements enfantins d'une nature sensible,
mais bien des actes inspirés par la grâce qui commençait dès lors à le former à l'exécution des desseins de Dieu sur lui (P. Prat).

Cependant le baron de Matha, qui avait placé dans
son fils ses plus brillantes espérances, voulut que,
tout jeune encore, il se livrât à l'étude des belles-
lettres ; c'est dans ce but qu'il vint, avec son épouse,
habiter Marseille. Il désirait former en même temps
l'esprit et le cœur du jeune enfant sans l'exposer
seul aux dangers du siècle. Aussi, tandis que lui-
même montrait à son fils chéri le monde dans tout
son éclat, il permettait à Marthe de lui en faire toucher du doigt les plaies hideuses, en le conduisant
tantôt dans les hôpitaux et les prisons, tantôt dans
ces pauvres réduits où des familles entières man-
quant de tout, semblent être faites pour expier à
l'écart les jouissances criminelles de ceux qui ne se
refusent rien. Ce contraste frappant fit une salutaire
et profonde impression sur l'esprit de Jean de Matha ; il en demeura pénétré tous les jours de sa vie.

Un célèbre écrivain, Joseph de Maistre, a dit :
« L'homme sera toute sa vie ce qu'il a été sur les
« genoux de sa mère. » D'autre part, un éminent
orateur, prêchant dernièrement dans la ville d'Annecy le panégyrique de saint François de Sales, disait : « C'est une grande grâce que le don d'une
mère chrétienne ; les femmes font passer leurs sentiments dans notre cœur ; ce sont elles qui nous for-

ment. Il y a, dans le cœur maternel qui s'incline sur le nôtre, une force à laquelle l'âme ne résiste guère : la mère de notre saint faisait de ses genoux le premier prie-Dieu de son fils; elle le berçait sur son cœur; elle ouvrait cette jeune âme à la tendresse pour les pauvres. » (Mgr Mermillod.)

Le jeune de Matha ressentait aussi une très-vive compassion à la vue des prisonniers que leurs crimes avaient fait charger de chaînes ; il leur rendait tous les petits services dont il était capable, les consolait et tâchait d'adoucir leurs peines et d'essuyer leurs larmes par de bonnes paroles et par ses caresses. Il allait jusqu'à baiser leurs fers, et plusieurs auteurs assurent même qu'il disait quelquefois aux assistants et avec l'accent d'une profonde conviction : « Oui, je l'espère, quelque jour je délivrerai moi-même de leurs chaînes mes frères qui gémissent pour la foi de Jésus-Christ dans des cachots bien plus horribles que ceux-ci ; je briserai leurs fers et leur rendrai la liberté. » Ces paroles toutes prophétiques devaient sans doute étonner beaucoup ceux qui les entendaient sortir de la bouche d'un faible enfant. Toutefois, Marthe, se rappelant alors l'annonce qui lui avait été faite par la Reine du ciel des destinées de son fils, bénissait Dieu dans le fond de son cœur des merveilleux effets que la grâce opérait sensiblement en lui.

Dieu prépare ses élus dès leur enfance aux emplois qu'il leur destine, et il leur inspire une ligne de conduite qui est comme le germe et l'annonce des grandes actions qu'ils accompliront plus tard. Ainsi, il est raconté de Moïse que, tout jeune encore et élevé à la cour de Pharaon, il faisait son jouet du diadème et de la couronne de ce roi d'Égypte, ce qui était un indice frappant des désastres qu'il devait lui faire essuyer dans la suite. David, dans son enfance, menait paître les troupeaux de son père, et plus tard il fut le conducteur du peuple de Dieu, lorsque sa houlette se fut changée en un sceptre royal. De même notre jeune saint, visitant les hôpitaux et baisant les fers des prisonniers, préludait par là aux actions éclatantes qui l'ont recommandé ensuite à l'admiration des peuples.

Lorsque ses parents eurent ainsi prémuni son cœur contre toutes sortes de dangers par une première éducation solidement chrétienne, ils songèrent à lui faire donner une instruction proportionnée à l'illustration de sa naissance, et, dans ce dessein, ils se décidèrent à l'envoyer à Aix, en Provence, mais en le recommandant spécialement aux soins de quelques personnes de haute qualité et de mœurs irréprochables qu'ils connaissaient dans cette ville. Cette première séparation leur fut sans doute fort pénible, mais ils aimèrent mieux se priver quelque temps du bonheur que leur procurait la présence de ce fils chéri que de le priver lui-même de ce qui pouvait contribuer à orner son esprit.

III

Séjour du saint à Aix, où il est le modèle des étudiants.

Les sciences et les lettres brillaient alors du plus
vif éclat dans la capitale de la Provence. On y
voyait accourir tous les jeunes gens de bonne famille qui, dans le midi de la France, voulaient acquérir une solide instruction.

Arrivé sur ce nouveau théâtre, notre saint y dé-
veloppa les heureuses dispositions qu'il avait annon-
cées dès son enfance. La douceur de son caractère,
la noblesse de ses sentiments lui firent autant d'a-
mis de tous ceux qui étaient en relation avec lui.
Chacun se faisait un plaisir de voir et d'entretenir
ce jeune seigneur qui, à peine arrivé à l'âge de
douze ans, formait déjà des raisonnements qui mon-
traient bien que la sagesse avait prévenu en lui le
nombre des années, et que de toutes les faiblesses
de l'enfance, il ne lui restait que l'exiguité du corps.
Il ne paraissait en lui rien de bas ni de puéril, rien
même d'indifférent ; mais tout y était grand et digne
d'admiration. Il fit de très-rapides progrès dans ses
études, car, étant voué par conscience à l'accomplissement de tous ses devoirs, il mettait merveilleusement à profit les riches talents naturels qu'il avait

reçus de la main libérale de la Providence. Une mémoire heureuse et sûre s'alliait en lui à la maturité du jugement, et la pénétration de son esprit était aidée et soutenue par la constance et l'opiniâtreté dans le travail. Il ne négligeait d'acquérir aucune des connaissances qui lui étaient enseignées. La gymnastique n'avait aucun attrait pour lui; mais comme elle lui était présentée par ses parents comme le complément nécessaire d'une bonne éducation pour un jeune homme de son rang, il ne s'y rendit pas moins habile que dans les sciences et les belles-lettres (P. Prat). Il se distingua donc bientôt de tous ses condisciples; mais comme ses rares succès n'altéraient en rien sa profonde modestie, bien loin qu'il fût de leur part l'objet de la moindre jalousie, il posséda, au contraire sans retard, leur estime et leur amitié, non moins que l'affection de ses maîtres; et ceux que la perversité du cœur ou la faiblesse de la volonté retenaient encore dans le mal, lui accordaient au moins leur respect et leur confiance.

Mais ce qui le distinguait encore davantage et attirait sur lui tous les regards, c'était sa vertu, et, bien qu'il fît constamment tous ses efforts pour la tenir cachée, il ne put jamais empêcher qu'elle n'éclatât au dehors et ne lui valût souvent des louanges publiques. Les maîtres le proposaient pour modèle à leurs élèves, et les parents à leurs enfants; aussi, le spectacle de sa conduite finit-il par exercer autour de lui une très-heureuse influence; son exemple retenait ses condisciples dans la ligne du devoir. Il leur apprenait à employer utilement les moments libres de leurs journées d'études en les conduisant au chevet des malades dans les hôpitaux, ou auprès de ces malheureux que la honte empêche d'implorer la pitié des cœurs généreux; il répandait dans leur sein, et en présence de ses compagnons, tout l'argent qu'il avait sur lui, afin de leur faire voir l'usage qu'ils devaient faire eux-mêmes des ressources qu'ils recevaient de leurs parents pour leurs menus plaisirs.

Quelquefois ses compagnons, admirant l'empiré qu'il avait su prendre sur eux, lui disaient agréablement : « Vous finirez donc par nous faire devenir saints, puisque, malgré toute la répugnance que nous avons à vous suivre constamment auprès des malheureux et à nous dépouiller comme vous en leur faveur de ce qui pourrait servir à nos jeux et à nos parties d'agrément, nous ne pouvons cependant nous empêcher de vous imiter. » Mais il leur répondait aussitôt en souriant : « Ne serait-ce point un grand bonheur pour vous et pour moi si nous allions au ciel par le chemin des hôpitaux et des prisons? » L'amabilité de son caractère ne l'empêchait point d'avoir toujours un extérieur grave et sérieux, et à ceux qui lui représentaient que l'enjouement et un air jovial étaient l'apanage de leur condition, non moins que de leur âge, il répondait fort sensément que telle n'avait point été l'opinion du divin Sauveur, dont on avait bien pu dire qu'il avait été ému de compassion et qu'il avait versé des larmes sur le malheur d'autrui, mais jamais qu'il eût ri inconsidérément.

L'estime que ses compagnons lui avaient vouée arriva bientôt jusqu'à la vénération et même à une crainte respectueuse qui leur faisait redouter extrêmement de lui déplaire; nul d'entre eux n'eût osé tenir en sa présence un propos un peu léger. Toutefois, il arriva un jour qu'un jeune seigneur s'oublia jusqu'à proférer devant lui quelques paroles libres. Jean de Matha n'hésita pas à le reprendre à l'instant même; mais il le fit d'une manière si douce, si obligeante, que le coupable reconnut sa faute et promit bien que pareil oubli ne lui arriverait plus. Le saint profita de cette occasion pour leur faire comprendre à tous que la modestie doit être le caractère propre de la noblesse, et qu'elle se distingue bien plus par là que par tous les airs hautains qui ne servent qu'à jeter l'orgueil dans l'esprit et le déréglement dans le cœur. Il ajouta que les plus belles qualités sont vaines et dangereuses si elles n'ont pour base la vertu, qui, à son tour, ne peut subsister dans une âme sans la modestie et l'humilité.

Et, maintenant, si nous voulons pénétrer dans l'intimité de sa conduite pour en connaître tous les secrets, nous verrons que c'est indubitablement à cette même humilité et défiance de lui-même

qu'il fut redevable de toutes ses autres vertus
et surtout de son inviolable chasteté. Nous savons qu'il en avait fait vœu dès son enfance, devant
une image de la sainte Vierge ; mais, malgré cette
précaution et la protection constante de Marie, il ne
laissa pas d'appliquer tous ses soins à ne point se
laisser surprendre ; il savait que cette liberté qu'on
prend de jeter sur tous les objets extérieurs les yeux
du corps et l'attention de l'esprit, donne bien souvent occasion au péché ; il savait que le démon entre
facilement dans l'âme si les portes lui en demeurent
ouvertes, et que si l'on n'a soin de garder les sens
par où il s'insinue en nous, il sera ensuite bien difficile de remédier aux désastres qu'il nous aura oc-
casionnés ; il ne permit donc jamais à ses yeux de
voir ce qu'il n'était point permis à son cœur de désirer, et, à l'exemple de Job, il leur avait défendu
de s'arrêter jamais sur les personnes du sexe, afin
de n'en avoir point la pensée dans l'esprit. En un
mot, il voulut que la modestie fût en tout la fidèle
gardienne de ses sens, afin que la chasteté fût toujours la reine absolue de son cœur.

IV

Il échappe à un grand danger. — Sa mortification.
Retour à Faucon.

Tous les soins que Jean de Matha avait pris pour conserver intacte une vertu qu'il préférait mille fois à sa vie, ne purent cependant empêcher qu'elle ne fût, dans une circonstance, violemment attaquée. Mais notre pieux jeune homme demeura insensible à tous les attraits du monde et aux artifices les plus séduisants qu'on avait mis en œuvre contre lui; et, sans répondre un seul mot à l'insensée qui avait osé tenter d'amollir son cœur, il prit aussitôt la fuite et se hâta d'entrer dans une église, où, après une longue oraison et des actions de grâces multipliées à Marie, qui venait de le protéger d'une manière si sensible, il renouvela du fond de son cœur et avec les transports d'une vive joie, le vœu qu'il avait fait de ne jamais donner son cœur et son amour qu'à Dieu seul. Or, par une faveur singulière, il reçut en ce moment le don d'une pureté si parfaite que, jamais depuis, il ne fut attaqué de mouvements ni même de pensées contraires à l'aimable vertu. On sait que ce fut après un pareil triomphe, remporté en semblable

occasion , que l'Ange de l'école , saint Thomas d'A-
quin, reçut aussi le don d'une pureté angélique.

C'est ainsi que le Seigneur récompense le courage
héroïque de ses fidèles serviteurs ; de même qu'il a
été l'arbitre de leurs combats, il couronne leurs
victoires par les plus rares faveurs, et, comme,
d'autre part , de tous les assauts qu'ont à soutenir
ici-bas les chrétiens contre les ennemis de leur salut,
il n'en est point de plus fréquents ni de plus dangereux que ceux qui ont pour but la conservation
de la chasteté, Dieu les récompense toujours par
des grâces vraiment extraordinaires.

Notre saint possédait la pureté dans un degré si
éminent qu'il en portait partout la bonne odeur, et
qu'il en inspirait l'amour et l'estime à tous ceux qui
conversaient avec lui. Ses entretiens purifiaient les
cœurs, et plusieurs de ceux qui étaient en relation
avec lui ont avoué que, se trouvant attaqués de
tentations également honteuses et importunes, ils
en avaient été délivrés par sa seule présence ou par
ses discours. Il pénétrait même, par une grâce singulière, le fond des cœurs, et voyait souvent de
quelles pensées ils étaient occupés.

Un jour, Dieu lui ayant découvert le dessein per-
nicieux qu'un jeune homme méditait en lui-même et
qu'il cherchait à exécuter pour satisfaire sa passion,
il le joignit , lia conversation avec lui et sut tourner
son esprit avec tant de délicatesse qu'il tira de sa
propre bouche l'aveu du péché qu'il venait de former

dans son cœur. Le coupable demeura tout étonné. Il jugea bien que Jean de Matha n'avait pu pénétrer dans sa pensée que par quelque lumière extraordinaire et par miracle. Aussi, se jeta-t-il bientôt à ses pieds, lui disant : « Je vois bien que vous êtes un prophète et un ami de Dieu, mais la grâce que je vous demande, c'est que vous priiez pour moi ce grand Dieu, afin qu'il me pardonne mes turpitudes et mes crimes puisqu'il a daigné vous les révéler, et qu'il me donne à moi-même un cœur pur et nouveau qui ne soit susceptible d'aucun autre amour que du sien. » Notre saint n'y manqua pas, et son intercession fut si efficace que ce jeune homme lui avoua depuis que non-seulement cette tentation s'était dissipée, mais que même il n'en avait plus ressenti de semblable. (P. Prat.)

Au reste, quoique Jean de Matha fût parvenu à un si haut degré d'innocence, il n'oubliait rien de ce qui peut contribuer à la conserver. Nous avons parlé de sa continuelle modestie, mais, comme le jeûne et l'oraison sont aussi des armes propres à combattre le démon impur, il ne négligea point de s'y exercer. Il avait pratiqué le jeûne dès ses premières années, ce qui faisait bien présumer qu'il l'observerait tout le cours de sa vie et que, s'il devait accorder quelque soulagement à la nature, ce serait bien moins pour la satisfaire que pour l'empêcher de succomber. Il se fit dès lors une loi de jeûner régulièrement quatre fois par semaine : le lundi, le mercredi, le vendredi et le samedi ; et, les autres jours, il prenait si peu de nourriture qu'il semblait ne vivre que par miracle. Il n'usait point de viande, si ce n'est le dimanche.

On admirait son abstinence et sa mortification, et on ne pouvait comprendre que, dans un âge où le corps a un plus grand besoin de secours et d'aliments, il lui retranchât non-seulement le superflu, mais même ce qui paraissait lui être absolument nécessaire. Toutefois, il ne laissait pas de croître en force et en vigueur, et à ceux qui le pressaient de manger plus souvent et davantage, il avait soin de répondre que Daniel et ses compagnons avaient tiré leur embonpoint de l'abstinence ; que le jeûne avait rendu Samson invincible, et que Moïse, par une rigoureuse privation de tout aliment pendant quarante jours, avait mérité de traiter familièrement avec Dieu.

Ce fut par là aussi qu'il mérita lui-même d'entrer en commerce intime avec le ciel ; l'oraison était son occupation favorite et habituelle. Il y donnait tout le temps qu'il ne consacrait point à l'étude ou aux exercices de charité. Les jours de congé étaient pour lui des jours de retraite, à moins qu'il ne les employât avec ses compagnons aux saintes occupations dont nous avons parlé, c'est-à-dire, à rendre visite à Jésus-Christ, dans ses membres souffrants, car il savait fort bien qu'on ne peut mieux préparer son âme à parler à Dieu dans la prière que par les bonnes œuvres de miséricorde à l'égard du prochain. Et c'est ainsi qu'après avoir servi les uns, consolé les autres et édifié tout le monde, il se retirait dans quelque église pour y passer le reste du jour dans un respect si profond, un recueillement si parfait et un tel anéantissement de lui-même, qu'il inspirait la crainte de Dieu et la dévotion à ceux qui le voyaient en cet état; et quelques-uns ont même assuré avoir aperçu alors son visage tout rayonnant d'une céleste lumière.

Tant de vertu et de prodiges excitèrent bientôt l'admiration de tous ceux qui le fréquentaient. Les uns l'appelaient saint; d'autres se recommandaient instamment à ses prières et s'estimaient très-heureux de vivre dans son souvenir. Mais le jeune de Matha, qui savait combien la dévotion est sujette à l'illusion, quand elle est applaudie, et avec quelle facilité la vertu dégénère en orgueil, si elle n'est combattue et longtemps éprouvée, commença à craindre pour lui-même et à chercher son salut dans la fuite du monde. Toutefois, redoutant de se tromper s'il s'abandonnait à ses propres pensées et à ses seules lumières, et sachant d'ailleurs que les grâces de Dieu ne nous viennent que par le canal de l'obéissance, il se hâta de consulter sur ce projet son confesseur qui, en homme prudent et expérimenté, ne manqua pas d'examiner soigneusement les motifs qui le faisaient agir pour connaître s'il n'y avait rien de léger et d'inconstant. Il le tint quelque temps en suspens, lui disant qu'il fallait recommander à Dieu une affaire d'une si grande importance, et que ce dessein, quoique fort bon en lui-même, pouvait bien ne pas venir du ciel, mais du démon qui, se transformant en ange de lumière, a jeté dans les abîmes une infinité d'âmes, pour avoir voulu suivre inconsidérément les voies éclatantes et extraordinaires qu'il leur montrait. Jean de Matha reçut avec beaucoup de docilité tous ces avis comme étant l'expression de la volonté de Dieu sur lui, et, quoiqu'il sentît ses aspirations vers une vie de solitude complète s'enflammer chaque jour davantage, il sut les étouffer jusqu'au moment marqué par la Providence pour leur accomplissement.

Or, il en était là de ses projets d'avenir lorsque, ses études étant achevées, un ordre du baron son père le rappela à Faucon où nous allons le suivre.

V

Le saint, rentré à Faucon, part bientôt pour le désert,
puis il va à Paris.

Jean de Matha revint au sein de sa famille aussi pur, aussi candide qu'il en était sorti, mais plus fort et mieux affermi dans le bien. Qui pourra nous dire les sentiments d'affectueuse tendresse, les démonstrations de joie que firent éclater le père et la mère du saint jeune homme, en recevant entre leurs bras ce fils digne de tout leur amour qu'ils revoyaient après une séparation de six ans? Il leur était rendu orné et embelli de tous les agréments du corps et de l'esprit. Aussi, nous dit un historien (Tarizzo), leurs yeux ne pouvaient se rassasier de contempler cette fine perle enchâssée dans l'or le plus pur. Il entrait alors dans sa dix-huitième année. Il était temps qu'il s'occupât du choix d'un état de vie, et déjà ses parents songeaient à lui faire contracter quelque riche alliance qui pût rehausser encore l'éclat de leur maison, mais ses pensées à lui étaient tout autres, et ses desseins bien différents. L'attrait naturel qu'il avait toujours eu pour la vie retirée et contemplative le porta à faire auprès de ses parents les plus vives instances pour qu'il lui fût permis d'en faire l'essai et, après plusieurs tentatives respectueuses, il obtint enfin d'eux la permission de se retirer dans une solitude. Il s'y réfugia donc, bien moins, croyons-nous, dans le dessein de s'y fixer dès lors pour toujours, que pour y être plus libre dans ses exercices de piété et de mortification, et surtout pour y consulter Dieu sur son avenir. Car il n'ignorait pas que ce n'est point ordinairement dans le monde, au milieu du tumulte des affaires, que Dieu nous communique ses inspirations, mais bien dans le silence et le recueillement de la retraite. Lorsqu'il veut parler à une âme, il la tire à l'écart, afin qu'elle puisse goûter à loisir la douceur de ses ineffables communications.

Mais quelle fut précisément cette solitude dont il est ici question? Il nous serait bien difficile de le dire. Les anciens historiens de notre saint sont d'avis différent là-dessus. Les uns assurent qu'il choisit pour le lieu de sa retraite quelque endroit peu éloigné du manoir paternel [1] ; d'autres, au contraire, prétendent que le saint se retira alors à la grotte de la Sainte-Baume, dans ces lieux que le séjour et la pénitence de sainte Magdeleine ont rendus si célèbres ; ils ajoutent que le démon, furieux de n'avoir pu jusque-là entamer la vertu du jeune de Matha, troubla constamment la paix de sa solitude, en lui dressant toutes sortes d'embûches. Il serait allé, d'après ces mêmes auteurs, jusqu'à se présenter à lui sous la forme d'un de ses amis intimes d'Aix, lequel feignant d'abord de vouloir pratiquer comme lui la vie érémitique, aurait ensuite essayé, par des raisonnements captieux, de l'amener

[1] En allant de Faucon à Barcelonnette, on voit sur une petite colline, à droite, et au-dessus du chemin, les restes d'un oratoire, où la tradition nous apprend que saint Jean de Matha, étant jeune encore, aimait à se retirer pour y vaquer à la prière et à la contemplation. Honoré Bouche, qui en parle dans son histoire de la Provence, nous dit qu'on l'appelait Oratoire de Saint-Michel ou de Saint-Michelet, parce que l'aïeul du saint, qui l'avait fait construire, s'appelait Michel, ou parce qu'il l'avait dédié à saint Michel, archange. Du temps de cet historien, l'oratoire était encore en bon état ; aujourd'hui, il n'y a plus que les fondements surmontés d'une croix en bois. Quelques personnes s'y rendent de temps en temps par dévotion.

au relâchement et à l'abandon total de ce genre de vie.

Quoi qu'il en soit du lieu de sa retraite, il est certain que le fervent jeune homme a dû y pratiquer avec encore plus d'ardeur les vertus héroïques qui l'ont déjà signalé à notre admiration. Il a dû aussi y jouir des plus douces communications avec son Dieu, ce qui rendait pour lui ce désert comme un véritable paradis de délices, où il aurait voulu passer le reste de ses jours. Toutefois, il le quitta au bout d'un an environ pour rentrer au sein de sa famille. Le Seigneur avait fait luire un rayon de lumière dans l'esprit de son serviteur, et, sans lui dévoiler déjà tout le cours de ses glorieuses destinées, il lui avait fait comprendre qu'il devait perfectionner encore ses études, et même il lui inspira un vif désir d'embrasser l'état ecclésiastique, afin de pouvoir travailler plus efficacement au salut de ses frères.

Fidèle à suivre sa vocation, Jean de Matha se hâta d'en prendre les moyens. Il fit connaître sa résolution à ses parents qu'elle affligea sans doute beaucoup à cause de la nouvelle séparation qu'elle devait nécessairement amener. Il fut question d'abord du lieu qui serait le théâtre des nouvelles études du pieux écolier. L'université de Paris était alors la première du monde, c'était le rendez-vous des plus beaux talents. Au reste, le seigneur de Faucon était en relations d'amitié avec Maurice de Sully, évêque de Paris, avec l'abbé de Sainte-Geneviève, celui de Saint-Victor et d'autres personnages également illustres et recommandables, dont la vertu et l'expérience pourraient guider sûrement les pas du jeune élève dans cette nouvelle carrière. Ces raisons firent que la demande du fils obtint enfin l'adhésion du père, bien qu'il dût en coûter beaucoup à celui-ci de voir s'éloigner de nouveau ce fils chéri qui était maintenant le charme de son existence, en attendant qu'il fût l'unique consolation de ses derniers jours. Il fut donc résolu que Jean de Matha irait étudier la science théologique à Paris. La grâce avait triomphé des sentiments de la nature, et Euphème, plus jaloux encore du bien de la religion que de sa propre satisfaction et de la gloire de son sang, finit par imiter l'humble et parfaite résignation de Marthe sa vertueuse épouse. Ils arrosèrent l'un et l'autre de leurs larmes ce fils si tendrement aimé que, dans un triste pressentiment, ils pensaient déjà ne plus revoir ici-bas, et, après lui avoir donné leur dernière bénédiction et des lettres de recommandation pour leurs parents et amis de Paris, ils lui dirent le suprême adieu, en suppliant les saints anges, comme autrefois Anne et Tobie, au départ de leur fils, de l'accompagner dans toutes ses voies et de le ramener entre leurs bras sain et sauf, si telle était la volonté de Dieu.

Arrêtons-nous ici un instant à contempler le touchant spectacle qu'offrait, en ce moment, au ciel et

à la terre cette famille qui peut servir de modèle à
tant d'autres. Un jeune homme pourvu de tous les
dons de la fortune, de tous les avantages d'une haute
naissance, lui, l'idole de ses parents auprès desquels
il peut se promettre toutes sortes de félicités, n'a
pas plus tôt entendu au fond de son cœur la voix
du ciel, qu'il quitte tout, parents, pays, fortune,
pour lui obéir ponctuellement. Oh Dieu! quelle leçon
pour les chrétiens dégénérés de nos jours, pour ces
cœurs pusillanimes qui ne savent jamais faire à
Dieu le moindre sacrifice de leurs affections, de leur
bien-être, quand il s'agit de suivre l'appel de la
grâce à une vie plus parfaite! mais aussi, que de
gens infidèles à leur vocation, et que de malheureux, par conséquent, sur tous les sentiers de la
vie! Ah! certes, l'Esprit saint les a caractérisés
d'une manière bien précise, en les appelant, au
livre de la Sagesse, des déserteurs de la Providence:
Fugitivi Providentiæ.

D'autre part, nous avons sous les yeux un
autre exemple non moins frappant de ce que peut
le véritable courage basé sur la vertu. Un père,
une mère sacrifient à Dieu sur l'autel de leur
cœur un enfant bien-aimé, l'unique objet de leur tendresse, le seul fruit de leur union, l'héritier, en un mot,
de leur fortune et de leur nom [1]. Ils n'hésitent pas à

---

[1] La famille et le nom de Matha ont disparu complétement
de la vallée de Barcelonnette, peut-être même de toute la Provence. Toutefois, on conserve encore à Faucon et aux environs

immoler leur Isaac, dès qu'ils savent que le souverain Seigneur de toutes choses qui leur a confié ce dépôt le leur redemande pour l'exécution de ses desseins. Et voilà ce qui se passait dans ce moyen-

des souvenirs du séjour qu'ont fait dans ces lieux saint Jean de Matha et ses parents. Indépendamment de l'oratoire dont nous avons déjà parlé, Honoré Bouche nous dit que de son temps on montrait encore à Faucon la maison des ancêtres de saint Jean de Matha, qui avaient été les seigneurs de ce village. Il ajoute que cette maison se trouvait en dessus du chemin. Or, d'après cette indication, il ne serait peut-être pas impossible de la retrouver, surtout si l'on remarque que, dans ces temps-là, les seigneurs seuls avaient le droit de faire élever des tours à côté de leurs habitations. Nous trouvons précisément, au-dessus du chemin, une maison ayant une tour de forme carrée, et qui paraît être d'une époque bien antérieure à celle des maisons qui l'accompagnent.

On trouve de plus, au hameau de la Conchette, paroisse de Barcelonnette, près Faucon, une propriété qu'on appelle les Mats; dans la paroisse de Jausiers, à une heure de Faucon, un petit hameau porte également le nom de Mats, ce qui est, sans doute, une altérat'on du mot Matha, et indique que la famille de Matha avait là des dépendances ou propriétés. Ne serait-ce point dans une de ces fermes que saint Jean aurait passé l'année de sa solitude? Nous n'osons prononcer, mais il n'y a à cela rien d'improbable. En outre, on voit dans l'église paroissiale de Faucon le tableau dont nous avons parlé dans la note de la page 3, comme représentant le père et la mère du saint. Enfin, en entrant dans ladite église, par la porte du midi, on trouve à côté de la porte et en dehors, un monument digne de fixer l'attention, et relatif à la famille de Matha : c'est le couvercle en marbre blanc d'un sarcophage. Cette pierre, ongue de 2 mètres 36 centim et large d'un mètre 30 centim., est taillée en dos d'âne, avec oreilles à ses angles, et se trouve garnie d'écailles sculptées sur toute l'étendue des talus. Dans le milieu du tympan sont placés, du côté du couchant, un niveau de maçon, et, du côté opposé, une figure dont il est difficile aujourd'hui de saisir la forme et les contours. La tradition regarde ce tombeau comme le lieu de sépulture de la famille de âge, que l'on dédaigne tant aujourd'hui parce qu'il ne se trouve plus que rarement, surtout parmi les favoris de la fortune, des parents capables de comprendre et de réaliser un pareil dévouement ; aussi leur dirons-nous avec l'éloquent prélat que nous avons déjà cité : « O vous, noblesse de nos jours ! bourgeoisie de nos villes ! qui avez tant peur de donner vos enfants à l'Église et qui laissez trop souvent aux fils de vos fermiers l'honneur de vous bénir, regardez dans les temps passés..... »

Matha, pendant son séjour à Faucon, d'autant plus que les oreilles de la face du midi présentent, profondément gravées dans la pierre, les deux lettres majuscules D et M, qu'on suppose être les initiales du nom De Matha. La caisse ou arche en marbre de ce tombeau n'existe plus ; mais des fouilles pratiquées en 1835 ont fait découvrir, à 5 pieds de profondeur, un caveau en bonne maçonnerie, soutenu d'un côté par le mur de l'église. On y a trouvé beaucoup d'ossements et plusieurs médailles, qui se rapportent toutes aux comtes de Provence.

Nous admettons volontiers avec la tradition que les restes des membres de la famille de Matha décédés à Faucon reposent dans ce tombeau, mais nous croyons que ce n'est point cette famille qui a fait tailler cette pierre pour la sépulture de ses défunts. Elle doit être beaucoup plus ancienne. Elle aura d'abord fait partie d'une tombe païenne dont les chrétiens ont ensuite profité pour leur propre usage. Le niveau, signifiant l'égalité de tous devant la mort, est peu usité dans les monuments d'origine chrétienne. Les lettres D M signifient *Diis manibus* ou encore *Deo Maximo*.

VI

Voyage du saint. — Son arrivée à Paris. — Amitiés
qu'il y contracte.

Voilà notre saint sur la route de Paris. Son voyage
ne se fit point sans édification. Partout, au contraire,
où il passait, il donnait des preuves évidentes de sa
haute piété. La première chose qu'il faisait, en arri-
vant dans une ville, c'était d'y adorer le très-saint
Sacrement dans les églises, et, en les voyant partout désertes, tandis que les rues, les places et les
promenades publiques regorgeaient de monde, il ne
pouvait retenir ses soupirs et il déplorait amère-
ment, au pied des autels, l'aveuglement de tant de
chrétiens, qui abandonnaient Jésus-Christ solitaire
dans ses temples. Il y demeurait lui-même aussi
longtemps qu'il lui était possible, pour dédomma-
ger, en quelque sorte, le divin Sauveur de l'ingratitude de ses créatures, et, s'il lui restait encore du
temps avant son départ, il en profitait pour aller
dans les hôpitaux et les prisons y rendre une seconde visite à Jésus-Christ, dans la personne des
pauvres et des malades.

Ce fut dans ces saintes dispositions qu'il arriva à

Paris, vers l'an 1180. Son premier soin, en mettant les pieds dans cette ville, fut d'aller dans une église, pour y rendre à Dieu ses hommages et lui demander des lumières et sa protection. Puis, il fut recevoir la bénédiction de l'évêque de Paris, à qui il présenta les lettres de son père. Ensuite, il alla trouver les abbés de Saint-Victor et de Sainte-Geneviève, qui l'accueillirent, ainsi que l'avait fait le premier prélat, avec des marques signalées d'estime et d'affection. Mais, cette réception, toute gracieuse et bienveillante qu'elle était, n'épargna point au jeune protégé l'ennui qu'inspire le tumulte des grandes villes à un cœur qui sait vivre dans la solitude et qui a besoin de recueillement. Les plaisirs bruyants qui succédaient aux leçons de l'école lui firent un instant regretter les délices de la maison paternelle, et la douce tranquillité dont il aurait pu jouir encore à Faucon.

Il était agité de ces pensées, sans oser pourtant en faire part à ses illustres protecteurs, dans la crainte de lasser leur bienveillance à son égard; mais il s'en ouvrit à Dieu, à qui il avait coutume de confier les secrets de son cœur. Il allait souvent prier dans l'église de l'abbaye de Saint-Victor. Un jour qu'il y était, à genoux devant un crucifix, demandant avec instance d'être délivré de ses angoisses, il entendit distinctement, et par trois fois, le divin Sauveur lui adresser ces consolantes paroles : « *Stude sapientiæ, fili mi, et lætifica cor meum.* »

Étudiez la sagesse, ô mon fils, et vous réjouirez mon cœur. Cet oracle fut compris, et Jean de Matha se releva, bien résolu de se livrer avec ardeur à l'étude de la théologie. Or, l'on ne peut point douter que Dieu en lui parlant de la sorte, et lui recommandant de s'adonner à l'étude de la sagesse, n'ait rempli en même temps son esprit des plus belles lumières et ne l'ait rendu capable de s'appliquer à la connaissance des mystères les plus cachés de la religion (Dilloud).

Jean de Matha voulant avant tout se bien connaître lui-même et travailler à l'œuvre de sa sanctification, se mit sous la conduite de Maurice de Sully. Nul n'était plus capable que ce grand évêque de diriger l'âme d'un saint : son expérience dans la conduite des âmes lui eut bientôt fait découvrir toutes les bonnes qualités du jeune gentilhomme de Faucon, et les magnifiques espérances qu'il donnait à la religion. Il lui voua une tendresse toute paternelle, et s'appliqua à la direction de sa jeunesse comme à une œuvre de la plus haute importance. Il confirma son disciple dans cette opinion, que la science sans la piété est vaine, qu'elle enfle l'esprit et déprave le cœur, et que les lumières, sans la charité, ne servent qu'à éblouir et à conduire au précipice.

Notre saint ne se livrait jamais à l'étude qu'après une longue et fervente prière. Il savait que Dieu étant le maître des sciences, nous devons lui faire dans l'oraison un sacrifice absolu de nos pensées, ou plutôt lui demander, dans ce saint exercice, des pensées et des lumières. C'était de là qu'il tirait toutes ces belles conceptions qu'on admirait ensuite, dans les conférences publiques ou particulières qu'il avait avec ses condisciples. Il avoua lui-même un jour avec beaucoup de candeur à quelques-uns de ses amis, qu'il apprenait bien plus au pied des autels et devant son crucifix, que dans son cabinet et avec ses livres. Rien ne paraissait donc impénétrable à son esprit. Les questions les plus difficiles et les plus obscures lui étaient familières, et il les expliquait avec tant de netteté, qu'il était aisé de juger que nul autre que Dieu lui-même ne pouvait l'en avoir instruit. Enfin, il s'acquit dans les études sacrées une si haute réputation, qu'il devint maître presque aussitôt qu'il fut disciple.

Ses entretiens étaient toujours fort pieux, et, pour ainsi dire tout divins : il enlevait le cœur de ceux avec lesquels il conférait, et tous convenaient que jamais ils n'étaient sortis de sa compagnie sans avoir reçu une très-grande édification de son extérieur et de ses paroles. Mais ce qui donnait tant de force à ses discours, c'était surtout la sainteté de sa vie, car il est certain que, malgré toute l'éloquence que l'on peut avoir naturellement, on n'inculquera jamais mieux la vertu qu'en la pratiquant soi-même avec le plus grand zèle. Pouvait-on voir, en effet, sans en être profondément touché, un jeune homme qui, après avoir consacré à Dieu la première partie du jour par la méditation et la prière vocale, et avoir donné ensuite à ses études le temps nécessaire, employait le reste à différents exercices de charité et de miséricorde envers les malheureux? Trouvait-il des pauvres sur son chemin, il les conduisait à son logis, se privant pour eux des mets qu'on lui avait préparés, et il allait ensuite mendier de porte en porte ce qu'il ne pouvait leur fournir lui-même. En un mot, il avait le secret de satisfaire exactement à tous ses devoirs; et, sans jamais rien diminuer de ses oraisons, sans se relâcher aucunement de ses emplois de charité, il se rendait, par son assiduité à l'étude, également recommandable à ses condisciples, à ses maîtres.

Or, une conduite si parfaite dans un étudiant ne tarda pas à lui attirer les sympathies et l'amitié de tous ceux qui l'approchaient. Tous enviaient le bonheur d'occuper une place dans son cœur; mais il mit toujours le plus grand soin à n'admettre dans son intimité que des jeunes gens dont la vertu solide pût être un sûr garant de la sienne. Et, parmi ceux qui obtinrent cette faveur tant enviée, on distingua surtout un jeune homme italien, l'illustre Jean Lothaire, issu du noble sang des Conti, et fils du comte Trasmondo de Segni. Lothaire, né la même année que Jean de Matha, avait, comme lui, l'esprit élevé, un cœur tendre et généreux, une âme héroï-que, capable des plus grandes choses, une rare capacité, des vues élevées, des sentiments nobles, une piété vive et sincère, et toutes ces belles qualités étaient encore relevées en lui par une rare modestie.

Deux cœurs si bien nés semblaient donc faits l'un pour l'autre; ils se comprirent, et leur amitié fut d'autant plus étroite et plus durable, que la seule vertu en était le motif et le lien; c'était une de ces affections que le monde et ses partisans ne peuvent connaître et éprouver, parce que l'inconstance et la légèreté sont leur unique partage. Mais les saintes Écritures nous offrent un modèle parfait de cette union de deux cœurs, quand elles nous disent de David et de Jonathas que leurs âmes étaient comme collées et inséparablement attachées l'une à l'autre. La même intimité avait régné aussi dans les écoles d'Athènes, entre Basile de Césarée et Grégoire de Nazianze, deux jeunes gens d'une très-haute vertu; tant il est vrai que la religion, bien loin d'étouffer les sentiments naturels, quand ils sont bons et avouables, ne fait, au contraire, que leur donner plus de force et de durée en les surnaturalisant!

Jean et Lothaire goûtaient donc à Paris les délices d'une parfaite amitié. Il n'y avait rien de caché entre eux, et ils se découvraient mutuellement leurs plus secrètes pensées. Ils se communiquaient même les grâces que Dieu versait dans leurs âmes et toutes les faveurs célestes qu'ils en recevaient. On les voyait ensemble sur les bancs de l'école, ensemble dans les hôpitaux et les prisons. On pouvait les rencontrer aussi, à côté l'un de l'autre, dans quelque promenade solitaire, où ils s'entretenaient des grandeurs de la religion, des besoins de la sainte Église, et des moyens de venir au secours de cette mère éplorée. Dieu daigna révéler un jour à Jean de Matha, dans l'extase de sa prière, les desseins qu'il avait sur Lothaire. Notre saint fit part à son ami des lumières surnaturelles qu'il avait eues à cet égard, et lui donna l'assurance qu'il serait un jour assis sur la chaire de saint Pierre. Cette prophétie, à laquelle la modestie de Lothaire ne lui permit pas de prêter une bien sérieuse attention se vérifia pourtant, quelques années plus tard, et l'ancien étudiant de Paris, devenu Pape, lorsqu'à peine il avait atteint l'âge de trente-trois ans, gouverna le monde catholique, sous le nom à jamais célèbre d'Innocent III.

Deux autres écoliers vertueux partageaient aussi l'amitié de Jean de Matha ; c'étaient Jean l'Anglais et Guillaume l'Écossais, dont nous aurons occasion de parler plus tard. Ces quatre jeunes amis n'avaient pas encore, sans doute, pénétré les desseins de Dieu à leur égard, lorsque la fin de leurs études respectives les sépara les uns des autres, sans leur laisser même l'espoir de se retrouver un jour. Lothaire alla étudier la jurisprudence à Bologne, dans l'Italie, tandis que notre saint prolongeait son séjour à Paris [1].

---

[1] Mgr Depéry.

VII

Notre saint reçoit le doctorat, puis la prêtrise. — Prodige qui a lieu à son ordination.

Dès que Jean de Matha eut terminé ses études théologiques, le chancelier et les autres officiers de l'Université de Paris, qui jugeaient combien un homme de ce mérite honorerait leur corps, l'engagèrent fortement à prendre ses grades. La modestie du jeune homme lutta longtemps contre leurs sollicitations ; mais enfin, vaincu par les motifs religieux qu'on lui allégua, il se résigna, et, après avoir subi d'une manière brillante les épreuves préparatoires auxquelles on soumettait successivement les maîtres ès-arts, les bacheliers et les licenciés, il ceignit, aux applaudissements de ses nombreux admirateurs, le laurier doctoral. Cette haute distinction le forçait de se livrer, pendant quelque temps, à l'enseignement de la théologie. Il le fit, mais avec un tel succès, qu'il s'attira bientôt un nombre prodigieux d'écoliers. Il y avait toujours foule à ses leçons, et il déployait tant de profondeur, d'érudition, de piété et de dévotion dans tout ce qu'il disait, qu'il fit presque autant de maîtres et de saints qu'il compta de disciples [1].

De son côté, l'évêque de Paris, Maurice de Sully, voyait avec une paternelle complaisance les succès étonnants de son protégé; mais il pensa avec raison, qu'un si beau talent ne pouvait être mieux employé qu'au bien de l'Église, et il résolut, en conséquence, de l'attacher irrévocablement au service des autels. Jean de Matha avait, il est vrai, dirigé ses dernières études vers ce but; mais, quand il se vit sur le point d'y atteindre, il fut saisi d'une telle frayeur, qu'il ne paraissait point possible qu'on pût jamais vaincre sa résistance. Le sacerdoce lui apparut tout à coup comme une dignité si grande, si relevée, qu'il n'osait l'envisager sans frémir, car il faisait réflexion que les anges honorent les prêtres et leur cèdent le pas, et que si les esprits célestes avaient quelque chose à souhaiter au sein de leur immuable félicité, ce serait d'être revêtus de ce noble caractère, qui est pourtant réservé à l'homme seul.

Cette pensée, jointe à la connaissance qu'il avait

[1] On attribue à saint Jean de Matha divers ouvrages qu'il n'est plus possible de retrouver aujourd'hui : 1° un Commentaire sur les quatre livres du maître des sentences; 2° deux Apologies de la foi ; l'une contre les Vaudois, l'autre contre les Albigeois; 3° divers Traités ascétiques ; 4° divers Traités de théologie : *de Corpore Christi, de Cruce Domini, de Die judicii, de Ascensione Domini, de Nativitate et Assumptione B. M. Virginis;* 5° un Commentaire sur les épîtres de saint Paul ; 6° quelques Sermons; 7° des Homélies sur les Évangiles des dimanches; 8° un Traité des misères de la vie humaine, etc.

de son indignité, l'empêchait de songer qu'il pût jamais accepter une si haute faveur. Toutes les remontrances qu'on lui faisait semblaient devoir demeurer vaines et inutiles, auprès des raisons que son humilité et l'exquise délicatesse de sa conscience lui suggéraient constamment pour un nouveau refus. L'évêque, témoin de tant d'appréhensions exagérées, crut enfin devoir user auprès de lui de l'ascendant que lui donnait la triple autorité de son âge, de son rang et de son caractère, pour dompter l'excessive modestie du saint jeune homme et faire taire les scrupules de sa conscience. Dès lors, Jean ne résista plus, mais il s'abandonna à la volonté de son supérieur comme une victime destinée à être immolée sur les autels du Dieu vivant ; il obéit à un ordre qui lui parut être la voix du ciel, et, sans plus faire de retour sur la pensée de son indignité, il se disposa à recevoir l'ordre sacré de la prêtrise.

Tous ceux que sa profonde humilité avait convaincus de plus en plus de son éminente sainteté, voulurent se rendre à l'église où il devait être fait prêtre, pour être édifiés par le spectacle de cette ordination. L'évêque lui fit l'imposition des mains, et, au moment où il prononça les paroles « *Accipe Spiritum sanctum,* » les assistants furent témoins d'un prodige éclatant. On rapporte (Dilloud) qu'une colonne de feu, descendue du ciel, vint se poser tout à coup sur la tête du nouveau prêtre, ce qui fit juger à plusieurs personnes recommandables par leur sa-

voir, non moins que par leur piété, que c'était là un
signe visible de l'onction du Saint-Esprit, qui opérait dans son âme en même temps que le prélat agissait extérieurement sur son corps. Dieu voulait
donc manifester ainsi lui-même qu'il acceptait l'offrande que Jean de Matha lui faisait, en ce jour, de
sa personne et de toutes ses facultés, et ce feu qui
avait brillé sur sa tête marquait bien moins encore
l'ardeur des sentiments qui animaient son cœur, au
moment où il se consacrait sans réserve au service
des autels, qu'il ne faisait connaître aux assistants
que le nouvel élu allait mettre un dévouement sans
bornes à l'exécution des desseins tout d'amour et de
charité que le ciel avait sur lui pour le bonheur de
ses frères [1].

[1] On croit, et avec fondement, que la dignité sacerdotale fut
conférée à saint Jean de Matha le 25 novembre, jour auquel
l'Église romaine honore la mémoire de sainte Catherine d'A-
lexandrie, vierge et martyre, et c'est pour perpétuer le souvenir d'un événement si glorieux pour le saint fondateur, que
l'ordre de la très-sainte Trinité célèbre d'une manière toute spéciale, sous le rite double de seconde classe avec octave et office
propre, la fête de cette illustre sainte. Ce fut aussi en ce jour
que le Bienheureux Jean-Baptiste de la Conception obtint le
motu proprio de la Réforme.

VIII

Apparition de l'ange à notre saint. — Explication qu'il en
donne. — Saint Dominique.

Le bruit du prodige dont nous venons de parler
s'était répandu dans toute la ville, et la sainteté
bien connue de Jean de Matha avait fait concevoir à
un grand nombre de personnes de distinction, et
même à beaucoup de gens du peuple, un désir ardent d'assister à sa première messe. Notre saint
avait voulu se préparer à cette grande action par
une retraite de quelques jours, pendant laquelle il
redoubla ses jeûnes, ses veilles et ses austérités. Il
s'y appliqua à une oraison continuelle, s'occupant
presque exclusivement de la sublimité de nos divins
mystères, et en particulier de celui de l'adorable
Trinité, pour lequel il avait toujours eu une dévotion toute spéciale.

Dès qu'on sut le jour précis auquel il devait offrir
pour la première fois le divin sacrifice, on y accou-
rut de toutes parts ; les uns par simple curiosité,
d'autres, par dévotion sincère. Un bon nombre d'assistants étaient venus par devoir d'amitié et pour
honorer la sainteté et la haute naissance du célé-

brant, et tous enfin dans la persuasion qu'un si grand personnage, dont la vie avait déjà été accompagnée de tant de prodiges, serait indubitablement favorisé, en un moment si solennel, de quelque nouveau signe éclatant de la protection de son Dieu.

Il offrit la sainte Victime dans la chapelle de l'évêché. Là se trouvaient réunis l'évêque de Paris, qui l'avait ordonné, l'archevêque de Bourges, les abbés de Saint-Victor et de Sainte-Geneviève, le recteur et le chancelier de l'Université, presque tous les docteurs, et une infinité de personnages de haut rang ; chacun avait les yeux attachés sur le célébrant ; on observait toutes ses actions, et on eût volontiers pénétré dans le fond de son cœur, pour en sonder tous les secrets mouvements. Or, au moment même où, après les paroles divines de la consécration, ce séraphin d'amour offrait à l'adoration des assistants le Dieu voilé sous les apparences du pain, on vit tout à coup son visage s'enflammér, ses regards, à la fois étonnés et attendris, se fixer sur un point d'où il ne les détacha que lorsque, revenu à lui-même, il continua l'oblation et le sacrifice.

« On attribua généralement dans l'assemblée cette attitude du saint prêtre à la vivacité de sa foi ; mais les prélats avaient voulu y reconnaître quelque chose de plus que le ravissement de la piété. Ils ne purent douter que Jean de Matha n'eût été favorisé de quelque vision extraordinaire. Le sacrifice une fois terminé, ils prirent à part notre saint et lui demandèrent instamment ce qui s'était passé entre le ciel et lui, au moment de l'Élévation. Quelque désir que l'humilité lui eût inspiré de taire les faveurs dont il venait d'être l'objet, il ne put les cacher entièrement dans cette rencontre. L'obéissance qu'il devait à son évêque l'emporta sur toute autre considération, et, après s'être recueilli un instant, il parla ainsi : « Puisque vous m'ordonnez, mon Père, « de vous révéler ce que j'ai vu, le voici : Je ne crois « pas m'être trompé, c'était l'ange du Seigneur; il « était porté sur un nuage resplendissant : sa face « rayonnait d'une vive et douce lumière; ses vête- « ments étaient blancs comme la neige ; il portait « sur sa poitrine une croix aux deux couleurs rouge « et azur. A ses pieds, et dans la posture de sup- « pliants, étaient deux esclaves chargés de chaînes, « l'un maure et l'autre chrétien; ses mains croisées « reposaient, la droite sur le chrétien et la gauche « sur le maure; voilà, mon Père, ce que j'ai vu[1]. »

Cette explication fut accueillie par un long silence d'étonnement; puis, on se livra à diverses conjectures. On entrevoyait bien le rachat des chrétiens tombés au pouvoir des musulmans, œuvre à laquelle le Seigneur appelait sans doute Jean de Matha; mais, ne pouvant en conclure rien de bien certain, l'évêque de Paris et les autres prélats finirent par engager fortement le saint à recourir au Vicaire de Jésus-Christ pour avoir là-dessus une décision sou-

---

[1] P. Prat résumant Macedo, Tarizzo, Dilloud, etc.

veraine. Ces conjectures étaient trop flatteuses pour que le pieux jeune homme osât y ajouter foi tout de suite : il se trouva donc livré à une pénible anxiété. Mais il eut recours à Dieu par la prière, et il ne tarda pas à y reconnaître, lui aussi, que tous ces prodiges étaient un signe, toujours mystérieux, sans doute, mais de plus en plus certain, du dessein que Dieu avait de se servir de lui pour racheter les fidèles qui souffraient pour la foi. Mais le temps, la manière d'agir dans une affaire si épineuse, tout cela lui était encore caché.

Ne voulant donc rien faire contre les règles de la prudence et ne point trop se hâter dans une affaire qui, étant toute de Dieu, demandait qu'on consultât à loisir sa sainte volonté, notre saint résolut, pour avoir des lumières célestes plus abondantes encore, de se retirer de nouveau dans la solitude et d'y attendre, au sein du plus profond recueillement, la déclaration complète du bon plaisir divin. Mais, avant d'exécuter cette décision, il voulut la faire approuver par ces mêmes prélats qui lui avaient conseillé de se rendre immédiatement à Rome. Il se garda de rien faire de lui-même, dans la crainte de tomber dans l'illusion.

Telle est la conduite des saints qui, non contents d'étudier les divers mouvements qui les pressent d'agir, ont soin de soumettre encore au jugement d'autrui ce qu'ils pensent d'eux-mêmes. L'humilité et la défiance de leurs propres lumières sont le principe de leurs actions comme l'obéissance en est la règle constante.

S'étant donc muni du consentement de ses protecteurs et du directeur de sa conscience, mais sans avoir dit adieu à ses nombreux amis de la capitale, Jean de Matha prend le chemin du désert, et comme il avait appris, quoique d'une manière un peu vague, qu'il y avait aux environs de Paris, non loin de Meaux, un pieux solitaire dont il pourrait partager la vie et suivre les conseils, il résolut aussitôt d'aller le voir pour se livrer sans réserve à la direction de cet homme de Dieu. Tout devait porter, pour ainsi dire, le cachet visible de la Providence dans la vie admirable de notre saint, et Dieu le faisait passer par toutes les épreuves successives du doute et de l'hésitation, relativement à son avenir, afin de purifier de plus en plus ses intentions et de se l'attacher d'une manière irrévocable. Mais avant de le suivre dans son nouveau séjour, notons ici un événement qui n'est point sans importance pour nous.

Pendant que se passait à Paris ce que nous venons de raconter, c'est-à-dire la vision par laquelle Dieu faisait connaître à notre saint la mission spéciale qu'il lui réservait pour le soulagement de ses frères, il plaisait à la bonté divine de donner connaissance de l'établissement prochain de cette œuvre à un homme qui se trouvait bien loin de là, à un grand serviteur de Dieu qui devait être un jour

une des lumières de l'Église, et voici comment le
fait est raconté par les historiens des deux saints [1].

En même temps que Jean de Matha étudiait à
Paris, Dominique de Guzman étudiait de son côté
à Palentia, en Espagne. Or, celui-ci s'était déjà acquis par ses vertus et ses belles actions une si haute
estime, qu'on le regardait généralement comme un
bienheureux. Sa vie était toute merveilleuse, et l'i-
dée avantageuse qu'on avait de ses mérites devant
Dieu faisait que chacun lui demandait, avec beaucoup de confiance et de respect, quelque part dans
ses prières. Or, une femme, fort affligée du malheur de son frère qui, étant tombé entre les mains
des Maures, se trouvait dans le continuel danger
de perdre dans les fers la vie ou la foi, vint
se jeter un jour aux pieds de Dominique, le conjurant avec instances de demander à Dieu la liberté de son frère, ou de lui procurer au moins à
elle-même les ressources nécessaires pour rendre
la liberté au malheureux captif. Le vertueux jeune
homme fut ému jusqu'aux larmes de la douleur de
cette pauvre femme, mais beaucoup plus encore du
péril imminent où se trouvait son frère relativement à son salut. Ne consultant que sa foi et son
bon vouloir, il lui fait aussitôt une proposition qui
la surprit beaucoup : « Je ne puis rien faire, lui
dit-il, pour votre frère, ni par mes prières, ni par

[1] P. Thouron, dominicain ; P. Dilloud, trinitaire ; P. Macedo,
franciscain, etc.

mes biens. Je suis un pauvre pécheur aux prières de qui Dieu ne saurait avoir égard ; d'autre part, je suis dans l'indigence et ne puis disposer d'aucune somme d'argent. Mais je suis en état de servir le Maure dont vous me parlez. Présentez-moi à lui ; qu'il vous rende votre frère et je serai moi-même son esclave. Je m'estimerai très-heureux de pouvoir par là vous être utile à vous et à celui que vous pleurez. » Cette femme fut si étonnée de cet excès de charité, qu'elle demeura un moment comme interdite. Puis elle s'écria : « A Dieu ne plaise que j'exige de vous un pareil sacrifice ; je vous demande seulement la grâce de prier pour mon frère. » Le saint ne manqua pas de le faire, et l'ayant quittée, il alla se jeter aux pieds d'un crucifix où, après une longue et fervente oraison, il entendit une voix qui lui dit : « Mon fils, j'ai d'autres desseins sur vous. Ce n'est point à racheter des esclaves que je veux vous employer pour le bien de mon Eglise. Votre œuvre sera la conversion des hérétiques. Quant à celle du rachat, j'y ai déjà pourvu en jetant les yeux sur un jeune homme selon mon cœur, et dont le zèle s'étendra fort au loin : c'est un docteur de Paris, appelé Jean, et dont vous apprécierez, avec le temps, l'ardente charité et les autres vertus. »

Nous verrons plus tard saint Jean de Matha se lier d'amitié avec saint Dominique et saint François d'Assise, à Rome ; et ensuite leur donner l'hospitalité dans un couvent qu'il posséda à Lérida, en Espagne.

LIVRE DEUXIÈME.

I

Saint Jean de Matha rencontre saint Félix de Valois au désert
de Cerfroid; leur genre de vie.

Dieu avait dirigé les pas de notre saint dans les
montagnes voisines de Gandelu, au diocèse de
Meaux [1], et c'est là qu'il trouva Félix de Valois, ce
pieux solitaire dont il avait entendu parler. Félix
était au désert depuis quarante ans. Après avoir habité, pendant quelques années, une autre forêt, il
avait découvert, dans l'endroit le plus retiré de celle
de Cerfroid, une grotte spacieuse, et il y avait fixé
son séjour. Là, sans autre dessein que de fuir le
tumulte du monde, ce grand serviteur de Dieu ac-
quérait des vertus, qui devinrent plus tard les fondements d'un admirable institut. Jean de Matha

[1] Aujourd'hui le village de Gandelu et Cerfroid se trouvent
dans le diocèse de Soissons (Aisne).

erra quelque temps dans cette contrée avant de trouver la grotte de l'anachorète qu'il cherchait. Tout à coup celui-ci, averti et poussé sans doute par une inspiration divine, se présenta à lui, offrant de le conduire dans sa modeste cellule. Il serait difficile de concevoir et d'exprimer ce qui se passa de suave et de délicieux dans l'âme de ces deux saints à leur première entrevue. Chacun d'eux venait de recevoir, de la main libérale de Dieu, un compagnon fidèle et comme le complément nécessaire de sa propre existence. Ils ne pouvaient assez admirer la bonté infinie de la divine Providence qui veille continuellement sur tous nos besoins, et, après lui avoir rendu, dans le secret de leurs cœurs, mille actions de grâces, ils s'acheminèrent vers la demeure de Félix (P. Prat).

Le jeune docteur était saisi d'une crainte respectueuse, comme s'il eût été en présence d'un monarque entouré de tout l'appareil de sa gloire. La réputation de sainteté de l'anachorète, la pauvreté de ses vêtements, la douceur de ses regards, les impressions de vertu que tant d'années de mortification avaient laissées sur tous les traits de sa figure, l'isolement et la nudité de la grotte, produisirent sur lui une émotion qu'il ne sut pas dissimuler. Après le salut de paix, il fut introduit dans un modeste oratoire où une fervente oraison les prépara l'un et l'autre à de saintes confidences.

Jean de Matha ouvrit le premier son cœur à celui

que la Providence lui donnait pour guide. Il lui fit
un récit abrégé de toute sa vie, dévoilant avec
candeur' et sincérité tout ce qui s'était passé dans
son âme, les grâces que Dieu avait daigné y verser,
les communications intimes qu'il avait eues avec le
ciel dès ses plus tendres années; les prodiges qui
avaient eu lieu en sa faveur et dont quelques-uns
avaient été publics; les divers mouvements qu'il
avait ressentis, et surtout la secrète inspiration qu'il
avait reçue de Dieu de venir le trouver dans son désert. Enfin, il le fit le dépositaire de tous ses secrets,
l'assurant qu'il venait à lui comme à l'oracle que le
ciel lui avait ordonné de consulter sur ses futures
destinées, et comme à un maître auquel il abandonnait désormais la conduite de sa vie. Ces discours
jetèrent Félix dans un grand étonnement. Il demeura quelques instants dans un silence qui marquait assez son admiration et sa crainte. Il ne savait
ce qu'il devait révérer davantage dans son hôte, ou
de ses intimes communications avec Dieu, ou de
son humilité profonde. Il avait devant lui un homme
éclairé des plus sublimes lumières et possédant à
fond les plus hautes connaissances divines et humaines, et, d'autre part, il voyait ce même homme
avoir une si basse opinion de lui-même et des pensées
si humbles qu'il se serait volontiers anéanti en sa
présence, s'il l'avait pu.

Félix admirait donc les voies mystérieuses par
lesquelles le Seigneur se préparait cette âme privi-

légiée et la conduisait à l'exécution de ses desseins éternels. Il aurait voulu garder lui-même le silence sur tout ce qui le concernait; mais, toutefois, cette confidence qu'il venait de recevoir l'obligeait à parler à son tour, et à découvrir la conduite de Dieu sur lui. Il raconta donc, mais aussi brièvement que possible, la vie qu'il avait menée dans le monde; son origine royale, son nom véritable, le séjour qu'il avait fait à Clairvaux, les vertus qu'il avait admirées dans saint Bernard et dans ses disciples, le bonheur qu'il avait goûté dans cette chère solitude; puis il dit comment Dieu l'avait attiré intérieurement à lui; dans quelles circonstances et par quel innocent stratagème il s'était soustrait aux fastidieuses grandeurs du monde, les combats qu'il avait soutenus contre la nature, le temps qu'il avait déjà passé dans la solitude, les exercices qui occupaient ses moments, les grâces que le ciel lui avait accordées, les désirs qu'il lui avait inspirés; enfin, le pressentiment qu'il avait eu de recevoir bientôt, dans sa retraite, un compagnon de sa vie et de son avenir.

Jean de Matha put acquérir ainsi la certitude que ce que la renommée lui avait appris de la sainteté de Félix, était encore bien au-dessous de la réalité; et, respectant l'humilité et peut-être les ordres de l'homme de Dieu sur son origine et ses premières années, il lui garda inviolablement le secret. On croit que ce ne fut qu'à la mort de Félix que, pour ne pas laisser dans l'oubli des sacrifices si généreux, il légua à la postérité le souvenir des grandeurs et des vertus que le saint avait jusqu'alors environnées d'une si épaisse obscurité (P. Prat).

Ce fut donc ainsi que ces pieux ermites, versant mutuellement leurs cœurs l'un dans l'autre, commencèrent à savourer ce que l'amitié la plus pure peut avoir ici-bas de plus délicieux. Jean de Matha regardait Félix, plus âgé que lui, comme son père et son maître. Félix, de son côté, considérait Jean comme son guide et sa lumière. Ils auraient voulu tous les deux obéir, et nul ne voulait commander. De Matha disait que Dieu ne l'avait conduit dans ce désert que pour apprendre de Félix tout ce que son âge moins avancé ne pouvait lui avoir enseigné; Félix, à son tour, prétendait que Dieu, assurément, ne lui avait envoyé un docteur consommé en science et en piété, que pour en recevoir des leçons; de sorte que cette humble contestation les tenait dans une continuelle déférence à l'égard l'un de l'autre.

C'est le propre des saints de s'estimer toujours indignes des préférences et des prérogatives; l'humilité, qui est l'âme de leurs vertus, ne peut souffrir les honneurs. Toutefois, à cette dépréciation d'eux-mêmes qui constitue la mortification de l'esprit, nos deux patriarches ne négligeaient point d'ajouter d'autres exercices de vertu, et surtout de pratiquer toute sorte d'austérités corporelles. Leur jeûne était continuel; ils ne mangeaient qu'une seule fois le jour, et c'était le soir, après avoir passé la journée entière à prier et à chanter les louanges de Dieu. Les saints sont ingénieux pour affliger leur corps. Ils lui font acheter par de rudes fatigues le peu de soulagement qu'ils lui accordent ; et, comme ils n'ont d'autre dessein que de ruiner peu à peu des appétits déréglés, ils s'étudient constamment à y parvenir. Ils ne veulent point lui donner la mort, mais seulement le réduire à l'impuissance de nuire à leur esprit, et de devenir pour leur âme un instrument de péché. Ils gémissent, comme saint Paul, de se sentir emprisonnés dans une chair corruptible, et ils souhaitent ardemment de la voir tomber en lambeaux pour donner passage à leur âme.

Tel était le désir le plus véhément de nos deux illustres anachorètes. Rien ne leur était plus incommode que leur propre corps ; ils le considéraient comme leur plus dangereux ennemi, et comme un vil esclave qui, étant toujours prêt à se révolter, méritait d'être traité sans miséricorde ; ils le soumettaient à de rudes fatigues ; le faisaient coucher sur la dure et ne lui donnaient pour le sustenter qu'un peu de pain et d'eau, encore lui faisaient-ils mériter cette chétive nourriture par l'abstinence de toute une journée et par la longueur du chemin qu'ils devaient faire pour aller puiser de l'eau. Ils auraient pu, sans doute, rapprocher leur cellule de cette source pour s'épargner tant de fatigues qui revenaient chaque jour, mais ils auraient cru accorder trop facilement à la délicatesse, ce qu'ils avaient donné jusque-là à la mortification.

Dieu, qui ne laisse sans récompense aucune des peines que les fidèles pénitents s'imposent pour son amour, et pour acquérir la fidélité dans son service, leur faisait trouver, dans cette vie de renoncement et de privations de toute sorte, la source des plus pures satisfactions. Toutefois, quoiqu'il les eût réunis comme en les guidant par la main ; quoiqu'il vît avec une complaisance infinie, du haut du ciel, cette sainte persévérance dans la voie qui leur avait été montrée, il ne leur avait point encore manifesté clairement, après quelques années d'une vie si admirable, la grande œuvre qu'il voulait leur confier, et à la réalisation de laquelle il les préparait ainsi peu à peu. Ils l'avaient sans doute entrevue dans les faveurs successives et les révélations que le ciel leur avait faites ; mais l'humilité ne leur permettait point d'en sonder toute l'étendue. Ils attendaient, dans une parfaite résignation, de nouvelles lumières, et s'efforçaient de plus en plus de purifier leur cœur et leur volonté de ce qui aurait pu y faire obstacle à l'action de la grâce divine. Ils se livraient, avec une ardeur toujours croissante, aux exercices de la prière et de la mortification, dans leur solitude de Cerfroid. Toutefois, le moment approchait où la volonté de Dieu allait se déclarer sur eux par un nouveau prodige.

II

Rencontre du cerf. — Les deux saints vont à Paris,
puis se rendent à Rome.

La Providence ne précipite jamais ses desseins. Elle prépare en secret, et longtemps à l'avance, les hommes à qui elle veut les confier, et dispose de loin les circonstances qui doivent en amener l'exécution. Quelquefois nous sommes tentés de l'accuser de lenteur, parce que notre esprit, si borné et à vues si courtes, ne peut embrasser dans son regard toutes les diverses causes qui doivent concourir à l'accomplissement des desseins de Dieu dans le gouvernement du monde. Il a été dit que Dieu est patient, parce qu'il est éternel. Il a tout le temps nécessaire pour mener à bonne fin l'exécution de ses projets. Aussi, ne veut-il point en presser trop la réalisation. L'homme, au contraire, se sentant borné de tous côtés par le temps et l'espace, met trop souvent dans ses actions une promptitude qui en compromet toujours le succès final.

Peut-être en lisant dans le chapitre précédent le détail de la vie que menaient à Cerfroid nos deux saints, quelqu'un de nos lecteurs aura-t-il fait cette réflexion : Mais, en attendant, de pauvres captifs gémissaient dans les fers. Quelle grande utilité devaient donc avoir pour eux ces années passées dans les austérités, en présence de si grands maux? Dieu, répondrons-nous, voyait tout du haut du ciel; mais, avant de faire agir les instruments de ses desseins de miséricorde, et en raison même de l'importance de l'œuvre qu'il voulait leur confier, il avait soin de les façonner complétement à la réalisation de ses plàns divins. Or, le recueillement, la retraite, les austérités, en un mot, les souffrances de toute sorte lui servent toujours merveilleusement pour atteindre ce but.

Au reste, voici quel fut le nouveau prodige par lequel Dieu tira enfin ses serviteurs de leur solitude pour les faire agir sur un plus vaste théâtre, au profit des esclaves. Ils avaient vu souvent un cerf, d'un éclatante blancheur, venir se désaltérer dans la fontaine d'eau vive qui leur fournissait à eux-mêmes leur unique boisson. Un jour, comme ils étaient à discourir des choses de Dieu, sur les bords de cette fontaine, ils virent venir à eux le cerf qui, cette fois, portait dans son bois une croix rouge et bleue, semblable à celle que saint Jean de Matha avait vue sur la poitrine de l'ange pendant sa première messe. Ce signe miraculeux, qui se renouvelait presque autant de fois qu'ils venaient à la fontaine, alluma un nouveau feu dans leur âme. Et comme, d'ailleurs, le Seigneur agissait directement sur leur esprit [1], par de célestes inspirations qu'il leur communiquait dans le silence des nuits, ils eurent bientôt acquis la plus complète persuasion que la volonté du ciel était qu'ils ne missent plus aucun retard dans l'exécution du projet que la Providence leur avait inspiré pour la délivrance de leurs frères captifs.

Obéissant donc à l'impulsion divine, ils quittent leur chère solitude [2] et se dirigent d'abord vers Paris, pour se jeter aux pieds de l'évêque et lui rendre un compte fidèle de tout ce qui s'était passé durant le temps de leur retraite à Cerfroid. Mais là une déception les attendait : Maurice de Sully, ce grand prélat qui avait dirigé la jeunesse de Jean de Matha, venait de mourir; fort heureusement, Eudes de Sully, son successeur, n'était ni moins pieux que Maurice, ni moins porté à favoriser de tout son pouvoir leur louable projet. Ils virent aussi les abbés de Saint-Victor et de Sainte-Geneviève et tous ces prélats, après une longue conférence qu'ils eurent à ce sujet, jugèrent à propos d'écrire au saint-père

[1] C'est le bréviaire romain qui, dans les leçons pour la fête de saint Félix, au 20 novembre, nous fournit cette circonstance. Il y est dit : *Ter in somnis admoniti, Romam proficisci decreverunt.* Les mêmes leçons admettent aussi la rencontre du cerf.

[2] Nous omettons ici, pour ne point nuire à la rapidité du récit, quelques-unes des circonstances du séjour de nos fondateurs à Cerfroid, avant leur départ pour Rome, circonstances que nous rapportons en détail dans la vie de saint Félix de Valois.

et de l'informer de la vertu, des mérites et du dessein de ces deux nobles solitaires, aussi bien que des prodiges que le ciel avait déjà opérés en leur faveur, et dont ils avaient été eux-mêmes en partie les témoins. Les deux saints, munis de ces lettres de recommandation, se mirent en route, mais non sans avoir reçu en toute humilité la bénédiction de l'évêque de Paris qui, en les embrassant avec une tendresse toute paternelle, marquait bien la haute idée qu'il avait de leurs personnes.

Un si long voyage entrepris dans une saison fâcheuse, car on était alors au cœur de l'hiver, ne se fit pas sans difficultés; mais, comme il n'est rien d'insurmontable pour un vrai serviteur de Dieu, et que les plus grands travaux sont comme un aliment et une récompense pour son ardeur, ainsi ces hommes tout divins jouissaient du repos au milieu des fatigues. Saint Félix, plus âgé que son compagnon, devait être moins apte à faire une si longue course, toujours à pied, mais lorsque saint Jean lui témoignait son étonnement de le voir encore si agile, l'héroïque vieillard, nous dit un de ses historiens, répondait naïvement qu'il voyait continuellement au devant de lui l'ange du Seigneur qui les guidait et qui, dans les pas difficiles, lui donnait la main pour le soulager et l'empêcher de tomber.

Le même auteur (Tarizzo) dit que saint Jean profita de cette occasion pour aller saluer ses parents à Faucon, en traversant les Alpes. Nous ne sommes point étonnés de cette attention délicate et de cette marque de tendresse qu'il accorda aux auteurs de ses jours, au milieu même des graves préoccupations qu'il avait alors ; car nous savons que la vraie piété, bien loin d'éteindre dans le cœur les sentiments de l'amour filial, les fortifie au contraire, et leur communique plus de vivacité en les épurant. Notre saint aura voulu aussi faire connaître à saint Félix ses pieux parents et les lieux fortunés où s'était passée sa paisible enfance [1]. Heureux celui qui, en faisant un

[1] Nous consignons ici quelques renseignements sur cette noble famille de Matha, qui s'est illustrée en donnant notre saint à l'Église. Elle s'est perpétuée dans la partie sud-ouest de la France. Nous avons vu qu'elle était originaire d'Espagne. dont les historiens l'appellent tantôt Matta, tantôt Mataplana. Plusieurs membres de cette famille ont dû sans doute passer, à la suite de leurs souverains, les comtes de Barcelone, dans nos provinces méridionales, et s'y établir, comme nous le voyons par l'exemple d'Euphème de Matha, père de notre saint. Aussi, tandis qu'il allait lui-même se fixer dans la haute Provence, d'autres seigneurs, ses frères ou ses parents, se fixèrent dans le Languedoc, l'un à Entraigues et l'autre au château du Grès. La branche d'Entraigues est depuis longtemps éteinte. L'autre branche, qui est celle de Mioles, représente seule aujourd'hui la famille de Matha dans ces contrées. Le chef de la branche de Mioles était, vers la fin du siècle dernier, M. Antoine de Matha, ancien capitoul à Toulouse. Il eut huit enfants, dont quatre garçons et quatre filles. L'aîné des garçons, M. le comte Jean de Matha, émigra à la révolution de 93, et, à son retour de l'émigration, il épousa, à Bordeaux, Mlle du Tasta ; un fils unique issu de ce mariage, M. Eugène de Matha, étant venu à mourir encore fort jeune, en 1820, son père, M. le comte Jean de Matha, adopta en quelque sorte la famille de son frère cadet, M. Henry de Matha, qui se trouva bientôt le seul repré-

retour sur les années déjà écoulées de sa vie, n'y rencontre, comme notre héros, aucun souvenir mêlé d'amertume et de regrets ! Toutefois, cette halte au château de Faucon a dû être bien courte ;

sentant de la branche de Mioles ; car le troisième fils de M. Antoine de Matha, nommé Joseph, était mort sans postérité, et le quatrième fils, appelé François, était mort célibataire, après avoir passé sa vie à s'occuper d'agriculture, de littérature et de poésie.

M. Henry de Matha est mort à l'âge de trente-huit ans, laissant une nombreuse famille, représentée aujourd'hui 1º par le comte Henry de Matha, habitant sa terre de la Renaudière, près Alby (Tarn) ; 2º par M. Gaspard de Matha, marié à Paris ; 3º par M. Paulin de Matha, décoré, en 1864, du titre de commandeur de l'ordre pontifical de Saint-Grégoire-le-Grand, et qui habite son château, à Blanquefort près Bordeaux ; 4º enfin, par une fille cadette, Mlle Marie de Matha, dame de Nevou, qui habite la maison paternelle de la branche de Mioles. Toutes ces nouvelles familles se glorifient bien plus encore de compter un saint, que tant de braves guerriers parmi leurs aïeux. Elles joignent à l'illustration du sang dont elles sont issues la noblesse, plus précieuse encore aux yeux du chrétien, d'une conduite solidement vertueuse.

Le R. P. Prat, dans une notice qui accompagne son Histoire de saint Jean de Matha, parle d'une famille de Coutras comme appartenant à celle de notre saint. Mais M. Matta de Coutras, interrogé là-dessus, a déclaré que sa famille ne s'est jamais considérée comme venant de celle de saint Jean de Matha et qu'elle n'appartient pas à la noblesse. Nous devons maintenant mentionner ici une remarque que fait l'auteur de l'Histoire d'Embrun, imprimée en 1783. Il dit que, de son temps, quelques familles de la Provence, portant le nom de Matty, prétendaient tirer leur origine des parents de saint Jean de Matha, et qu'elles expliquaient le changement de l'*a* final en *i* ou *y*, de ce que la vallée de Barcelonnette étant tombée, dès l'an 1388, sous la domination des ducs de Savoie, on avait alors italianisé tous les noms propres en y ajoutant un *i* ou en changeant en *i* les voyelles finales de ces noms. Il ajoute que la famille de M. Louis-

et nous remarquerons que leur voyage se fit
avec une célérité fort grande, pour ces temps-là,
puisque, partis de Paris, vers la fin de décembre de
l'an 1197, nous les trouvons à Rome, dès le 18 janvier de l'année suivante, jour auquel l'Église célèbre
la fête de la Chaire de saint Pierre à Rome, en souvenir de l'entrée que le prince des apôtres fit dans
la capitale du monde païen. Il y était venu pour
détrôner les idoles et briser les chaînes que le démon avait imposées jusques-là aux hommes, surtout
dans cette ville qui avait été le boulevard de l'infidélité et dont il voulait, lui Pierre, faire le centre de
la nouvelle religion qui appelait le monde entier à
la jouissance de la vraie liberté. Or, l'œuvre que
nos saints venaient y fonder était aussi le signal
pour les enfants de l'Église retenus dans les ca-

François de Mathy, chevalier de Saint-Louis et commandant à
Seyne, en 1783, était de ce nombre, et qu'elle se regardait toujours comme appartenant à la famille du saint, quoiqu'elle fût
établie depuis longues années à Guillaume, dans le comté de
Nice. Le même auteur nous parle aussi d'un nommé Pierre-
Olivier de Mathy, natif de Faucon, et qui, en 1558, avait obtenu d'Emmanuel-Philibert, duc de Savoie, des lettres de commandant du fort de Jausiers. Voici ce que nous écrivait, en
1859, M. de Mathy de Latour, ingénieur en chef à Rennes :
« Ainsi qu'on vous l'a dit, je descends de la famille de saint
Jean de Matha. Je possède une généalogie qui remonte au
XIVe siècle. Le premier du nom était seigneur de Faucon. La
terminaison en *a* fut changée en *y* lors de la conquête de la vallée de Barcelonnette par la Savoie. Le nom de Latour provient
d'un Mathy qui, dans le XVIe siècle, épousa une dame des
Siéges et de la Tour, près Digne (Basses-Alpes). Il se retira à
Lorgues (Var), et devint la souche de ma famille. »

chots de la barbarie et de l'erreur, qu'une ère de liberté et de bonheur allait se lever pour eux. Cette coïncidence toute providentielle parut d'un bon augure à nos deux ermites, et le rapprochement qu'ils en firent dans leur esprit les confirma dans la pensée que leur entreprise ne pouvait avoir qu'une heureuse issue, puisque le premier des Pontifes suprêmes, après le Sauveur, semblait vouloir la prendre sous sa protection d'une manière spéciale et en faire sa propre affaire.

Jean et Félix n'eurent rien de plus pressé, en mettant les pieds sur le sol de Rome, que d'aller rendre hommage à Dieu et au prince des apôtres autour de cette même Chaire dont on célébrait la fête. Ils y demeurèrent quelque temps en prières, pendant lequel ils ressentirent des consolations ineffables et un courage tout nouveau pour affronter les difficultés qui les attendaient. Célestin III, ce Pape auquel étaient adressées les lettres de recommandation qu'ils avaient reçues à Paris, était mort depuis leur départ de cette dernière ville, mais son successeur ne leur était ni inconnu ni opposé, car ils trouvèrent, sur le trône de saint Pierre, ce jeune gentilhomme italien, que Jean de Matha avait fait à Paris le confident de toutes ses pensées, et auquel il avait prédit cette future élévation, et le nouveau Pontife la justifiait d'ailleurs par l'éclat de ses talents, par la grandeur de son caractère, et surtout par la sainte activité de son zèle pour tout ce qui concernait le bien de l'Église et du peuple chrétien. Nos saints ne manquèrent pas, d'abord, de rendre à Dieu d'abondantes actions de grâces de cette heureuse circonstance qui était pour eux une assurance de plus de la réussite de leur mission. Puis, après avoir donné satisfaction à leur dévotion, en visitant les sanctuaires les plus vénérés de Rome, ils allèrent se présenter au souverain Pontife, pleins de courage et animés de la plus vive confiance.

III

Innocent III approuve le projet de nos deux saints
et le favorise.

Ce fut le 20 du mois de janvier, deux jours seulement après leur arrivée à Rome, que nos deux saints eurent le bonheur d'être admis au baisement des pieds du Vicaire de Jésus-Christ, de lui présenter l'hommage de leur entier dévouement et de lui remettre les lettres qui les recommandaient à sa personne sacrée. Le souverain Pontife, déjà averti en songe de leur arrivée, et prévenu en leur faveur par leur éminente vertu, par les témoignages avantageux des prélats de Paris, mais surtout par l'inaltérable amitié qu'il avait conservée dans son cœur pour son ancien condisciple, les accueillit avec une bonté toute paternelle et ne voulut point qu'ils eussent à Rome d'autre logement que le palais de Latran qui était sa propre demeure.

Les grandeurs humaines éblouissent, pour l'ordinaire, par leur éclat ceux qui y sont élevés, si leur âme n'est point à la hauteur de cette position. Elles leur font oublier leur premier état, et les empêchent de penser à ceux que la Providence a laissés dans une condition inférieure. Mais, certes, tels n'étaient point les sentiments d'Innocent III et telle ne fut point sa conduite envers son ami de Paris. Le temps et l'éloignement n'avaient point effacé les idées avantageuses qu'il s'était formées de Jean de Matha; son amitié pour lui n'en avait été nullement affaiblie, et quoique sa dignité actuelle, la première du monde, l'élevât infiniment au-dessus de cet humble solitaire qu'il voyait prosterné à ses pieds, il croyait ne point déroger à sa majesté de Pontife suprême en se remettant avec lui, par intervalles, dans cette sorte d'égalité que l'amitié demande entre ceux qu'elle unit. Tous les instants qu'il pouvait dérober à ses continuelles et importantes affaires, il venait les passer auprès de son ancien compagnon d'études et dans les épanchements d'une douce familiarité.

Tant de bontés, de la part d'un si grand Pape, auraient pu inspirer de la vaine gloire à tout autre esprit qu'à celui de Jean de Matha; mais ces faveurs inouïes, bien loin de l'enorgueillir, ne faisaient que le jeter, au contraire, dans un plus profond anéantissement, parce qu'il s'en reconnaissait tout à fait indigne. Il révéla à Innocent la haute naissance de Félix et ses vertus qui surpassaient encore l'illustration de son sang. Il lui dit comment ils avaient vécu dans leur solitude et comment Dieu leur avait commandé, pour ainsi dire, de venir se jeter aux pieds de son Vicaire sur la terre, pour apprendre de sa bouche infaillible les dernières volontés du ciel, relativement à leur mission.

Il n'en fallut pas davantage pour faire comprendre à l'illustre Pontife les desseins de Dieu. Le projet qui lui était communiqué souriait infiniment à sa grande âme, il répondait à un des besoins les plus pressants de l'Église et de l'humanité. Jamais, en effet, la sainte Église romaine n'avait été plus inquiétée par les infidèles que dans ce temps-là ; jamais ses enfants n'avaient été plus persécutés ni plus opprimés dans leur foi et leur liberté. Les Maures occupaient une grande partie de l'Espagne. Les Sarrazins faisaient chaque jour de nouvelles conquêtes sur les chrétiens de la Palestine. Les Tartares faisaient de fréquentes incursions dans la Podolie, l'Ukraine et les provinces voisines, et l'empire de Constantinople, divisé par les schismes, allait insensiblement tomber sous la domination des Turcs. Enfin, partout les nations barbares pressuraient les chrétiens et exerçaient sur eux des cruautés inouïes, et le Pontife romain ne pouvait douter que Dieu, touché enfin de tant de larmes et de gémissements de ses enfants, n'eût résolu d'y mettre un terme par la réalisation du projet qui lui était soumis.

Mais ce projet étáit né dans des circonstances si merveilleuses, et l'exécution en paraissait si gigantesque que le Pape, pour être mieux instruit des volontés du ciel, et ne rien faire à la hâte, crut devoir rassembler les cardinaux et prendre là-dessus leur avis. Il leur fit un admirable discours sur la conduite de la Providence qui, donnant particulièrement ses soins au gouvernement de son Église, lui fournit, en temps opportun, des remèdes efficaces pour la délivrer des maux dont elle est attaquée. Les membres du Sacré-Collége, émus par ces paroles, et après avoir mûrement examiné ce dessein des pèlerins français, ainsi que les motifs qui les faisaient agir, convinrent que cette pensée ne pouvait venir que du ciel, et qu'il ne restait plus qu'à demander au Dieu qui l'avait inspirée, les moyens de la réaliser. Innocent III fit donc un appel à la piété publique et ordonna des prières qui continuèrent jusqu'au 28 janvier. Ce jour déjà consacré à honorer la mémoire de sainte Agnès, vierge romaine, pour perpétuer le souvenir d'une célèbre apparition qui avait eu lieu à son tombeau, huit jours après son martyre, fut de nouveau illustré par un semblable prodige dans les circonstances que nous allons raconter.

Le Pape avait décidé que, le 28 janvier, une

messe serait célébrée dans la basilique de Saint-Jean-de-Latran, en présence du Sacré-Collége, afin d'attirer de plus en plus les bénédictions et les lumières célestes sur la résolution qu'il allait prendre dans l'affaire en question. Au jour dit, le souverain Pontife s'était transporté à la basilique accompagné des cardinaux, d'un grand nombre de prélats, et d'une foule immense de personnes du peuple. A l'élévation de la sainte hostie, au moment même où la divine victime, élevée dans les airs, était offerte à l'adoration des assistants, un spectacle miraculeux vient tout à coup frapper les regards étonnés d'Innocent III. Il lui semble qu'il est transporté dans le ciel, et il se voit inondé d'une grande et vive lumière qui environne aussi l'autel, au-dessus duquel se montre le même ange qui avait apparu à saint Jean de Matha, dans la chapelle de l'Évêché de Paris. Le messager céleste était également revêtu d'un habit éclatant de blancheur, portait une croix rouge et bleue sur la poitrine, et tenait deux captifs enchaînés, l'un maure l'autre chrétien, qu'il semblait vouloir échanger, puisqu'il avait les mains croisées sur leurs têtes.

Le Pontife vit en cela l'expression des dernières volontés du ciel ; il ne balança plus, dès lors, et, à peine revenu du saisissement où cette vision l'avait jeté, il se hâta, une fois le sacrifice terminé, de faire venir auprès de lui les deux saints, et s'adressant à eux, en présence de cette nombreuse et imposante assistance, il leur dit : « C'est maintenant, mes chers enfants, que je connais clairement les desseins de Dieu sur vous. Je m'en étais déjà formé une haute idée sur les témoignages qu'on m'en avait rendus ; mais, après ce que Dieu vient de me faire voir à moi-même, dans le sacrifice qui lui a été offert, je suis si pénétré de la conviction qu'il veut enfin exercer ses miséricordes sur son peuple, que je ne saurais trop me hâter de satisfaire au désir qu'il a de se servir de votre ministère pour retirer les fidèles de la plus cruelle des servitudes. Il vous a choisis pour jeter les fondements d'un nouvel ordre qui, étant consacré à l'adorable Trinité, n'aura point d'autre emploi que d'en porter la connaissance et d'en procurer la gloire chez les nations les plus barbares, des mains desquelles il faut que vous arrachiez les chrétiens vos frères qui professent ce divin mystère. Ce n'est que parce qu'ils ont été baptisés, au nom adorable du Dieu trois fois saint, qu'ils endurent dans les cachots des infidèles tant de cruels tourments, et leur constance dans la foi redouble la rage des persécuteurs. Ce m'est donc une grande joie d'établir un ordre dont la fin est si sainte et qui, étant le premier acte de mon pontificat, mérite par là aussi que je lui donne toute ma protection. »

Puis, le saint Père ajouta que, pour donner à cette œuvre un commencement d'exécution, il les revêtirait lui-même, quatre jours après, d'un habit semblable à celui sous lequel l'ange était apparu,

et que porteraient les membres du nouvel institut.
Et, afin qu'on conservât fidèlement parmi eux le
souvenir de ce jour mémorable où Dieu, en fixant
ses irrésolutions et ses doutes, avait donné naissance à leur ordre, il leur désigna comme protectrice
et patronne principale, sainte Agnès, vierge et martyre [1].

IV

Le pape Innocent III donne le saint habit aux deux saints et leur adresse une touchante allocution.

Depuis ce moment jusqu'au deuxième jour de
février, qui était celui où ils devaient recevoir le
saint habit, nos deux fondateurs demeurèrent constamment en prières et redoublèrent leurs jeûnes et
leurs pénitences. Ce furent là les saintes dispositions qu'ils apportèrent à cette cérémonie, qui tenait
tout le monde en attente. Le jour désigné étant
enfin arrivé, on put les voir, prosternés aux pieds
du Pape dans l'attitude du plus profond anéantissement, et certes ce n'était point sans une intention toute spéciale de la divine Providence, que
leur consécration à Dieu se faisait à la fête de la
Purification, puisque en ce même jour le Fils de

---

[1] En effet, on célébra toujours solennellement, depuis lors,
dans notre ordre, la fête de cette illustre sainte, en ce même
jour du 28 janvier, anniversaire de l'apparition.

Dieu se présentant au temple, par les mains de Marie, avait commencé l'œuvre de notre rédemption.

Aussi le pieux et savant Pontife, dans le discours qu'il leur adressa avant la cérémonie, discours si tendre et si touchant qu'il arracha des larmes à tous les assistants, profita-t-il tout naturellement de cette circonstance, pour établir une comparaison facile à saisir entre le sacrifice que Jésus-Christ avait fait à son Père céleste pour le salut du genre humain, et celui que ces deux religieux allaient faire à Jésus-Christ lui-même, en leur nom et au nom de leurs enfants, pour le soulagement de la plus malheureuse portion de l'humanité. Il leur dit que c'était imiter parfaitement le Sauveur que de se dévouer à l'œuvre du rachat; qu'on ne pouvait mieux copier en soi l'amour extrême de Jésus-Christ envers les hommes qu'en exposant, à son exemple, sa vie pour celle de ses frères; qu'il les avait choisis pour accomplir ce qui manquait à sa Passion, et que, ne pouvant mourir une seconde fois pour les hommes, il les avait substitués à sa place, afin qu'ils pussent mourir pour leurs frères, ou, du moins, leur conserver la foi au prix de leurs souffrances, et même de leur sang. Mais il les avertit en même temps que, pour accomplir les sacrifices héroïques auxquels ils étaient appelés, ils devaient être munis de vertus fortes et généreuses dont, au reste, la triple couleur de leur habit allait leur rappeler constamment le souvenir.

Le *blanc* devait leur représenter cette pureté de cœur et d'intention qu'ils étaient obligés d'apporter dans l'exercice de leur sublime emploi, afin de rendre toutes leurs souffrances méritoires pour le ciel. Le *bleu* qui est la couleur de la chair meurtrie, les avertissait de ne jamais perdre de vue cet esprit de pénitence et de mortification que la nature de leurs fonctions leur rendrait si nécessaire ; dans le *rouge*, enfin, était figurée cette charité ardente, ce feu du divin amour qui devait animer leur dévouement et les soutenir dans les épreuves inséparables de leur œuvre.

Puis, élevant encore plus haut les regards de leur esprit, le Pontife expliqua les mystères divins qui étaient cachés sous les trois couleurs de cet habit, et dans lesquelles il fit voir un symbole frappant de l'adorable Trinité. Il dit que la diversité des couleurs marquait la pluralité des personnes ; que le Père qui, étant principe de tout ne tire sa substance d'aucun autre, était représenté par le *blanc* qui est la base et le principe de toute couleur ; que le *bleu* exprimait la personne divine du Fils dont l'humanité sacrée a été meurtrie dans sa Passion et a comme *bleui* sous les coups des bourreaux ; et que le Saint-Esprit, qui est l'amour essentiel du Père et du Fils était représenté par le *rouge*, figure expressive de ce feu divin qui consume tout. Enfin, pour résumer en quelques mots tout son discours ainsi que les devoirs imposés à ces religieux par la sublimité de leur vocation, Innocent III voulut que le nouvel institut s'appelât *Ordre de la très-sainte Trinité pour la rédemption des captifs*. De son côté, l'ordre, pour rappeler constamment à ses membres les enseignements solennels donnés par un si grand Pape, célébra dès lors chaque année, avec pompe, le jour où cet habit céleste [1] lui fut attribué dans la personne des deux saints patriarches et fondateurs.

Pendant que le Pontife suprême adressait aux deux religieux prosternés devant lui des paroles si touchantes et si bien appropriées à la nature de leur dévouement [2], la grâce opérait dans leur âme un si merveilleux changement, que les effets s'en faisaient remarquer jusque sur leur extérieur. Leur visage était rayonnant de lumière, ce qui fut pour tous

---

[1] La fête de la Purification est chez nous double de seconde classe avec octave ; c'est une de nos principales solennités, en souvenir de la prise d'habit des deux saints fondateurs. L'ordre célèbre la fête de la très sainte Trinité sous le rit double de première classe avec octave privilégiée. De plus, il jouit du privilége de se servir de la préface de la très-sainte Trinité aux fêtes des deux fondateurs, et pendant leurs octaves. Nous devons dire encore que, dès les commencements de leur institut les religieux Trinitaires ou Rédempteurs vouèrent au divin Sauveur un culte tout particulier, sous le titre de Très-Saint Rédempteur. Ils en firent, dès lors, une fête très-solennelle qui, plus tard, s'est étendue à l'Église universelle ; elle se célèbre le 23 octobre, avec octave, et s'appelle aussi fête de Jésus de Nazareth.

[2] Le P. Prat rapporte ce discours dans son Histoire de saint Jean de Matha, mais avec de légères variantes. Il avertit, du reste, que ce style figuré et symbolique est tout à fait dans les goûts d'Innocent III et de son temps.

ceux qui en furent témoins un présage heureux
que le ciel confirmait hautement ce que le Vicaire
de Jésus-Christ venait d'opérer sur la terre. Aussi
le Saint-Père, ravi de tant d'admirables circonstances, déclara-il que ce n'était point là une inven-
tion, une œuvre des hommes, mais de Dieu lui-même ;
qu'il en avait été, en un mot, le seul et unique principe, comme il en était la dernière fin. Il formula sa
pensée, à cet égard, dans ces quelques mots qui sont
devenus comme une devise pour l'ordre de la très-
sainte Trinité :

> Hic est ordo approbatus,
> Non a sanctis fabricatus,
> Sed a solo summo Deo[1].

Cette haute approbation mettait le sceau à une
œuvre qui avait coûté, nous le savons, à nos deux
saints bien des pénitences et des mortifications, aux
captifs beaucoup de gémissements et de soupirs, à
l'Eglise entière une grande abondance de larmes et
de prières, et au ciel lui-même une infinité de prodiges éclatants. Toutefois, afin que cette œuvre,
placée désormais au rang des grandes institutions
du catholicisme, pût revêtir une forme propre et
durable, il lui fallait une organisation particulière,
déterminée par des constitutions écrites. Or, sans
doute, personne n'était plus capable de formuler ce

---

[1] *Cet ordre, approuvé par l'Eglise, n'est point l'œuvre des
hommes, mais de Dieu seul* (Dilloud).

vaste dessein que ceux à qui Dieu avait permis de le concevoir. Ce fut donc à Jean de Matha et à son compagnon que Innocent III confia ce soin ; mais, comme l'Évêque de Paris et les abbés de Saint-Victor et de Sainte-Geneviève avaient eu, jusque-là, pour Jean de Matha une sollicitude toute paternelle, et que, d'ailleurs, ce saint avait déposé dans leur cœur tous les secrets du sien, le Pontife voulut qu'ils continuassent à prêter à l'œuvre nouvelle le tribut de leurs lumières et de leur expérience.

Dans les missives qu'il remit aux deux fondateurs pour les prélats de Paris, Innocent III marque expressément que, ayant reçu lui-même les lettres adressées par eux à son prédécesseur pour l'informer de la vie et des intentions des deux saints personnages, et recevoir ensuite ses instructions, il y avait eu tous les égards possibles, et que les témoignages rendus en leur faveur avaient été confirmés à Rome par de nouveaux prodiges, et surtout par une apparition extraordinaire dont il avait été favorisé lui-même, et par laquelle il avait connu la volonté de Dieu à cet égard ; qu'il les chargeait l'un et l'autre d'examiner attentivement les règles et les statuts qui devaient s'observer dans le nouvel ordre et de lui en faire un rapport fidèle, afin qu'il pût les confirmer de son autorité apostolique. On voit par là que ces prélats étaient chargés, non point de composer eux-mêmes la règle, comme l'ont pensé quelques auteurs, mais seulement de l'examiner pour en faire ensuite un rapport au Pape. On doit remarquer aussi que saint Jean de Matha, bien qu'il ait pris, pour la rédaction de sa règle, tout ce qu'il y avait de meilleur et de mieux adapté à son but dans celle de saint Augustin [1] et dans les autres qui étaient déjà suivies dans l'Église, a donné cependant à ses religieux une règle qui leur est propre et spéciale. C'est, d'ailleurs, ce qui résulte de la lecture des leçons que l'Eglise a adoptées pour les fêtes de nos deux saints, au 8 février et au 20 novembre, et, de plus, de l'inscription que Innocent III fit graver lui-même sur le tombeau de son ancien condisciple, ainsi que nous le verrons plus tard.

[1] Voici ce que dit là-dessus le P. Prat, dans son Histoire de saint Jean de Matha : « L'ordre de Saint-Jean de Matha n'a « de commun avec la règle de Saint-Augustin qu'un point de « discipline, touchant la psalmodie, encore est-il considérable- « ment modifié en faveur des religieux trinitaires, et ce point, « tout à fait accessoire, ne forme pas plus la règle qu'il n'en « altère les principales dispositions. Nous persistons donc à « dire que l'ordre de la très-sainte Trinité a toujours eu sa rè- « gle propre, au moins jusqu'au temps malheureux (1768), où « la fameuse commission dont Brienne était le chef, l'obligea « en France de l'altérer et de la mêler avec celle des chanoines « de Saint-Augustin. »

V

Retour des deux saints à Paris. — Rédaction de la règle.

Munis des lettres et de la bénédiction du Saint-Père, les deux Patriarches se remirent en route pour la France. Nous passons sous silence les divers incidents de ce périlleux voyage entrepris dans une saison encore bien rigoureuse. Mais leur cœur était tout brûlant d'amour pour Dieu et de zèle pour sa gloire. Or, l'amour ne se rebute de rien. Il met dans tout ce qu'il entreprend un courage invincible, et ce qu'il ne peut obtenir d'une manière facile il l'emporte par la constance de ses efforts. Heureux celui qui emploie exclusivement au service de Dieu la puissance et l'énergie d'un pareil sentiment ! Trop souvent, hélas ! on le voit dégénérer en passion violente et condamnable, parce qu'au lieu d'avoir dans le ciel son aliment et son but, il s'arrête aux créatures et se nourrit d'affections purement terrestres. Mais le cœur de nos deux pèlerins avait toujours battu pour Dieu ; aussi rien ne pouvait arrêter ni même retarder leur marche. Il semblait que l'ange du Seigneur les emportât sur ses ailes, de telle sorte que, ce qui aurait pu coûter à d'autres plusieurs mois de fatigue, ils le firent en quelques semaines.

Dès leur arrivée à Paris ils allèrent se présenter à Eudes de Sully et aux abbés de Saint-Victor et de Sainte-Geneviève. Jean leur remit les lettres d'Innocent III, et lorsqu'ils eurent pris connaissance des intentions du Vicaire de Jésus-Christ, ils s'y conformèrent avec autant de respect que de joie, prêtant au nouvel institut un concours aussi loyal que désintéressé.

Cependant le retour de Jean de Matha avait mis en émoi toute l'Université de Paris. Le souvenir de ses talents et de sa vertu vivait encore parmi les maîtres et les écoliers. Les nouvelles livrées du jeune docteur, son nouveau genre de vie, ses immenses projet firent longtemps l'entretien du monde savant. Jean l'Anglais et Guillaume l'Ecossais qui, devenus prêtres et membres du clergé de Paris, donnaient des missions aux environs de la capitale, pour en extirper l'hérésie, vinrent s'aboucher avec leur ancien condiciple. Au sortir de cet entretien, ils s'ouvrirent à leurs amis et surtout à Roger Déès, Anglais de naissance, du dessein qu'ils avaient d'entrer dans le nouvel ordre de la très-sainte Trinité. Mais celui-ci, ayant laissé échapper quelques mots d'ironie contre l'entreprise, fut soudain couvert de lèpre. Etant allé se jeter aux pieds de saint Jean de Matha, pour lui demander pardon de sa faute, il obtint sa guérison, se consacra lui aussi à l'œuvre et, pour se rappeler constamment le souvenir de sa faute et du miracle dont il avait été l'objet, il ne voulut plus porter d'autre nom que celui de *Roger le Lépreux*. A ces trois hommes distingués se joignirent bientôt plusieurs autres docteurs de l'Université parmi lesquels Pierre Corbelin, depuis Archevêque de Sens, et Jacques Sournier, évêque de Todi. Il y en eut même un si grand nombre qu'on appela bientôt le nouvel institut l'Ordre des docteurs.

Jean de Matha confia ces nouveaux disciples à Félix de Valois et les envoya, sous sa conduite, à Cerfroid où, dès lors, les seigneurs du pays leur assurèrent un vaste établissement, à l'endroit même où ils avaient vu plusieurs fois le cerf. Il ne tarda pas lui-même à les rejoindre pour y travailler à la rédaction de cette règle qui leur devenait de jour en jour plus nécessaire. La ferveur de ses disciples semblait, il est vrai, pouvoir se passer de règle et de direction, car ces hommes, autrefois brillants oracles de la première école du monde, et alors humbles élèves d'un pauvre ermite, étaient déjà plus avancés dans la science du salut que dans les connaissances humaines, mais il fallait aller au devant des besoins de la nature de l'homme qui succombe plus souvent peut-être à sa faiblesse qu'à sa malice.

Jean de Matha, pour jouir de plus de silence et de recueillement, se retira bientôt, du conseil même de Félix, sur la montagne où avait été leur première cellule, afin que ce lieu où ils avaient reçu de si vives inspirations divines pour l'établissement de leur ordre fût aussi celui où il en recevrait le véritable esprit, et si la loi ne fut point donnée au saint fondateur, comme autrefois à Moïse, au milieu des éclairs et du tonnerre, ce fut, assurément, parmi les feux de l'amour divin et avec les lumières d'une très-haute contemplation, dans laquelle il demeura absorbé pendant plusieurs jours. Ses disciples considéraient, avec des sentiments pleins de vénération, la cellule où leur bien-aimé Père s'était retiré. Ils purent bien croire que ce qu'il écrivait venait bien moins de lui-même que des inspirations qu'il recevait continuellement d'en haut. Aussi, acceptèrent-ils ensuite cette règle avec autant de soumission et de respect que si elle leur eût été donnée visiblement du ciel.

Dès qu'elle fut terminée, Jean de Matha se hâta d'en soumettre toutes les dispositions à la sagesse de Félix, et de concerter avec lui toutes les mesures qui devaient en assurer et en perpétuer l'empire dans leur famille encore naissante. Mais comme il fallait, avant tout, que cette règle reçût l'approbation de l'Eglise et qu'elle fût auparavant examinée par l'évêque et les abbés de Paris, conformément aux dispositions du Bref pontifical dont nous avons parlé, de Matha, s'arrachant tout à coup aux embrassements de ses pieux enfants, que la présence de Félix pouvait seule consoler de cette précoce séparation, se rendit immédiatement à Paris pour y soumettre son travail aux prélats désignés. Ils le lurent avec autant de plaisir que d'admiration; chaque mot leur semblait un oracle de vérité, et il leur parut que l'Ordre, ayant été institué par inspiration divine, la règle qui devait lui donner sa forme particulière était due également à un secret mouvement du Saint-Esprit. Ils purent donc rendre un témoignage fort avantageux de ce nouveau code religieux et des dispositions admirables de ceux auxquels il était destiné, et ils assurèrent sans crainte que le nouvel institut serait un des plus saints et des plus utiles de l'Eglise.

L'ardente charité qui consumait le cœur de notre saint, ne lui donnait point de repos; aussi à peine eut-il reçu les derniers conseils et les lettres de ses protecteurs de Paris qu'il continua sa route vers Rome, accompagné, cette fois, de Jean l'Anglais et de Guillaume l'Ecossais. Il y arriva au mois de décembre de la même année, et put bientôt présenter au souverain Pontife cette règle que, par son ordre, il venait de tracer. Innocent III révéra dans cette œuvre l'esprit de Dieu qui semblait en avoir dicté toutes les dispositions; il n'y fit que de légers changements qui lui étaient demandés par le saint lui-même, et, le 17 décembre de la même année, il mettait à ce recueil de lois religieuses le sceau de sa suprême autorité. Par là, il donnait à l'Ordre de la très-sainte Trinité cette existence canonique qu'un établissement de cette nature ne peut recevoir que du Saint-Siége. Dans cette bulle d'approbation, Jean de Matha était nommé Ministre du couvent de Cerfroid qui devenait ainsi la maison mère de l'ordre. Le saint ne songea plus, dès lors, qu'à élever son œuvre au niveau du besoin qui en avait inspiré la pensée. Il se hâta de se rendre à Cerfroid pour y mettre en vigueur la règle approuvée par le Pontife suprême.

On ne saurait dire avec quels transports de joie il y fut reçu ; la proclamation solennelle qu'il fit de chacun des articles de la règle excitait l'enthousiasme de tous ceux à qui elle était destinée, et les commentaires et explications qu'il y ajouta embrasèrent l'esprit de ses disciples d'une telle ardeur, qu'ils s'engagèrent à l'envi et par vœu à observer inviolablement tous les règlements que le ciel daignait leur communiquer par le ministère de leur saint patriarche. Or, tandis que le père et les enfants de cette heureuse famille jouissent de leur bonheur, tâchons de jeter nous-mêmes un coup d'œil rapide sur ces lois qui ont formé tant d'hommes non moins illustres par leur dévouement que par leur piété ; mais, pour en saisir mieux l'importance, voyons d'abord quels étaient les maux extrêmes auxquels devaient remédier les religieux formés à cette école de vertu.

VI

Souffrances des captifs chrétiens. — Considérations sur la règle
de l'ordre. — Retour du saint à Rome, où il fonde le couvent
de Saint-Thomas *in Formis*.

On connaît les succès et les revers qu'éprouvè-
rent tour à tour, en Orient, les guerriers chrétiens,
combattant sous le nom de Croisés. Un grand nombre d'entre eux tombaient, par les chances de la
guerre, entre les mains des infidèles. En même temps,
les corsaires Maures infestaient les mers et s'empa-
raient des équipages et des passagers qu'ils entas-
saient ensuite dans les cachots infects d'Alger, de
Maroc ou de Tunis. Ces infortunés ne sortaient de
là que pour aller faire, dans la ville ou dans les
campagnes, le service des bêtes de somme [1]. A ces
maux physiques venaient se joindre les violences

[1] Dans l'introduction du présent opuscule, nous avons donné
des preuves abondantes de ce que nous avançons. Toutefois,
nous croyons devoir insérer encore ici l'attestation écrite d'un
homme illustre, saint Vincent de Paul, qui avait été lui-
même prisonnier à Tunis. Voici un extrait de sa relation :
« Leur procédure à notre vente fut, qu'après nous avoir
« dépouillés tout nuds, ils donnèrent à chacun de nous une
« paire de brayes, un hoqueton de lin avec un bonnet, et
« nous promenèrent par la ville de Tunis, où ils étaient venus
« pour nous vendre. Nous ayant fait faire cinq ou six tours par

morales par lesquelles on cherchait à arracher de l'âme des captifs la foi chrétienne et à faire d'eux des apostats. La religion et l'humanité demandaient donc également, à grands cris, une force assez puissante pour briser les fers de ces malheureuses victimes, pour les arracher au danger de se perdre éternellement et vaincre la barbarie musulmane sur cette même terre d'Afrique jadis si catholique.

Cette force, Jean de Matha la trouvera dans l'organisation d'une société de libérateurs, qui, fidèles dépositaires des ressources de la charité publique, iront, à travers mille périls, rendre aux esclaves le bonheur de vivre chrétiens et libres ; de plus, afin que les sujets qui se consacreraient à cette œuvre si sainte pussent acquérir plus facilement l'esprit de sacrifice et le conserver, même pendant leurs dernières années, lorsque, atteints d'infirmités graves, ils ne seraient plus capables d'entreprendre de lointains voyages, le saint fondateur fit en sorte de les

« la ville, la chaîne au col, ils nous ramenèrent au bateau, afin
« que les marchands vinssent voir qui pouvait manger et qui
« non, pour montrer que nos plaies n'étaient point mortelles.
« Cela fait, ils nous ramenèrent à la place, où les marchands
« nous vinrent visiter tout de même que l'on fait à l'achat d'un
« cheval ou d'un bœuf, nous faisant ouvrir la bouche pour vi-
« siter nos dents, palpant nos côtes, sondant nos plaies, nous
« faisant cheminer le pas,. trotter et courir, puis tenir des far-
« deaux, et puis lutter, pour voir la force d'un chacun et mille
« autres sortes de brutalités. » Nous avons donné dans l'introduction le témoignage du célèbre Cervantès, écrivain espagnol, qui, lui aussi, avait été l'objet de ces barbaries, à Alger, où il fut racheté par nos religieux.

occuper, indépendamment des rédemptions, au soin des malades dans les hôpitaux ou ailleurs, et au soulagement des malheureux qui, revenus libres, mais nécessiteux, des côtes de Barbarie, ne pouvaient point encore rentrer dans leurs familles ; en un mot, il donna à ses enfants pour but spécial le rachat des captifs, et pour but général, toutes les œuvres de charité corporelle qui tendent, de près ou de loin, au soulagement de l'humanité souffrante [1] ; d'où il résulte que l'ordre de la très-sainte Trinité ne saurait voir sa mission achevée tant qu'il y aura sur la terre une société humaine, car elle renfermera toujours dans son sein, suivant la parole du Sauveur, des pauvres, des êtres faibles et souffrants dont la fâcheuse position réclamera les soins assidus de personnes vouées par vocation divine au soulagement de ces infortunes.

Or, ce ministère de charité que préparait notre saint, exigeait de ceux qui voudraient s'y livrer avec fruit pour eux-mêmes et pour les autres, l'abnégation, l'obéissance et le désintéressement dans le sens le plus complet. De là, nécessité des trois vœux, pauvreté, chasteté, obéissance ; de là un supérieur général désigné sous l'humble nom de ministre, et plusieurs supérieurs provinciaux soumis au ministre général, mais ayant eux-mêmes sous leur autorité des supérieurs locaux pour chaque maison de l'or-

---

[1] Les religieux trinitaires avaient anciennement plusieurs hôpitaux ; on pourrait y suppléer aujourd'hui par les orphelinats, etc.

dre; de là aussi, cette communauté de biens et de sentiments qui faisait de ce vaste corps une même famille unie par les liens les plus étroits de la charité; de là, cette distribution des biens en trois parts distinctes : la première, attribuée exclusivement à la rédemption des captifs, la seconde au soulagement des pauvres, et la dernière, à l'entretien des religieux; de là, enfin, cette foule de prescriptions touchant la nourriture, le vêtement, le logement et les voyages. Comme les fonctions de l'ordre allaient mêler souvent les disciples de l'institut avec le monde, dans le commerce duquel la prudence et la maturité du jugement sont si nécessaires, l'admission des postulants ne pouvait jamais avoir lieu avant leur vingtième année révolue. Enfin, pour assurer l'exécution des règlements et le maintien de la discipline, on tiendra un chapitre privé tous les dimanches dans chaque maison, et un chapitre général une fois l'an; il y aura aussi dans toutes les maisons de l'ordre des exhortations ou entretiens spirituels, des heures de silence absolu, la prière publique, la récréation commune et le chant de l'office, du moins aux principales fêtes de l'Église et de l'ordre.

Tel est le sommaire de la règle que donnèrent à leurs enfants saint Jean de Matha et saint Félix de Valois; telles furent leurs mesures pour former les héros de la charité et pour faire réussir une des plus grandes œuvres que l'Église ait jamais tentées pour le bonheur du genre humain. Nous regrettons que les bornes de cet opuscule ne nous permettent pas de faire connaître en entier ce recueil de lois que nous n'avons fait que résumer ; mais le peu que nous en avons dit suffit pour faire apprécier la sagesse du fondateur et de son œuvre. En effet, des plans si bien conçus et si vastes, des moyens si simples et en même temps si efficaces, révèlent dans saint Jean de Matha une âme grande, un esprit élevé, une profonde énergie de caractère, mais surtout un sublime dévouement dont le génie du catholicisme peut seul rendre l'homme capable (P. Prat).

Mais hâtons-nous de rejoindre le saint à Cerfroid. Comme il mettait l'avenir et la sécurité de son œuvre dans un entier dévouement au Saint-Siége, il s'empressa d'avertir le souverain Pontife des heureuses dispositions qu'il avait trouvées dans ses disciples, de leur empressement à se soumettre au joug de la règle et à l'adopter sans réserve. Toutefois, comme si la règle et les constitutions qu'il y avait ajoutées, en forme de commentaires, lui eussent paru frappées de stérilité jusqu'à ce que la bénédiction pontificale les eût fécondées, il demanda avec confiance cette nouvelle faveur à Innocent III, qui se hâta de la lui accorder avec la plus vive sollicitude, par une bulle publiée vers la fin de 1198. Saint Jean y est encore nommé, comme dans celle qui précède, ministre de Cerfroid. Dans celles qui vinrent après, le pape ne lui donna plus que le nom de ministre, c'est-à-dire ministre général, parce que, en effet, ce fut à cette époque que, laissant à saint Félix de Valois toute la direction de la maison de Cerfroid et des intérêts de l'ordre dans le nord de la France, il se rendit lui-même à Rome pour y faire sa résidence.

L'ordre ayant un but général et universel, il convenait que celui qui était chargé de le gouverner eût son siége et fît son séjour habituel dans la capitale du monde catholique. Le souverain Pontife, de son côté, désirait vivement avoir constamment auprès de sa personne le saint fondateur pour profiter de ses conseils et de son expérience dans le gouvernement de l'Église; il lui était doux, au milieu des sollicitudes dont il se trouvait accablé, de lui ouvrir son cœur, comme autrefois à Paris, et de considérer dans le sien ce courage sublime dont il le voyait animé. Non content des faveurs dont il l'avait déjà comblé, il profitait de toutes les occasions opportunes pour y ajouter de nouvelles marques de sa haute bienveillance et de sa constante protection.

Ce fut alors que Innocent III donna à saint Jean de Matha et à ses enfants l'église de Saint-Thomas in Formis [1], l'une des vingt abbayes privilégiées de Rome, avec ses dépendances et revenus. Le sain

[1] Nous trouvons dans *le Guide de l'étranger dans Rome,* par par Mgr Lucquet, évêque d'Hésebon, une note qui nous apprend que cette église de Saint-Thomas était appelée *in Formis* à cause d'un aqueduc voisin, ancienne *aqua Claudia.* On appelait aussi cette église Saint-Thomas *in navicella,* parce que

fondateur, pour perpétuer le souvenir de cette libéralité d'un si grand pape, fît placer sur le portail de
la principale entrée un ouvrage en mosaïque représentant la vision que Innocent III avait eue dans la
basilique de Saint-Jean de Latran. On l'y voit encore de nos jours, et c'est là un monument bien
précieux de la réalité de ce prodige qui a décidé le
Pontife à favoriser la fondation de l'ordre. Nous
aurons occasion de reparler de ce témoignage
constant de la reconnaissance de saint Jean de
Matha ; disons pour le moment que le pape avait
joint à la cession de l'église de Saint-Thomas celle
de biens considérables pour la fondation d'un couvent de religieux Trinitaires et d'un hôpital destiné
à recevoir les malades et d'autres malheureux ; car
Innocent III, juste appréciateur du dévouement,
avait pu juger immédiatement du bien immense
que le saint et ses enfants, fidèles imitateurs de son
zèle, pourraient rendre à l'Église en toutes sortes
d'œuvres de charité. Il leur accorda même bientôt
de nouvelles faveurs ; car, indépendamment des
grâces spirituelles et indulgences dont il combla les
membres de l'ordre et les personnes du monde qui
leur furent affiliées par le moyen du tiers-ordre,

non loin de là se trouve une fontaine qui a la forme d'une na-
celle ; de plus, comme l'église et le couvent sont situés sur la
colline de Rome appelée Mont Cœlius, on a pu dire Saint-
Thomas *in monte Cœlio* ; enfin, on a dit encore *San Tommaso
del Riscatto* ou *dei moretti*, parce que les captifs rachetés y
séjournaient quelquefois.

dont nous parlerons plus tard, il donna aux religieux Trinitaires d'autres possessions nombreuses dans l'enceinte et hors des murs de Rome pour la fondation de nouvelles maisons.

D'autre part, l'exemple du souverain Pontife et la généreuse protection qu'il avait accordée à l'institution naissante, eurent bientôt, au sein même de la ville éternelle, de nombreux imitateurs. Plusieurs nobles Romains et des ecclésiastiques de distinction, frappés de la grandeur de l'œuvre de notre saint, se hâtèrent de mettre entre ses mains une grande partie de leurs biens; d'autres, attirés vers lui, tant par la sainteté de sa vie et la force de ses prédications qui enlevaient tous les cœurs, que par la vue des prodiges qu'opérait la ferveur de ses prières, renoncèrent au monde et vinrent lui demander avec empressement cet habit, qui, ayant été apporté du ciel, semblait ne pouvoir que sanctifier ceux qui auraient le bonheur d'en être revêtus. Le pieux et illustre fondateur se vit donc sans retard à Rome à la tête d'une nombreuse communauté, qui rivalisait de zèle avec celle de Cerfroid. Nous allons dire maintenant le bon ordre qu'il y établit et les exemples admirables de vertu qu'il y donna à ses religieux.

VII

Nous avons déjà parlé ailleurs des rares vertus
que pratiqua notre saint, surtout à Aix et à Paris
comme jeune étudiant, mais nous devons revenir
ici sur le même sujet pour faire voir en lui le modèle parfait des religieux et des supérieurs de communauté ; car si, lorsqu'il était dans le monde et arrêté dans les élans de sa piété par la dissipation de
ses compagnons d'étude, il nous a étonnés cependant par sa ferveur et sa persévérance dans le service de Dieu, que n'aurons-nous point à admirer
présentement en lui, puisque le voilà transplanté
dans le paradis terrestre de la religion et obligé de
guider ses enfants spirituels dans le chemin de la
perfection ?

Il fallait en effet que, dans ces commencements,
et à la naissance de son ordre, il se rendît en tout le
modèle de ses religieux et que sa vie leur fût une
règle vivante où ils pussent voir constamment l'explication et la pratique de la règle écrite qu'il leur
avait donnée. Les exemples persuadent bien plus
vivement que les paroles, et quelque raison qu'on

emploie pour nous porter au bien, la pratique que nous en voyons faire sous nos yeux fait toujours plus d'impression sur nos esprits; ce fut par là aussi que saint Jean de Matha conduisit ses religieux à la perfection; les vertus qu'ils admiraient en lui passaient insensiblement en eux; il transmettait pour ainsi dire la piété dans leurs âmes par ses propres actions, et il n'avait point de moyens ni de secrets plus efficaces pour les rendre solidement vertueux qu'en devenant pour eux en tout un parfait modèle.

Il s'était dépeint lui-même en donnant des lois à ses enfants, et, par une admirable conduite de la Providence, il composa, on peut bien le dire, sa propre vie, en travaillant à la rédaction de sa règle, de sorte que, pour bien connaître tout d'un coup sa sainteté et ses mérites, il ne faudrait que lire attentivement les statuts qu'il a dressés et qui renferment ce qu'il y a de plus pur, de plus saint, de plus parfait dans l'Évangile. On voit là l'amour ardent qui le consumait pour Dieu et pour ses frères, son humilité, sa douceur, son abstinence, son esprit de pénitence, enfin toutes les éminentes vertus qui, régnant en souveraines sur son cœur, le rendirent également l'objet de l'admiration des anges et des hommes.

Nous ne répéterons point ici ce que nous avons dit déjà de ce jeûne rigoureux qu'il observait à l'imitation du saint précurseur, dont il ne portait point en vain le glorieux nom. Il semblait vraiment qu'il fût au-dessus des besoins de la nature ; le pain et l'eau faisaient ordinairement sa réfection, et s'il y ajoutait quelquefois des légumes, c'était pour ne point étonner trop ses enfants, que leur faiblesse mettait hors d'état de pouvoir supporter tant de rigueurs ; mais, s'il donnait peu de nourriture à son corps, il lui accordait bien moins encore de repos ; ses veilles étaient aussi rigoureuses que son jeûne, et comme ces deux choses sont inséparables dans un véritable pénitent, elles se firent également admirer dans notre saint ; il regardait le sommeil non-seulement comme une image de la mort, mais encore comme une servitude dans laquelle l'âme est liée et toutes ses puissances incapables de faire aucune fonction. Il fuyait donc le sommeil comme un supplice ; il avait accoutumé son corps à vaincre cette fâcheuse nécessité, et si, par une indulgence qu'on ne peut refuser à la nature il prenait quelques moments de repos, c'était avec tant de précautions, que sa raison n'était point alors, pour ainsi dire, enveloppée de ténèbres ; son cœur, comme celui du Sage, veillait et pensait à Dieu tandis que son corps se délassait un peu, pendant deux ou trois heures seulement, sur la terre nue qui était son lit ordinaire.

Toutefois, toutes ces rigueurs qu'il exerçait sur lui-même ne diminuaient en rien sa douceur pour le prochain. Il se donnait à tous et à toute heure, aux pauvres comme aux riches, aux grands et aux savants, comme aux simples et aux ignorants ; il conduisait les personnes qui se rangeaient sous sa direction avec une discrétion et une prudence incomparables, et il portait dans les entrailles de sa charité toute bénigne et maternelle les âmes généreuses qu'il voyait tendre sérieusement à la perfection ; après les avoir délivrées des restes de leurs mauvais penchants par des mortifications tempérées et toujours opportunes, il les faisait atteindre à une douce union avec Dieu par le secours de cette prière non interrompue, tant recommandée par le divin Sauveur. Nous pourrions parler de cette extrême charité qui était sa vertu distinctive, mais on la connaîtra bien mieux par les effets qui en résultèrent que par tout ce que nous pourrions en dire actuellement ; en un mot, ses vertus lui attiraient les respects et la vénération, non-seulement de ses enfants, mais de tout ce que Rome comptait alors de personnes illustres et distinguées. Ce n'était donc point sans sujet que le Pape désirait vivement qu'il demeurât aussi souvent que possible à ses côtés, et que, pour se l'attacher plus étroitement encore, il le nomma son chapelain, en attendant de l'élever à de plus hautes dignités.

Cependant saint Jean de Matha, tout en donnant ses soins à former dans le cœur de ses religieux une vraie et solide piété, ne négligeait point de travailler à la réalisation de sa grande œuvre du rachat des captifs. Dès qu'il se vit, par suite de ses constants efforts, à la tête d'un essaim de fervents disciples et possesseur de sommes déjà importantes, il crut que le moment était venu de profiter de ces heureuses dispositions ; d'autre part, il avait appris que l'empereur du Maroc venait de conclure une trêve de douze ans avec les princes chrétiens d'Espagne, et que, par suite des nombreuses guerres qu'il avait soutenues contre eux, ses coffres étaient épuisés. Cette double circonstance lui faisait augurer que ses propres ouvertures pour le rachat des chrétiens seraient favorablement accueillies ; il réunit donc, à la troisième partie des revenus de ses établissements, les nombreuses aumônes qu'il avait reçues de la charité publique, et, après avoir tout disposé dans ses diverses maisons afin que l'ordre n'eût point à souffrir de son absence, il se prépara à ouvrir lui-même à ses enfants la voie du dévouement et des sacrifices, au péril de sa propre vie ; car il était persuadé qu'étant le chef d'un institut auquel Dieu envoyait déjà tant de sujets d'élite, il devait leur donner à tous et en toutes choses le bon exemple, et là, comme ailleurs, les précéder et leur montrer le chemin.

Dieu se contenta pour cette fois de sa bonne volonté. Le Pape ne jugea point à propos qu'il fît lui-même ce premier voyage sur les côtes de Barbarie. Sa présence à Rome lui étant sans doute très-utile dans les nécessités pressantes où se trouvait l'Église ; mais ce qui empêcha surtout le Pontife de consentir alors à son départ, c'est qu'il craignait que le saint fondateur ne devînt trop tôt victime de son zèle et de son ardeur, ce qui aurait été pour la chrétienté entière, mais surtout pour le nouvel institut, une perte irréparable. Il était en effet fort expédient qu'il demeurât quelque temps encore auprès de ses religieux, qui ne faisant que de naître à la vie de retraite et d'abnégation, avaient besoin de ses leçons et de l'exemple de sa conduite toujours irréprochable pour prendre l'esprit de l'ordre et se former suffisamment à la pratique de la vertu.

Jean de Matha, sachant bien que la parfaite obéissance vaut mieux que tous les sacrifices, se résigna et fit à l'autorité du Pape l'abandon de ses désirs les plus chers. Il se déchargea pour lors du soin des esclaves sur les deux hommes de sa communauté les plus capables et les plus dignes de le remplacer. Il déposa dans leurs mains tout l'argent qu'il avait recueilli, et dans leurs cœurs tout le feu qui consumait le sien pour cette grande œuvre, et quelques jours après, Jean l'Anglais et Guillaume l'Écossais, munis en outre des lettres et des bénédictions pontificales, partaient pour les côtes inhospitalières du Maroc.

LIVRE TROISIÈME.

1

Légation du saint en Dalmatie. — Heureux succès
de cette mission.

Tandis que les deux disciples du saint, animés
par l'exemple des vertus de leur père et porteurs de
ses instructions pour le succès de leur voyage, allaient exécuter ce premier rachat dont nous ren-
drons compte bientôt, Jean de Matha venait lui-
même de recevoir d'Innocent III une mission dont
l'accomplissement pouvait être également fort utile
à l'Église de Dieu : il s'agissait de rendre la paix
aux Églises de Dalmatie et de Servie troublées par
les efforts des hérétiques et par le relâchement des
mœurs.

La Dalmatie, quoique fort attachée à l'Église romaine par la foi, s'en était comme séparée par les
dérèglements de ses populations. La corruption était

générale dans cet État. L'introduction de l'hérésie l'avait favorisée, et elle avait pénétré jusque dans le sanctuaire; les charges ecclésiastiques s'y donnaient au plus offrant. De plus, les Dalmates, par une convoitise honteuse et criminelle, achetaient, des mains des infidèles, de malheureux chrétiens devenus leurs captifs, qu'ils revendaient ensuite à un plus haut prix, ne les tirant ainsi d'une première servitude que pour les engager dans une autre plus ignominieuse et plus cruelle, car il fallait alors des sommes énormes pour les rendre à la liberté. Le mal paraissait donc sans remède, puisqu'il avait gagné toutes les conditions de la société, et même ceux qui auraient dû donner aux autres le bon exemple. Toutefois, il se trouva encore, dans les rangs déshonorés de la hiérarchie ecclésiastique, un prélat qui avait conservé intactes sa foi et ses mœurs.

L'archevêque de Spalatro et Antivari, affligé de tant de désordres, alla trouver Wulcan, roi de Dalmatie, sage et pieux monarque, qui, gémissant lui-même sur la dépravation de ses sujets, adopta volontiers le moyen qui lui était présenté pour remédier à tant de maux. C'était de renouer les liens qui avaient rattaché l'Église de Dalmatie au Saint-Siége, centre de l'unité, liens que le malheur des temps avait si fort affaiblis. Wulcan savait d'ailleurs, en habile politique, qu'en faisant refleurir la religion dans ses États il affermissait sur sa tête la couronne royale, parce qu'il se mettait ainsi sous la sauvegarde d'une autorité suprême qui en protégeait bien d'autres. Il adressa donc au souverain Pontife une lettre, où il le suppliait de jeter sur la Dalmatie des regards paternels. Le zèle de ce bon roi plut infiniment à Innocent III, qui ne mit à le contenter que le temps qu'il lui fallait pour le choix de ses re-présentants en Dalmatie. Les cardinaux, consultés à cet effet, furent d'avis qu'il fallait y faire célébrer un concile présidé par des légats du pape. Or tout le monde jeta aussitôt les yeux sur Jean de Matha pour cette mission. L'idée qu'on s'était formée de l'illustre fondateur, la profonde érudition qu'on avait reconnue en lui, son habileté à traiter les affaires les plus délicates, son rare mérite enfin, soutenu par une sainteté de vie souvent accompagnée de miracles, leur persuada qu'ils ne pourraient choisir un plus digne sujet pour remplir un si haut ministère.

Ce fut alors que le Pape qui, depuis plus d'une année, avait formé le dessein de revêtir le Saint de la pourpre romaine, voulut en venir à l'exé-cution, afin de donner plus d'éclat et d'autorité à la légation qui lui était confiée. Mais le serviteur de Dieu, qui avait déjà refusé cet honneur, par un sentiment de modestie qui marquait assez son éloi-gnement pour toute sorte de grandeurs, représenta avec tant de force au saint Père les raisons que l'hu-milité lui suggérait contre un pareil dessein, que le pape, ne pouvant résister à ses paroles, aima mieux faire violence à sa propre volonté, qui le portait à revêtir notre saint de ce noble caractère, que de le contraindre à surmonter l'extrême répugnance qu'il montrait pour le recevoir.

Ce rare exemple d'abnégation fit concevoir encore de plus hautes espérances pour l'heureux succès de cette importante affaire. Ce fut assez pour saint Jean de Matha de prendre la qualité de chapelain du pape, dont il avait déjà été honoré. Toutefois, le souverain Pontife le nomma légat *a latere*, ce qui n'emportait aucune distintion extérieure, et il lui adjoignit, avec le même titre, un de ses religieux nommé Simon, encore simple sous-diacre, mais déjà profondément versé dans la science du droit canon. C'est la qualification qu'il leur donna dans le bref par lequel il les investissait de son autorité. Il leur remit aussi, pour les accréditer auprès du roi Wulcan, une lettre adressée à ce prince, et dans laquelle il lui marque que, pour favoriser les bonnes dispositions qu'il a d'aimer et d'honorer par dessus tout l'Église romaine, il lui envoie, en qualité de légats, ses chers fils, Jean, son chapelain, et Simon, sous-diacre, dans la science et la probité desquels lui et ses frères les cardinaux ont une entière confiance; lui recommandant de les recevoir avec bienveillance, de les traiter avec honneur comme représentants du Saint-Siége, enfin d'accepter et de conserver humblement et avec soumission ce qu'ils croiront, devant Dieu, devoir établir pour le bien de son royaume et de ses sujets. Innocent III écrivit aussi à l'archevêque de

Spalatro et Antivari, à qui il envoyait le pallium, et à d'autres prélats et abbés pour leur enjoindre de favoriser et de seconder en tout les deux légats.

Arrivés à Antivari, appelée alors Dioclie, qui était la capitale du royaume, les religieux furent reçus avec tous les honneurs dus à leur caractère, par le peuple, et surtout par le Roi, à qui ils se hâtèrent de présenter le bref qui lui était adressé. Ils remirent également à la Reine et aux prélats les lettres du Pape qui les concernaient, et tous les accueillirent avec une joie et une satisfaction qui marquaient assez le respect qu'ils avaient pour le Vicaire de Jésus-Christ. Les légats revêtirent du pallium l'archevêque de Dioclie; puis ils s'entendirent avec tous ces hauts personnages pour le succès de leur sainte entreprise. Quelques jours se passèrent en conférences particulières; ensuite on en tint de publiques; enfin on procéda, dans les formes régulières et canoniques, à la tenue d'un concile provincial, qui paraît avoir eu lieu à Dioclie même, capitale du royaume, et métropole de la province.

Jean de Matha y parla avec tant de force, de piété, de zèle et de science, qu'on le respectait en tout comme un saint. Sa vie austère, qui le faisait paraître au-dessus des nécessités de la nature, confirmait cette pensée, et on recevait toutes ses paroles comme autant d'oracles venant du ciel. Il sut, d'ailleurs, se servir si bien de cette heureuse prévention qu'on avait de sa vertu, qu'il ne trouva nulle résistance ni dans les esprits ni dans les cœurs pour les réformes qu'il se proposait de faire.

Ce fut sous ces favorables auspices qu'on dressa, d'un commun accord, douze canons, remarquables par l'esprit de sagesse et de zèle qui y règne. Tous tendaient à abolir les désordres qui déshonoraient le clergé et à le rappeler à une régularité digne de son noble caractère, à établir dans les familles la paix et l'esprit de piété, à entourer l'exercice du culte catholique, et ceux qui en sont les ministres, de tous les respects qui leur sont dus; enfin à rétablir, autant que possible, la fréquentation des sacrements et la prédication de la divine parole qui avaient été malheureusement trop négligées. Toutefois, le premier légat n'oublia pas, dans ces conventions, les intérêts des pauvres captifs; car, par une disposition du neuvième canon, il frappait d'excommunication ceux qui retenaient les chrétiens dans l'esclavage. Les légats avaient dressé eux-mêmes les décrets du concile, comme on le voit par ces mots qui en forment la préface : *Nos Joannes capellanus et Simon subdiaconus..... statuimus.* Ils les signèrent ainsi : *Ego frater Joannes Domini popæ et apostolicæ sedis legatus, scripsi et subscripsi..... Ego frater Simon, Domini papæ legatus, subscripsi.* Les autres membres souscrivirent après eux, chacun à son tour, suivant sa dignité.

Nos deux religieux, après avoir si bien rempli leur ministère, se disposèrent à retourner à Rome,

mais non toutefois sans avoir confirmé ce qu'ils
venaient d'établir, en consacrant plusieurs jours à
évangéliser les contrées voisines, avec un zèle tout
apostolique et un succès prodigieux. Ils parcouraient
les lieux infectés par l'hérésie, afin de la confondre
par d'éloquentes prédications, qui faisaient partout
briller la vérité ignorée ou méconnue. Au reste, le
spectacle de leur vie, mortifiée et détachée de toute
satisfaction sensuelle, servait merveilleusement à
faire pénétrer dans les mœurs publiques une réforme salutaire. Les peuples attendris et reconnais-
sants venaient en foule se jeter à leurs pieds pour
les supplier de ne point les abandonner.

Le roi et les prélats joignaient leurs supplications
à celles du peuple, et, comme marque de leur souveraine gratitude, ils voulurent leur faire accepter de
riches présents ; mais ils durent se contenter d'admirer en silence le désintéressement de notre saint qui
le porta à tout refuser et à s'en retourner chargé seulement des actes du concile, et des lettres que le roi
et l'archevêque de Dioclie écrivirent au Pape pour
le remercier de ses soins et des biens immenses
qu'il leur avait procurés en leur envoyant ces religieux, en qui la pauvreté avait paru dans tout son
éclat et la vertu dans toute sa sublime beauté, ce
qui leur avait attiré, disaient-ils, bien plus de respects, de vénération et d'autorité, que n'aurait pu le
faire tout l'appareil des dignités et le faste des grandeurs du monde. En un mot, ils exprimaient dans

les termes du plus vif enthousiasme, et leur gratitude pour le bien accompli, et l'habileté et la vertu
de ceux qui en avaient été les instruments. Ils finis-
saient en promettant de demeurer fidèles à tout ce
qui avait été réglé et défini par les légats, et d'être
désormais inviolablement attachés à l'Église catholique et au Saint-Siége. Plût à Dieu que ces bonnes
dispositions eussent continué ! mais bientôt une
partie de la Dalmatie étant devenue la proie des
Turcs, la religion catholique en fut bannie, et avec
elle la pureté des mœurs.

Le retour des religieux en Italie s'effectua fort
heureusement ; un vent favorable les porta, en peu
de jours, au port d'Ostie. Arrivés à Rome, les deux
légats y furent accueillis par les éloges les plus flat-
teurs et avec les marques d'une très-vive satisfaction de la part du souverain Pontife, qui se hâta de
confirmer de son autorité apostolique les décrets du
concile qui lui furent présentés. Notre saint eut à
peine rendu compte de sa mission à Innocent III
que, renonçant aux honneurs que lui avaient acquis
de si beaux succès, il rentra dans sa retraite aussi
humilié de sa réputation qu'il était heureux de la
gloire de l'Église et de l'exaltation de la foi. Il refusa, avec une nouvelle obstination, les dignités
par lesquelles le Pape songeait encore à récompenser
de si importants services. Enfin il aurait voulu faire
oublier complétement la gloire dont il venait de se
couvrir aux yeux de l'Église entière ; mais la recon-

naissance publique lui décerna dès lors le titre d'*A-pôtre de la Dalmatie*, qui lui est toujours resté dans son ordre. Au reste, Dieu toujours tendre, toujours libéral envers ceux qui se dévouent entièrement à son service, allait lui ménager une joie immense, comme nous le raconterons dans le chapitre suivant.

II

Rédemption faite à Maroc par Jean l'Anglais et Guillaume l'Écossais. — Leur retour à Rome.

Jean l'Anglais et Guillaume l'Écossais que le Saint avait envoyés à Maroc, munis de ses instructions et d'une lettre du pape pour le souverain de ce pays, arrivaient à Rome presque en même temps que leur bien-aimé père, à qui ils donnèrent sur leur mission et sur les lieux où ils l'avaient accomplie des détails que le souverain Pontife, à son tour, entendit de leur bouche avec le plus vif intérêt.

Leur voyage avait eu lieu à travers des périls sans nombre ; ils avaient été souvent battus par la tempête, et plusieurs fois ils s'étaient vus sur le point d'être massacrés par les barbares. Maroc, la ville capitale, où ils étaient enfin arrivés, était alors une des plus belles villes du monde. Des multitudes de prisonniers, et surtout de captifs chrétiens, y élevaient de leurs mains, et avec les dépouilles de leur patrie, de superbes remparts, de somptueux palais, de belles mosquées, que décoraient les plus riches marbres d'Espagne, et tous les trophées remportés sur les chrétiens de la Péninsule. En un mot tout y portait le sceau de la puissance et de la gloire humaines. Les deux pauvres religieux y étaient entrés un bourdon à la main. Ils avaient passé, sans curiosité aucune, devant tous ces beaux édifices, parce qu'ils savaient bien que ce n'était point là que résidaient les malheureux esclaves. Au contraire, ceux-ci les avaient élevés au prix de leurs sueurs, et maintenant ils gisaient dans de sombres souterrains, où la lumière du jour ne pénétrait pas plus que l'espérance d'en sortir. Jean et Guillaume s'étaient présentés au jeune sultan qui régnait alors à Maroc, et lui avaient remis la lettre du Pape ainsi conçue :

« Innocent, évêque, serviteur des serviteurs de
« Dieu, souhaite à l'illustre Empereur du Maroc,
« et à tous ses sujets, la connaissance et la pro-
« fession de la vérité et la persévérance dans les
« voies du salut. Parmi les œuvres de miséri-
« corde que Jésus-Christ Notre-Seigneur a recom-
« mandées dans l'Evangile à ses disciples, la ré-
« demption des captifs occupe le premier rang.
« C'est pourquoi nous devons entourer des faveurs
« apostoliques les chrétiens qui se consacrent à
« cette œuvre. Or, de nos jours, des hommes divi-

« nement inspirés, ont fondé un ordre et tracé
« une règle par laquelle ils s'obligent à appliquer à
« la rédemption des captifs la troisième partie des
« revenus qu'ils possèdent ou qu'ils posséderont
« dans la suite. Les deux religieux qui vous remet-
« tront nos lettres appartiennent à cet institut. Or,
« afin qu'ils puissent atteindre leur but, et, comme
« il est souvent plus facile de délivrer les esclaves
« par échange que par rançon, nous leur avons
« permis de racheter des mains des chrétiens des
« captifs mahométans pour les échanger, ensuite,
« contre des esclaves chrétiens. L'œuvre dont nous
« parlons n'est donc pas moins avantageuse aux
« musulmans qu'aux chrétiens, et nous avons jugé
« à propos de vous en informer par nos présentes
« lettres apostoliques. Cependant, nous prions celui
« qui est la voie, la vérité et la vie de vous éclairer,
« afin que, connaissant la vérité qui est Jésus-
« Christ, vous vous soumettiez au plus tôt à sa loi
« sainte

« Donné en notre palais de Latran, le 8ᵐᵉ des ides
« de mars, la seconde année de notre pontificat. »

Le souverain de Maroc aura été, sans doute, peu
touché des vœux que faisait le Pape pour le salut
de son âme, mais il eut égard toutefois à cette
lettre, parce qu'elle lui offrait un avantage réel dans
cet échange des esclaves chrétiens contre ceux de
ses sujets qui étaient tombés entre les mains de ses

ennemis. Ce fut ce qui lui inspira un peu d'humanité envers ces religieux dont il ne pouvait d'ailleurs
qu'admirer le zèle et le désintéressement ; mais la
haine qu'il portait aux chrétiens, le ressentiment
qu'il avait contre ceux qu'il traitait publiquement
de chiens, ne purent être tellement adoucis que ces
bons Pères n'en ressentissent toujours quelques
effets, et qu'ils ne se vissent exposés à chaque instant, à toute sorte d'avanies. Néanmoins leur patience triompha de tout, et, ayant pu pénétrer dans
ces antres de l'esclavage où étaient entassés tant de
malheureux captifs, ils parvinrent à en racheter 186,
choisis parmi ceux qui y gémissaient depuis plus
longtemps, et dont l'état était plus digne de pitié.
Ils confirmèrent dans la foi, autant que possible,
ceux qui restaient dans les cachots, mais leur zèle à
cet égard était paralysé par les barbares qui, les
observant constamment et de très-près, s'irritaient
de ces exhortations à la patience et à la résignation,
au milieu de ces épreuves cruelles dont ils étaient
eux-mêmes les auteurs.

Souvent les Pères avaient été sur le point de surmonter cet obstacle et de prêcher hautement Jésus-
Christ, malgré les menaces qui leur étaient faites et
les supplices qu'ils n'auraient pu éviter ; mais, la
crainte de rendre plus malheureux encore le sort de
ceux qui restaient dans les fers, et d'attirer sur eux
de nouvelles cruautés, les avaient retenus, bien plus
que la vue du danger où ils se seraient trouvés eux-

mêmes d'être immolés à la fureur des musulmans.
Ils durent donc imposer des bornes à leur charité
et à leurs désirs, et, versant un torrent de larmes,
ils dirent un dernier adieu aux malheureux qu'ils
laissaient dans ce triste séjour; mais, au moins,
ceux-ci n'envisageaient plus désormais, avec autant
d'amertume que par le passé, leur triste sort. Les
portes se refermaient, il est vrai, sur eux, mais l'espérance restait maintenant au fond de leur cœur.
Ils savaient que des hommes généreux s'étaient
dévoués au soulagement de leurs maux, et ils pouvaient bien croire que leur tour viendrait, enfin,
de jouir du soleil de la liberté sur le sol de leur patrie.

Qui pourra dire les transports de joie que faisaient
éclater ceux dont les chaînes venaient d'être rom-
pues? Les deux religieux, pour y mettre le comble,
se hâtèrent de les embarquer sur un vaisseau qui
faisait voile pour la France. Ils cinglaient en haute
mer, bénissant vivement la Providence, chantant
ses louanges, lorsque un nouveau danger vint les
effrayer. Un coup de vent les avait jetés sur la côte
d'Espagne, où ils auraient été de nouveau la proie
des Maures de ce pays, mais à force de patience et
de fermeté, surtout en menaçant le gouverneur de
ces contrées de la colère de l'empereur du Maroc
son suzerain, ils parvinrent à s'arracher, eux et leur
précieux butin, à la rapacité de ces nouveaux corsaires, et, remettant à la voile, ils arrivèrent quel-

ques jours après à Marseille, où ils ramenaient
186 esclaves rachetés.

Leur débarquement et leur séjour dans cette ville
avait donné lieu à de vives démonstrations de joie
qui, d'ailleurs, se renouvelèrent toutes les fois que
les mêmes libérateurs abordaient sur les côtes de
France, avec une pareille cargaison, et ce n'était
point seulement à Marseille, mais à Narbonne, à
Cette et dans toutes les villes du littoral, qu'avaient
lieu ces démonstrations et ces grandes fêtes par lesquelles l'Église, toute radieuse de bonheur, célébrait le retour de ses enfants. Voici la description
qui en a été faite par un témoin oculaire :

« Figurez-vous une foule immense remplissant les
rues de Marseille, depuis le port jusqu'à la cathédrale,
la population en habit de fêtes, les navires pavoisés,
des tapis à tous les balcons, le pavé jonché de fleurs,
les cloches mêlant dans l'air leurs joyeux carillons
au gai bourdonnement du peuple. Un navire est en
vue depuis quelques heures ; il approche, il va toucher à la rive. Le pont est encombré d'esclaves,
amaigris par les souffrances, hâves, les cheveux et
la barbe incultes, mais libres et tendant leurs bras
que les chaînes ne retiennent plus, vers cette terre
bénie qu'ils avaient perdu l'espérance de revoir,
vers ce rivage où les attendent de vieux parents,
une épouse éplorée, des enfants chéris. Avant de
les serrer sur leur cœur, ils rencontreront la croix
venue au devant d'eux, la croix symbole de liberté,

la croix, par laquelle leur est venue la délivrance et qu'ils saluent déjà en chantant d'une voie émue : *O crux, ave, spes unica. (O croix, notre unique espérance, salut!)* Ils débarquent et se prosternent ; l'encens fume ; les prêtres, revêtus de leurs pompeux ornements, entonnent le beau cantique d'actions de grâces du peuple hébreu, après le miraculeux passage de la mer Rouge, et aussitôt, la procession, précédée de son glorieux étendard, s'ébranle lentement, pour monter vers le sanctuaire vénéré où, debout sur l'autel éblouissant de lumière, la Mère de tous les chrétiens attend, les bras ouverts, comme pour les serrer sur son sein, ses enfants retrouvés et rendus à son amour.

« Les corporations ouvrières, rangées sous la bannière armoriée que l'Eglise leur a donnée, en les émancipant du servage, ouvrent la marche triomphale ; puis, viennent les estaffiers revêtus de leurs pittoresques costumes ; les consuls en chaperon rouge, les ordres religieux, les diacres et le clergé, les humbles frères de la Rédemption, revêtus de leurs grossiers habits de voyage, un bâton d'une main et de l'autre une bourse qu'ils tendent en implorant la charité pour ceux qu'ils ont laissés en arrière, et qu'ils brûlent d'aller délivrer à leur tour. Deux à deux, marchant d'un pas mal affermi, voici venir les pauvres captifs, tenant un cierge allumé entre leurs mains, encore doucement liées par un cordon de soie, en souvenir de leur récente captivité. Ils chantent d'une voix brisée par l'émotion les belles Paroles du psalmiste : *Le Seigneur a fait cesser notre captivité, et nous sommes consolés! Notre visage a été illuminé par la joie, et notre langue a retrouvé des chants d'allégresse.* Puis, enfin, derrière eux, comme un pasteur qui ramène ses brebis au bercail, l'évêque, la mitre au front, d'une main s'appuyant sur son bâton pastoral et, de l'autre, bénissant la foule, tandis que, du haut des balcons tombe une pluie de fleurs, et qu'au chant du chœur disant : *Ceux qui sèment dans la tristesse recueilleront dans la joie ; enfants, louez le Seigneur dont les œuvres sont admirables*, la grande voix du peuple répond : *Loué soit à jamais le nom du Seigneur* [1]. »

Jean l'Anglais et Guillaume l'Ecossais, après avoir

[1] Voir l'*Ouvrier*, journal hebdomadaire, numéro du 11 mars 1865. L'auteur de ce récit avait commencé ainsi :

« Les dernières rédemptions générales ont été accomplies en 1787, vos grands-pères peuvent les avoir vues. Mon père à moi en avait été témoin, et souvent, d'une voix émue, il m'en a décrit la touchante splendeur. » Puis il termine le récit que nous avons rapporté par les réflexions que voici : « Et maintenant, comparez ces grandes solennités chrétiennes, si pleines d'émotions et de majesté, aux fêtes burlesques de la Raison établies par les bourreaux dictateurs de 93 ; à ces parades ignobles, où le citoyen Robespierre, en culotte courte, et serré dans son frac bleu, allait, au nom de la nation, offrir un bouquet tricolore à une citoyenne en bonnet rouge!..... Voilà pourtant ce qu'avait pu inventer de plus sublime, de plus relevé, la philosophie des sages, pour remplacer l'auguste simplicité du culte chrétien. »

Nous donnons à la fin du volume beaucoup de détails sur les rédemptions, et l'appréciation de Chateaubriand sur la mission des religieux rédempteurs.

assuré à chacun des captifs qu'ils avaient délivrés un heureux retour dans leurs foyers, étaient venus à Rome faire à leur vénéré Père et au Vicaire de Jésus-Christ le récit de leur mission. Innocent III put dès lors s'applaudir pleinement d'avoir donné à l'Église un ordre qui s'annonçait au monde par tant de merveilles de zèle et de charité; il en rendit mille actions de grâces au ciel qui était l'auteur de tous ces prodiges. Saint Jean de Matha, de son côté, ressentit une consolation ineffable de ces heureux succès, et l'on peut dire que, si la jalousie se glissait dans le cœur des saints, il aurait envié le bonheur de ces deux disciples qui avaient pu les premiers passer chez les barbares pour y exercer les fonctions de rédempteurs. Mais, comme, suivant l'expression de nos Livres saints, la sagesse d'un fils couronne la tête de son père d'une gloire immortelle, de même tant de grandes actions qui avaient mérité à ces religieux les applaudissements de tous les peuples, retournaient sur l'illustre fondateur qui, retenu par devoir d'obéissance, ne les avait substitués à sa place qu'après leur avoir communiqué son esprit.

III

Première rédemption de notre saint à Tunis.

Saint Jean de Matha consacrait tout son temps, à Rome, à de saintes occupations qui avaient toutes pour but les intérêts de l'ordre ou le perfectionnement de ses religieux; il tâchait aussi de contenter ceux qui venaient, de toutes parts, le consulter sur les affaires les plus importantes. Toutefois, il crut ne pouvoir différer plus longtemps de réaliser le projet qu'il nourrissait dans son cœur d'aller lui-même délivrer les esclaves chrétiens, et de les consoler dans leurs maux. Il s'en ouvrit au Pape qui consentit enfin à ce voyage, dont il attendait, d'ailleurs, des résultats non moins satisfaisants que ceux de la précédente expédition. Le saint, se voyant libre de suivre ses inspirations, et de satisfaire pleinement à ses obligations de fondateur, qu'il savait être de donner en tout l'exemple du dévouement à ses enfants, se hâta de faire ses préparatifs de départ. Il suspendit, pour le moment, toutes ses autres œuvres de zèle, tous les projets de fondation qu'on lui soumettait tant en France qu'en Italie. Il chargea saint Félix de Valois, supérieur de la maison de Cerfroid, de travailler désormais, par ses

frères de France, à la délivrance des chrétiens détenus esclaves dans les contrées occidentales de la
Barbarie, c'est-à-dire, à Alger et au Maroc, et de
remplir, au plus tôt, les espérances que les deux
premiers rédempteurs avaient fait naître dans les
cachots qu'ils avaient pu visiter. Quant à lui, il
voulut, pour payer la dette de reconnaissance que
l'ordre avait contractée envers l'Italie, se rendre du
côté de Tunis et de Tripoli pour y briser les fers des
Italiens qui y gémissaient en grand nombre. On
verrait aussi briller, en même temps, sur tout le
littoral de l'Afrique, l'étendard de la rédemption.

Le bruit de ce prochain départ qui se répandit
aussitôt, produisit partout, mais surtout dans la
ville de Rome, de très-bons effets. Plusieurs personnes se hâtèrent de confier au saint des sommes
considérables qui, réunies à celles déjà recueillies,
lui firent espérer le plus heureux succès pour son
voyage. Il alla recevoir la bénédiction du Pape qui,
en cette occasion, lui donna de nouvelles preuves
de son estime et de sa bienveillance ; puis, accompagné de quelques religieux, il se dirigea vers
Ostie.

Arrivé dans ce port, le saint Fondateur s'em-
barqua sur un vaisseau qui fut aussitôt converti
en une sorte de monastère, où les prescriptions
de la règle s'observaient ponctuellement. Tout l'é-
quipage était dans l'admiration, et on considérait le serviteur de Dieu, bien moins comme un

homme que comme un ange. Le vaisseau fut battu par plusieurs tempêtes, pendant lesquelles la tranquillité d'âme de notre saint marquait suffisamment toute sa confiance en Dieu; puis, après quelques jours de traversée, on arriva heureusement devant Tunis.

Cette ville, plus ancienne que Maroc, n'en avait pourtant pas la magnificence; car, tandis que Maroc, qui comptait alors à peine un siècle d'existence, était déjà devenue la capitale d'un des plus puissants empires du monde, Tunis, au contraire, était pauvre, et ses féroces habitants avaient encore moins d'égards pour les droits de l'humanité que ceux de la capitale des états barbaresques. Éloignés constamment des regards du souverain, ils pouvaient se livrer sans contrôle à leur fanatisme sur les esclaves chrétiens. L'homme de Dieu ne l'ignorait point, mais, inaccessible, néanmoins, à tout autre sentiment qu'à celui de la charité, il s'avance hardiment sur le littoral, à la tête de ses religieux.

Il sentait ses entrailles s'émouvoir; son cœur était partagé entre la joie et la douleur. Il voyait enfin ces lieux où, depuis si longtemps, le transportait, chaque jour, la véhémence de ses désirs; ces lieux où il souhaitait si ardemment de s'immoler pour le salut de ses frères. Il se trouvait sur le champ du combat, et il ne pouvait assez en remercier le Seigneur, puisqu'il allait ravir à l'enfer quelques victimes; mais d'autre part, cette terre était arrosée chaque jour des sueurs et du sang des chrétiens, et, malgré l'abondance de ses ressources, il ne pourrait en racheter qu'un nombre bien restreint, et plusieurs verraient se changer en amère déception les espérances que son arrivée leur avait fait entrevoir !... Cette triste perspective faisait saigner son cœur. Toutefois, sa ferme confiance en Dieu releva son courage ; il se promit d'employer tout ce que la charité et la tendresse pouvaient lui inspirer pour adoucir les peines de ceux dont il lui serait impossible de briser les fers ; puis, tombant à genoux pour puiser dans une fervente prière des secours contre les immenses difficultés qu'il allait rencontrer, il se releva tout embrasé d'amour et le visage rayonnant d'une céleste lumière qui ravissait d'admiration tous ses compagnons.

Ce fut avec cet air de majesté et de grandeur, tempéré d'une humble et douce modestie, qu'il entra à Tunis. Les barbares étonnés les prirent d'abord lui et ses religieux, pour des espions ou des naufragés, et, si la curiosité de savoir au juste qui étaient ces hommes si téméraires ou si infortunés, n'avait arrêté leur fureur, ils les eussent, tout d'un coup, déchirés ou jetés dans les fers ; mais, quand ils surent le sujet de leur navigation, ils admirèrent leur intrépidité et leur désintéressement ; ils conçurent quelque estime de cette religion chrétienne qui met au cœur de ses enfants de tels sentiments de charité. Toutefois, la haine invétérée qu'ils portaient aux disciples du Christ alluma plusieurs fois leur colère contre notre saint qui, sans un continuel secours d'en haut, eût fini, sans doute, par en ressentir les terribles effets.

Jean de Matha demanda et obtint une audience du gouverneur qui ne put résister à son éloquente parole; il écouta les propositions de l'homme de Dieu, et consentit à traiter avec lui par l'intermédiaire de ses officiers; mais, tout en acquiesçant à ce rachat, il n'oublia point les intérêts de sa cupidité, et mit à un prix énorme la rançon de chaque captif. Ce fut ainsi que saint Jean obtint la permission de visiter les prisons et les autres lieux où étaient enfermées les malheureuses victimes de la brutalité musulmane. Muni du sauf-conduit du gouverneur, il pénétra partout. Mais hélas! combien l'aspect de tant de misères ne tira-t-il point de larmes de ses yeux, et de soupirs enflammés du fond de son cœur? Tout ce qu'il avait vu en esprit, tout ce qu'il s'était figuré n'était rien en comparaison de ce qu'il avait maintenant devant lui. Les infortunés qui gisaient dans les fers s'étonnent, d'abord, de voir des figures humaines qui ne sont point celles de leurs impitoyables geôliers; puis, revenus de leur surprise et instruits de la mission de ces charitables étrangers, ils se jettent spontanément à leurs pieds, implorent leur tendre commisération, baisent leurs mains libératrices, et les arrosent de larmes brûlantes; ils montrent leurs fers, racontent leurs souffrances, et exposent l'énormité de leurs malheurs (P. Prat).

Ah ! certes, il n'en fallait pas tant pour toucher le cœur si sensible de notre saint ! Il mêle ses larmes à celles de ces infortunés ; il baise amoureusement leurs chaînes, il les embrasse mille fois eux-mêmes ; il essuie les plaies que leur avaient faites ces chaînes, ou les coups qu'ils avaient reçus ; il panse les ulcères que la pourriture, l'infection ou d'autres causes leur avaient occasionnées ; enfin, il n'oublie rien de tout ce que la tendresse ou la compassion peuvent lui inspirer de plus touchant pour les aider à supporter courageusement leurs peines. Il accompagne toutes ces actions de discours pieux, pleins d'onction et d'amour, et par là il produit de si douces impressions sur ces pauvres malheureux qu'ils paraissent tout à coup transportés de joie, au milieu de leurs souffrances, comme s'ils fussent revenus du tombeau à une nouvelle vie. Ils ne savent si c'est un ange ou un homme que le ciel leur a envoyé ; ils rendent au Seigneur d'abondantes actions de grâces de ce qu'il a daigné enfin écouter leurs plaintes et leurs soupirs en leur envoyant un consolateur.

Toutefois, au milieu de ces émotions réciproques, une pensée cruelle tourmentait le cœur du saint homme. Ses ressources ne pouvaient suffire à racheter tant de monde, et il lui fallait se hâter de choisir. Il ne mesurait point, il est vrai, sur l'argent le prix de la liberté ; mais il devait régler sur ses ressources le nombre des heureux qu'il pourrait faire. Il ne put cette fois payer la rançon que de cent dix esclaves, choisis parmi ceux qui étaient les plus malheureux; mais il fournit, au moins, aux autres des vêtements et quelques objets de première nécessité. Il ranima leur foi, et leur apprit à chercher leurs consolations dans les croyances et la pratique de la religion, et à envisager le ciel comme le prix de leurs souffrances. Enfin, leur faisant des adieux attendris par la véhémence de ses regrets, il leur laissa l'espoir de revoir bientôt de nouveaux libérateurs.

A la suite de Jean de Matha, les captifs rachetés quittèrent l'affreux séjour si longtemps témoin de leurs maux; puis ils montèrent sur le navire qui devait leur rendre une patrie, une famille et le repos, après les atroces souffrances de l'esclavage. Le vaisseau ne naviguait point assez vite à leur gré; toutefois ils savaient modérer leur impatience en voyant l'humble résignation de leur sauveur. Il avait transformé l'intérieur du bâtiment en un temple, où retentissaient, nuit et jour, les louanges du Seigneur. Enfin, après quelques tempêtes et autres accidents heureusement surmontés, les passagers découvrirent de loin le rivage, saluèrent avec transport les côtes d'Italie et jetèrent l'ancre dans le port d'Ostie.

On eût pu les voir alors, dans le délire de leur joie, baiser avec reconnaissance cette terre hospitalière d'où était parti leur libérateur. Jean de Matha, dont le contentement avait quelque chose de céleste, dirigea vers Rome ses chers esclaves. Une multitude empressée était accourue au-devant d'eux. Rome païenne avait insulté des guerriers et des rois vaincus, et enchaînés au char de triomphe du conquérant. Rome chrétienne, au contraire, vint tout entière s'associer au bonheur de ces pauvres affranchis.

Jadis aussi, les triomphateurs traînaient au Capitole leurs malheureux captifs. Jean de Matha, plus grand, en ce jour, que les Scipion et les César, conduisit au temple saint ceux dont il avait brisé les fers. Si quelqu'un, dans son cortége, avait l'air humble et confus, c'était bien lui-même. Il ne pouvait supporter, sans rougir, les honneurs et les remercîments qu'il recevait de toutes parts. Innocent III voulut être témoin de ce spectacle. Il serra affectueusement entre ses bras le modeste libérateur; puis il voulut entendre lui-même de la bouche des captifs rachetés la longue suite de leurs infortunes et l'expression de leur bonheur actuel. Il eut soin de pourvoir à tout ce qui leur manquait encore, et, dès qu'ils furent bien remis de leurs fatigues, il les renvoya dans leur famille (Mgr Depéry).

IV

Notre saint fait diverses fondations, puis il va faire une rédemption à Valence.

L'ordre nouveau remplissait donc partout les brillantes espérances qu'il avait fait concevoir. Les Romains, touchés du spectacle que le saint fondateur venait de leur donner, s'empressèrent à l'envi de lui fournir de nouveaux secours. Jean de Matha songeait déjà à les porter lui-même aux chrétiens qu'il avait laissés dans les cachots de Tunis, lorsque des affaires pressantes l'appelèrent ailleurs. Il confia la réalisation de ce projet à Jean l'Anglais qui, muni de ces ressources abondantes, put rendre à leur patrie un grand nombre de captifs. Nous l'entendrons bientôt lui-même faire à son père bien-aimé le récit de deux rédemptions successives qu'il opéra, vers ce temps, dans la régence de Tunis. Avant de suivre le saint fondateur sur le théâtre de ses nouveaux exploits, remarquons, en passant, que tous ces esclaves rachetés, une fois arrivés dans leur patrie, soit en France, soit en Italie ou ailleurs, devaient raconter partout leurs souffrances passées, et aussi le sublime dévouement de leurs rédempteurs. Par suite, l'ordre de la Très-Sainte Trinité était loué, exalté, et partout il apparaissait avec sa véritable grandeur, son importance et ses immenses avantages ; les peuples en étaient émus. Les pauvres ne pouvaient que lever les mains au ciel en signe de leur profonde gratitude ; mais les heureux du monde se sentaient portés à contribuer, sinon de leurs per-sonnes, au moins de leur fortune, à la continuation et à l'extension de tant de bienfaits. Il restait donc à profiter de ces heureuses dispositions.

Notre saint se rendit d'abord à Arles auprès d'Imbert d'Aiguières, archevêque de cette ville, et ami d'Innocent III. Il y laissa, dans une maison due à la libéralité de plusieurs notables, cinq de ses reli-gieux. De là il se transporta en Espagne, où l'attendaient les rois catholiques. Ils le reçurent avec de grandes démonstrations de respect, et lui cédèrent des propriétés considérables pour des fondations, en même temps qu'ils versaient entre ses mains de fortes sommes pour le rachat immédiat des captifs détenus dans différentes villes de la Péninsule et dans les îles Baléares.

Ce fut alors, croyons-nous, qu'eut lieu la fameuse rédemption que notre saint fit à Valence ; quelques historiens ont cru pouvoir cependant la placer plus tard. Jean de Matha savait que les esclaves chrétiens y étaient plus malheureux que dans aucune autre des villes d'Espagne soumises au joug des Maures. Ce fut un motif tout-puissant pour lui de ne point dif-férer de leur porter des consolation et des secours.

Il ne trouva pas à Valence moins d'occasions de souffrir qu'il n'en avait eues à Tunis ; mais, par sa patience et sa mansuétude toujours admirables, il put surmonter toutes les avanies et les mauvais traitements des ennemis de notre foi, et, après avoir rendu aux esclaves espagnols les mêmes offices de charité qu'il avait exercés à l'égard de ceux d'Afrique, il eut la consolation d'en retirer un grand nombre des fers. Il lui arriva là, ce qui devait se renouveler dans son second voyage en Afrique.

Plusieurs chrétiens qui restaient dans les chaînes et qui voyaient leurs compagnons heureusement affranchis, vinrent, accablés de désespoir, lui confesser, les larmes aux yeux, qu'ils ne pouvaient plus ni résister aux tourments, ni endurer, sans péril pour leur âme, les sollicitations continuelles qu'on leur faisait de renoncer à la foi chrétienne. En conséquence, ils le conjuraient de faire un dernier effort pour les délivrer, attendu que leur sort était entre ses mains. Ces plaintes touchantes lui causèrent une vive douleur. Mais que faire ? Ses ressources étaient entièrement épuisées ; il ne lui restait plus aucun secours humain ; mais la tendre dévotion qu'il avait eue pour la très-sainte Vierge, le remplit tout à coup d'une si grande confiance qu'il osa se promettre d'en être puissamment secouru dans cette circonstance, où il s'agissait de la gloire de son divin Fils et des créatures rachetées par l'effusion de son sang.

Il s'adressa donc à Marie comme à celle qui est le remède souverain à tous les maux, et, plein de cette intime persuasion, il alla célébrer la sainte messe en son honneur. Or, lorsqu'il eut achevé les dernières oraisons, il trouva sur l'autel une bourse remplie d'autant de pièces d'argent qu'il lui en fallait pour racheter tous ces chrétiens encore plus malheureux que pusillanimes. Toutefois, malgré cette heureuse issue de ses efforts et de sa foi, il ne pouvait que gémir profondément à la vue du sort de la ville de Valence et de ses habitants, mais la Vierge-Mère daigna mettre le comble à ses faveurs, en révélant elle-même à son fidèle serviteur que bientôt cette ville infortunée serait délivrée de la cruelle servitude qui pesait sur elle; et c'est ce qui eut lieu fort heureusement lorsque, quelques années après, Jacques Ier, roi d'Aragon, surnommé le Conquérant, après avoir remporté sur les Maures plusieurs victoires insignes, leur enleva les îles de Majorque et de Minorque, et se rendit enfin maître du royaume de Valence l'an 1239. Possesseur de la capitale, il voulut la peupler de chrétiens et de religieux, mais parmi ceux qu'il y établit il choisit surtout les Pères de la Très-Sainte Trinité, voulant par là les exciter à déployer, en faveur de ses nouveaux sujets, le même zèle, le même dévouement qu'ils avaient déjà montrés ailleurs. Il leur fit bâtir dans Valence même, en témoignage de sa reconnaissance et de sa confiance, un vaste couvent qui, par une secrète disposition de la Providence, fut construit précisément en ce même lieu où saint Jean de Matha avait négocié, avec les barbares, la rédemption dont nous venons de parler. De plus, l'autel sur lequel il avait célébré les divins mystères et où Marie lui avait fourni miraculeusement la somme qui lui manquait, fut consacré à cette divine Vierge sous le titre de Notre-Dame du Remède, et aujourd'hui même, ajoute l'historien auquel nous empruntons ce récit (Tarizzo), les fidèles vont encore en foule l'y honorer sous le même vocable, et ils y trouvent toujours en même temps des remèdes pour le corps et pour l'âme.

Tous ces infortunés délivrés successivement à Valence, à Murcie, à Majorque et ailleurs encore dans l'Espagne furent dirigés par notre saint sur Lérida, où venait d'être fondé pour son ordre et par les soins de Don Pedro, qui régnait alors dans l'Aragon, un vaste établissement comprenant un couvent pour les religieux, un refuge pour les voyageurs indigents, un hôpital pour les infirmes du pays, et un lieu de repos pour les captifs rachetés mais fatigués de la marche et encore convalescents.

Saint Jean de Matha profita de ce premier séjour qu'il faisait en Espagne pour s'y livrer à des excursions apostoliques et à de chaleureuses prédications en faveur de la foi catholique. Il y opéra, en plusieurs lieux, des conversions étonnantes. Ferrario Gray, jeune seigneur, qui venait de terminer ses études avec distinction, fut alors une de ses conquêtes. Il entra dans l'ordre des Trinitaires, et c'est à lui qu'on est redevable du grand développement que prit cet ordre en Catalogne et dans l'Aragon, provinces qu'il administra avec le plus grand succès pendant trente-deux ans.

Sur ces entrefaites, Hugues de Baux, vicomte de Marseille, pria saint Jean de Matha de venir en cette ville fonder un couvent de ses religieux. D'autres seigneurs s'associèrent à cette pensée, et de grands priviléges furent attachés à ce pieux établissement. L'acte en fut passé en 1202 ; sans retard quatre religieux Trinitaires vinrent s'y fixer, car notre saint avait parfaitement compris combien il lui importait d'avoir une maison dans un port où devaient débarquer un si grand nombre de ses enfants et d'esclaves rachetés. Mais, il est dans la destinée des œuvres de Dieu de souffrir la contradiction et l'opposition des hommes; le chapitre de Marseille s'éleva contre l'établissement fondé dans cette ville, et, d'autre part, Michel de Moriès, archevêque d'Arles, successeur d'Imbert, en fit de même contre celui dont son illustre prédécesseur avait sollicité la création. Toutefois, le saint, qui venait d'Espagne avec de nouveaux captifs délivrés de leurs fers, parvint à apaiser cette double tempête et à tout régler par de sages et amicales transactions. Puis, accédant aux vœux des habitants de Saint-Gilles, il alla dans cette ville commencer une fondation que les religieux de la maison d'Arles furent chargés de continuer.

De Matha prit alors son chemin vers l'Italie et se rendit à Rome, tandis que sur ses pas s'élevaient un grand nombre de maisons de son ordre. Il lui tardait de rendre compte au souverain Pontife du bien opéré au-delà des Pyrénées. Innocent III fut si content de ces heureux succès, qu'il voulut adjoindre à la donation qu'il avait faite à l'ordre de la Très-Sainte Trinité, de l'église de Saint-Thomas *in Formis*, celle de l'église de Saint-Sauveur, située sur une élévation appelée la Trinité, au diocèse de Spolète, ainsi qu'une église du nom de Notre-Dame, au diocèse de Toni, dans l'Ombrie, et plusieurs autres maisons avec leurs redevances, comme on peut le voir dans la bulle de confirmation qu'a publiée depuis le pape Honorius III. Plusieurs prélats, excités par l'exemple d'Innocent III, fondèrent, dans leurs diocèses respectifs, des établissements pour l'ordre de la Très-Sainte Trinité. Notre saint accueillait favorablement toutes ces demandes; il se rendait, autant que possible, sur les lieux et partout il laissait de précieux souvenirs de ses éminentes vertus.

V

Son entrevue à Rome avec saint Dominique et saint François.
Second voyage de notre saint en Espagne.

Le séjour, d'ailleurs bien court, que fit alors
le zélé fondateur dans la ville éternelle, fut marqué
par une circonstance que nous ne devons point
omettre ici. Chacun s'efforçait d'avoir quelque relation avec un si saint homme, ou, au moins, d'avoir
quelque part à ses prières, et les personnages les
plus haut placés recherchaient son estime et son
amitié, mais, parmi ceux qui y eurent une plus large
part, nous devons mentionner surtout saint Dominique et saint François d'Assise.

Dominique avait connu les mérites de Jean de
Matha par une vue anticipée que le ciel lui avait
donnée, comme nous l'avons remarqué plus haut.
Ayant appris son arrivée dans Rome et les grands
prodiges que Dieu avait déjà opérés en sa faveur, il
se sentit pressé d'un pieux désir de connaître en personne celui qu'il avait déjà vu en esprit, et il ne se
donna point de repos qu'il n'eût eu quelques conférences avec lui. Il voulait surtout le consulter sur le
grand dessein que Dieu lui avait inspiré d'établir
lui-même un ordre pour combattre les hérésies qui

faisaient alors tant de ravages et que notre saint avait déjà combattues énergiquement soit en Espagne, soit à son passage dans le Languedoc. Cette ouverture donna beaucoup de consolation à Jean de Matha qui dut admirer la constante sollicitude de la divine Providence à pourvoir aux besoins de son Église par des moyens toujours opportuns et efficaces. Les deux saints se lièrent d'une étroite amitié, et comme ils n'avaient l'un et l'autre d'autre but que de travailler à la conquête des âmes et au renversement de l'empire de Satan, ils mirent dès lors en commun tous leurs efforts pour mieux réussir dans ce pieux projet.

Les vrais serviteurs de Dieu ne sauraient être sujets aux atteintes de la jalousie, et comme ils n'ont en vue dans leurs démarches d'autre intérêt que celui du divin Maître, il leur est indifférent, pourvu que sa gloire s'étende, que ce soit par leurs propres efforts ou par ceux d'autrui. Tels étaient les sentiments de saint Jean de Matha et de saint Dominique; telle était la noble émulation qui les poussait dans la réalisation des desseins de Dieu sur eux. Au reste, le ciel qui les avait choisis et avait donné à chacun d'eux sa mission particulière, leur adjoignit un troisième compagnon de fatigues et de travaux; ce fut l'incomparable François d'Assise, que sa vie toute céleste a fait surnommer le Séraphique. Il est même raconté dans une ancienne chronique de l'ordre de Saint-François que ce fut notre fondateur, saint Jean de Matha, qui présenta lui-même au souverain Pontife, Innocent III, le pèlerin d'Assise (Dilloud).

Il se forma donc bientôt entre ces illustres personnages qui devaient être comme trois colonnes de l'Église de Dieu une sainte et intime société qui les porta non-seulement à unir leurs efforts pour l'extension du royaume de Jésus-Christ, mais à se communiquer dès-lors réciproquement les grâces et les biens qu'ils recevaient du ciel, leurs lumières et tout le mérite de leurs bonnes œuvres ; et ils recommandèrent plus tard à leurs enfants et à leurs disciples de conserver inviolablement cette sainte union entre membres de différentes familles religieuses, ce qui ne peut qu'être avantageux à l'Église et édifier les fidèles, en leur apprenant que si les méchants s'allient pour le mal et forment des sociétés pour combattre la piété et la vertu, les gens de bien, de leur côté, savent aussi s'unir et se donner mutuellement secours pour s'opposer aux désordres des mondains.

Il est raconté également que nos trois saints, après avoir contracté entre eux cette noble alliance pour le soutien et la défense de la foi, firent ensemble à Dieu, au pied de ses autels, la promesse d'y demeurer fidèles, et que ce fut dans l'église de Saint-Pierre, et comme entre les mains du Prince des Apôtres qu'ils en prêtèrent le serment, le conjurant par là de leur servir de garant devant Dieu et de leur obtenir la force et toutes les grâces nécessaires pour s'acquitter dignement d'un engagement si solennel. Ils se séparèrent, dès lors, dans le baiser de paix, et chacun d'eux, suivant le mouvement qu'il recevait du ciel, alla où l'Esprit Saint le conduisait. Le Pape, qui fut informé de cette conduite, ne put s'empêcher d'en témoigner publiquement sa joie, car il jugeait, d'ailleurs, par tout ce qu'il savait déjà de la vie de ces héros, combien l'Église recevait de biens de l'énergique résolution qu'ils venaient de prendre. Toutefois, comme Jean de Matha était pour ainsi dire son fils aîné, ayant eu pour son œuvre les prémices de son pontificat, il conserva toujours aussi pour lui une prédilection bien marquée, comme nous le verrons, au reste, par la suite de cette histoire.

Nous retrouvons notre saint en Espagne dès l'an 1206. Les besoins étaient là plus pressants qu'ailleurs, car les Musulmans avaient porté dans tous les royaumes de la Péninsule, le ravage et la désolation. Toutefois, la Castille avait été plus que tout autre, le théâtre de leurs fureurs. Don Alonzo ou Alphonse IX régnait sur ce malheureux pays ; mais, désespérant de pouvoir seul remédier à la misère de son peuple, il avait appelé à son secours les religieux de la Très-Sainte Trinité. Jean de Matha, retenu ailleurs, lui avait d'abord envoyé quelques-uns de ses religieux, dont la charité ardente ne pouvait que donner une haute idée de celle qui dévorait le

cœur de leur père commun. Aussi, à peine eut-on
appris qu'il allait arriver à Burgos , alors la capitale
de la Castille, que le roi suivi de toute la population
se porta à sa rencontre. On le reçut avec les marques
non équivoques d'une joie et d'une vénération sans
égales ; on le conduisit comme en triomphe dans le
couvent que son ordre possédait déjà dans cette
ville [1].

Don Alphonse, après avoir accompagné le saint

[1] Ce couvent, bâti vers l'an 1200 par saint Jean de Matha
lui-même, demeura toujours célèbre parmi tous ceux que l'ordre
possédait en Espagne, par l'ampleur de ses bâtiments, par la
régularité, la science et l'ardent dévouement des religieux qui
l'habitèrent successivement. On y a conservé longtemps des registres par lesquels il conste que les Pères Trinitaires de Burgos ont, à eux seuls, racheté depuis l'an 1200 jusqu'en 1647,
plus de 124,000 esclaves dans quarante rédemptions différentes.
Mais, puisque nous sommes à parler de ce couvent, notons ici
un fait miraculeux qui s'y passa en 1364, et qui est rapporté
par les plus anciens historiens (Tarizzo, Dilloud, Ignace de
Saint-Antoine, dans le nécrologe de l'ordre). La guerre civile
avait éclaté dans le royaume de Castille, entre le roi don Pedro
et Henri, son frère. Le premier s'était retiré dans le couvent
des Trinitaires comme dans une forteresse imprenable. Don
Henri, poursuivant son frère, mais nullement retenu par la
sainteté du lieu qui lui avait donné un asile, fit battre les murs
du couvent pour s'y ouvrir une brèche qui lui donnât entrée
dans l'intérieur. Tout à coup une pierre se détache de la voûte
de l'église et vient tomber à plomb sur la tête d'un crucifix. Il
n'en fut point brisé, ainsi qu'on devait s'y attendre, mais la tête
demeura penchée, comme si elle eût été animée, et elle rendit
par les narines quelques gouttes de sang, dont une surtout,
plus grande que les autres, était vermeille et, d'une couleur si
vive, qu'elle semblait sortir à l'instant même des veines. Aujourd'hui même, dit un de ces historiens qui écrivait en 1698,
en témoignage permanent de ce fait miraculeux, cette goutte de

dans plusieurs villes de son royaume, lui présenta
sa famille pour qu'il appelât sur elle les bénédictions
célestes. Jean de Matha, à la vue de l'infant, alors
âgé de sept ans, fut saisi tout à coup de l'Esprit de
Dieu, et, dans un prophétique enthousiasme, il prédit au roi ses victoires prochaines sur les Maures,
et à l'infant ses destinées futures et le triomphe dé-
finitif des chrétiens sur les musulmans de la Péninsule. En effet, quatre ans après eut lieu la fameuse
bataille de las Navas de Tolosa où Alphonse triompha
des Maures, et son fils, l'infant Don Ferdinand fut,
dans la suite, le roi Ferdinand III, que l'histoire
compte au nombre de ses plus fameux guerriers, et
l'Église au rang de ses saints.

Jean de Matha laissa le roi et la cour de Castille
dans l'admiration de ses hautes vertus, et alla pour-
suivre, dans d'autres contrées voisines, son œuvre
de charité. Il se rendit à Ségovie, puis à Madrid,
ayant soin, d'ailleurs, de visiter tous les couvents de
son ordre qu'il trouvait sur son passage et d'y acti-
ver la régularité, non moins que le zèle de ses
enfants pour l'amélioration du sort des captifs.

sang demeure encore suspendue à l'extrémité du nez et comme
si elle allait tomber. Cet auteur ajoute : O amour ineffable de
Jésus qui, pour souffrir encore pour nous, se rend sensible dans
les choses privées de sentiment, et qui revient à la vie pour
nous arracher plus sûrement à la mort, en renouvelant pour
nous les douleurs de sa Passion ! Au reste, ce crucifix recevait
de fréquentes visites, non-seulement à cause du prodige que
nous venons de raconter, mais aussi parce que c'était un véritable chef-d'œuvre de sculpture sur ivoire.

On croit que ce fut pendant la visite qu'il fit alors au couvent de Lérida qu'il eut l'avantage d'y recevoir saint Dominique et de lui rendre tous les devoirs que la charité et l'amitié lui imposaient également en cette occasion. Quelques années plus tard, cette même maison eut l'honneur de loger saint François d'Assise. Quant à notre fondateur, satisfait de l'extension que prenait en Espagne l'œuvre de la Rédemption, de la ferveur de ses disciples et du bien qu'ils opéraient, il reprit bientôt la route de Rome, en passant par le midi de la France pour visiter les maisons que son ordre y possédait déjà.

<h1 style="text-align:center">VI</h1>

Deux rédemptions accomplies à Tunis par Jean l'Anglais. — Le saint fait lui-même son second voyage dans cette ville.

Arrivé à Rome dès le mois de mars de l'an 1209, notre saint se hâta de faire de nouveau au souverain Pontife la relation des progrès de son ordre. Il venait d'être informé de l'extension que prenait l'œuvre dans les provinces septentrionales de la France par les soins de saint Félix de Valois. Le vénérable vieillard qui n'avait pu entreprendre, pour le bien de la religion, les courses apostoliques qui partageaient la vie de son vertueux collègue, formait à Cerfroid, dans la vertu et dans l'esprit de la règle, des disciples dignes de seconder et de suppléer les ardeurs de son zèle. L'éclat de sa sainteté excitait au loin la vénération publique et lui attirait de nombreux enfants qu'il initiait aux plus intimes secrets de la perfection religieuse. Ce fut alors aussi que le saint fondateur apprit de la bouche de Jean l'Anglais le récit des deux voyages que ce fervent disciple avait faits à Tunis et des incidents qui les avaient signalés.

Dans le premier, Jean l'Anglais, non content de racheter 394 esclaves, avait cherché encore à convertir les Maures, mais son zèle avait failli lui coûter cher. Poursuivi par ses auditeurs, il avait eu grand'peine à s'embarquer avec les captifs rachetés. Dans son second voyage, il avait vu les portes de la ville de Tunis lui demeurer fermées, dans la crainte qu'il n'y fît des prosélytes; il avait pu cependant, à force d'instances et de patience, racheter 248 captifs, et, déjà il allait s'embarquer avec eux lorsqu'on lui apprit qu'il laissait dans les fers un esclave bien plus digne que tout autre de sa compassion; c'était un pauvre enfant qui, pris avec son père et sa mère, les avait vu périr l'un et l'autre dans la prison; il était resté seul au pouvoir d'un maître qui cherchait par toutes sortes de mauvais traitements à lui faire embrasser la religion impure de Mahomet. Jean l'Anglais, à cette nouvelle, courut chez le gouverneur, mais celui-ci ne consentit à la délivrance du jeune infortuné qu'à la condition qu'il serait payé pour lui une énorme rançon. Jean, ayant déjà épuisé toutes ses ressources, s'offrit lui-même pour prix de la délivrance et demanda instamment à prendre la place du jeune esclave. Le gouverneur étonné accepta ce sacrifice, ne doutant point que le maître de l'esclave n'y consentît aussi, mais celui-ci refusa d'abord; puis, obligé de céder, il résolut de se venger sur le religieux et, profitant du moment où Jean l'Anglais, après avoir dit adieu aux captifs rachetés, revenait prendre les fers, il se jeta sur lui et il l'aurait assommé, si un seigneur tunisien, survenant providentiellement en ces lieux, ne l'eût arraché de ses mains. Ce seigneur paya la rançon du jeune homme et, peu après, Jean l'Anglais, délivré de la mort et de la captivité, cinglait vers l'Italie. Une tempête furieuse s'éleva à la hauteur de l'île de Malte, et les passagers attribuèrent à la présence du fervent religieux sur le navire et à ses prières d'avoir pu échapper au naufrage. Enfin, il avait abordé heureusement au port d'Ostie et renvoyé les captifs dans leurs foyers.

Telles étaient les heureuses nouvelles que Jean de Matha put recueillir sur la double rédemption que venait d'opérer son cher disciple et qu'il s'empressa de transmettre lui-même au souverain Pontife. Innocent III, charmé de voir que cet institut justifiait de plus en plus, par ses œuvres, la haute

protection dont il l'environnait, eut grand soin de
donner la sanction de son autorité apostolique à tout
ce qu'avaient fait jusque-là saint Jean de Matha et
saint Félix de Valois en France, en Italie et en Espagne. Ces bulles de confirmation furent suivies
d'une autre qui accordait à l'ordre de nouveaux priviléges spirituels et le recommandait solennellement
à tout le monde chrétien.

A tant de faveurs, les religieux de la Très-Sainte
Trinité répondirent par de nouveaux services. Notre
saint, pour qui le repos était une situation anormale,
avait recommencé à Rome à visiter les hôpitaux et
les prisons ; à porter, à toute sorte de malheureux,
les consolations de la religion et les secours de la
charité, enfin, à prêcher l'Évangile dans les églises
et même sur les places publiques. Il vaqua à ces
divers exercices jusqu'à ce que le temps fût venu
pour lui de mettre de nouveau son zèle au service
des esclaves chrétiens. Il avait appris que la trêve
conclue par les rois d'Espagne avec les Musulmans
allait expirer, et que déjà on préludait, par des en-
gagements partiels, à une reprise d'armes générale ;
or, comme il voulait, avant qu'on en vînt aux mains,
voler lui-même, encore une fois au moins, au secours
des chrétiens détenus à Tunis, il se hâta de réunir
de nouvelles aumônes aux ressources de l'ordre, et,
prévenant les funestes événements qui se préparaient,
il partit pour l'Afrique, emmenant cette fois avec lui
Guillaume l'Écossais et quelques autres religieux.

Sortis du port d'Ostie vers la fin de mai de l'an
1240, les rédempteurs abordaient quelques jours
après à Tunis. Ils se rendirent chez le gouverneur,
et celui-ci, soit prévoyance, soit cupidité, consentit
encore à échanger les fers de ses esclaves contre l'or
des religieux. Mais ses sujets ne se montrèrent pas
aussi traitables que leur maître. Les Tunisiens,
ameutés, se jettent sur notre saint, l'accablent
de coups et lui enlèvent les captifs qu'il a déjà
délivrés.

Guillaume, qui se trouvait alors un peu éloigné de
son bien-aimé Père, le retrouve seul et nageant dans
son sang. Aidé de ses frères, il parvient, non sans
peine, à lui faire reprendre l'usage de ses sens. Une
conduite si atroce révolte ces fidèles disciples, qui
ne peuvent s'empêcher d'en témoigner leur indigna-
tion, mais le saint, heureux et content de pouvoir
enfin rassasier son amour des souffrances, conserve
au milieu de ces pénibles conjonctures toutes la sérénité de son âme. Il console ses religieux par la
considération des récompenses ineffables que devront
leur valoir tant de fatigues et de mauvais traitements.
Une chose, toutefois, oppresse son tendre cœur,
c'est de penser que les esclaves déjà rachetés vont
rentrer dans leurs sombres cachots. Aussi se hâte-
t-il de les revendiquer avec toute l'énergie dont il
est capable. Un nouvel accord est enfin conclu; une
double rançon est exigée. C'était là le droit du plus
fort; il fallait le subir. Mais l'homme de Dieu avait

déjà épuisé ses ressources, il ne peut donc satisfaire cette insatiable avarice. Dans cette extrémité, il propose à ses collègues de le laisser, au moins, prendre lui-même la place de quelque captif qu'il renverra libre et content dans sa patrie; mais il ne put l'obtenir d'eux.

Que fera-t-il alors? Tout pénétré de douleur, mais animé d'une sublime confiance en la protection divine, il tire de dessous son scapulaire une image de la très-sainte Vierge qu'il portait toujours sur son cœur, et se prosternant humblement à genoux devant elle, il prie, il conjure cette bonne Mère de manifester sa clémence en faveur de ses enfants malheureux, dont la perte était inévitable et le salut désespéré. Des vœux si purs et si ardents furent exaucés. Marie déposa entre ses mains la somme totale réclamée par les Barbares, et les chrétiens délivrés furent aussitôt embarqués sur le navire qui devait les rendre à leur patrie. Alors la populace, furieuse de ce dénoûment imprévu, se précipite sur le vaisseau qui porte les religieux et leur butin, enlève le gouvernail, rompt les mats, déchire les voiles et brise les rames pour rendre le départ impossible. Mais l'homme de Dieu ne se laisse point abattre. Il ordonne à ses gens de mettre le navire en mouvement; les passagers aimant mieux périr dans les flots que sous le fer des assassins ou dans les cachots, saisissent des tronçons de rames ou de planches pour aider à cette difficile manœuvre. Les Tunisiens se rient de ces efforts, et poussent des huées, mais le vaisseau n'en voguera pas moins. Plein de confiance en Dieu, saint Jean de Matha se dépouille de son manteau, l'étend en forme de voile, et, à genoux sur le tillac, le crucifix à la main, il implore avec effusion d'âme l'étoile de la mer. Les nautonniers et les passagers répètent les mêmes prières, et les flots paisibles respectent la frêle embarcation; les vents se taisent, une brise favorable s'élève et, en moins de deux jours, on entre dans le port d'Ostie, aux acclamations d'une foule émerveillée de ce prodige.

Le souverain Pontife, reconnaissant là l'intervention de Celui qui commande aux vagues et aux tempêtes, pleura d'attendrissement et d'admiration, au récit qui lui en fut fait. Sa Sainteté voulut voir tous les captifs et les bénir de sa main avant qu'ils ne fussent renvoyés dans leurs familles. Quant à notre saint, bien persuadé qu'il était que la très-sainte Vierge avait contribué d'une manière toute puissante auprès de Dieu, pour le succès final de cette rédemption, comme déjà elle l'avait fait à Valence et ailleurs, il voulut, dès lors, lui témoigner sa reconaissance par un acte public et permanent, et, en conséquence, il décida qu'on érigerait à l'avenir dans chacune des maisons de son ordre un autel à la très-sainte Vierge invoquée sous le titre de Notre-Dame du Bon-Remède.

Jean de Matha, à peine remis des immenses fatigues de cette glorieuse mais si pénible rédemption [1], se livra de nouveau à Rome aux exercices du ministère de la charité qui étaient l'aliment de sa vie. Les malades le revirent auprès de leur lit de douleur, et les prisonniers dans leur triste séjour. Sa présence enfantait partout des prodiges de grâces, les bénédictions et l'amour des peuples l'accompagnaient en tout lieu.

Toutefois, son zèle n'était point satisfait. Il lui tardait de l'exercer sur un plus vaste théâtre et d'une manière plus périlleuse encore ; l'occasion s'en présenta bientôt.

VII

Troisième voyage du saint en Espagne. — Bataille de las Navas de Tolosa.

Les saints comptent pour rien tout ce qu'ils font pour Dieu, et, après tant de fatigues et de peines, ils s'estiment encore des serviteurs inutiles ; de là vient qu'ils cherchent continuellement de nouvelles occasions de donner au Seigneur des marques de fidélité dans son service et de dévouement à ses

[1] Le P. Macedo, Franciscain, parle dans sa Vie de saint Jean de Matha de trois voyages de notre saint sur les côtes de Barbarie. Nous croyons qu'il se trompe, car nous n'en trouvons que deux dans les autres historiens. Il y aura compris la rédemption faite à Valence.

saintes volontés. Tel était, en particulier, notre saint
fondateur.

Tandis qu'il était à Rome, goûtant quelques instants d'un repos, qui lui était devenu si nécessaire,
mais soupirant déjà après de nouveaux dangers, on
vit arriver, dans la capitale du monde chrétien, Don
Rodrigue, évêque de Tolède, chargé d'une mission
spéciale auprès du Saint Siége. Alonzo, roi de Castille, n'ayant qu'une poignée d'hommes à opposer à
des bandes innombrables de Sarrasins, fanatisés par
leurs chefs, avait cru devoir intéresser à sa cause
toute l'Europe catholique. Innocent III vit bien la
gravité du péril. Il commanda aussitôt des prières
publiques, et chargea Don Rodrigue lui-même de
parcourir la France et l'Italie et d'y faire un appel
général à tous les guerriers chrétiens. Des lettres
pressantes furent sur le champ envoyées aux évêques de France et surtout à ceux du Languedoc, de
la Provence et du Dauphiné.

Au milieu de toutes ces alarmes, Jean de Matha
ne demeura point inactif. Il se mit à visiter toutes
les maisons de son ordre, à désigner les religieux
les plus courageux pour assister les soldats de la
croix, sur le champ de bataille, et pour recueillir les
aumônes qui devaient être plus abondantes que jamais, afin de parer aux immenses besoins que pourraient créer tout à coup de funestes revers. Ce fut à
cette époque que le saint fondateur passa à Cerfroid
et put s'entretenir une dernière fois avec saint Félix

de Valois, son vieil ami, alors âgé de quatre-vingt-huit ans.

Les historiens des deux saints ont longuement raconté les détails de cette entrevue qui ne pouvait manquer d'être fort touchante. Cerfroid était le lieu où les deux patriarches s'étaient rencontrés pour la première fois; douze ans s'étaient écoulés après leur dernière séparation et, depuis lors, combien d'événements mémorables avaient signalé leur existence ! Félix, parvenu à une extrême vieillesse, ne pouvait point douter que cette entrevue avec son saint collègue ne fût la dernière; d'autre part, le grand âge du ministre de Cerfroid, ôtait à Jean de Matha et à l'ordre tout entier, l'espoir de jouir plus longtemps de l'exemple et de la sagesse du saint vieillard. Cette pensée dut, sans doute, faire naître dans le cœur des pieux fondateurs, et dans celui de leurs enfants de vifs sentiments d'affection et de tendresse qu'il est beaucoup plus facile de concevoir que d'exprimer.

Une chronique de l'ordre rapportée par quelques auteurs [1] nous assure que saint Jean de Matha prédit à saint Félix, quand il fut sur le point de le quitter, que bientôt il serait délivré de son corps mortel pour recevoir dans le ciel la couronne qui lui était préparée, et que lui marquant le jour et l'heure de son heureux trépas, il le conjura, puisqu'il devait le précé-

---

[1] Tarizzo, Dilloud, Macedo.

der dans la gloire, de ne pas abandonner ses enfants et de leur obtenir du ciel la grâce de ne point perdre cet esprit de sainteté qu'il leur avait inspiré par ses leçons et ses exemples. D'où l'on voit la profonde humilité de saint Jean de Matha qui, étant le premier patriarche de l'ordre, honorait comme son père, Félix qui n'en était que le second.

Après ces suprêmes adieux qui le remplirent d'une indicible tristesse mêlée à une douce résignation aux volontés du ciel, Jean de Matha se hâta de visiter les diverses fondations que le zèle de saint Félix avait su ériger successivement dans les contrées qui avoisinaient la maison-mère de Cerfroid, puis il se rendit au célèbre couvent de Saint-Mathurin, que l'ordre possédait déjà à Paris [1].

Dès qu'il eut achevé cette visite des couvents, durant laquelle il fit tous les règlements nécessaires pour affermir l'observance, le saint alla présenter

---

[1] Cette maison, fondée à Paris dès l'an 1208, par le roi Philippe-Auguste, ne comprenait d'abord qu'un hôpital avec une église dédiés à saint Mathurin. Elle prit bientôt tant d'extension, à cause de sa position au sein de la capitale, des hommes illustres qui l'administrèrent, et de la protection dont la couvrirent successivement plusieurs rois de France, et surtout saint Louis, qu'elle devint la résidence des supérieurs généraux, au détriment de la maison de Cerfroid, qui, cependant, conserva toujours le titre de maison-mère de l'ordre. Bien plus, ce couvent de Paris finit par donner son nom à tous les religieux de la Très-Sainte Trinité qui demeuraient en France; de sorte que, jusqu'à la fin du siècle passé, on ne connaissait généralement les Trinitaires français que sous le nom de Mathurins.

ses devoirs au roi Philippe-Auguste qui, s'étant déjà formé une très-haute idée de sa sainteté par le bruit de tant de merveilles qu'il avait opérées, le reçut avec tous les témoignages d'estime et les marques d'honneur qu'on pouvait attendre d'un si grand prince. Il voulut le nommer son théologien, titre que les rois de France ont continué à donner aux successeurs de saint Jean de Matha, dans le gouvernement de l'ordre. L'illustre fondateur se montra confus de tant de bienveillance et de bontés à son égard, et, en homme véritablement humble, il ne put souffrir les honneurs qu'on lui rendait dans cette cour, la première du monde, où il était en si grande vénération. Il savait fort bien que la vertu et le mérite ne sont point en parfaite sécurité dans les palais des grands de la terre, et que, lors même qu'on serait inaccessible aux attraits des plaisirs sensuels, on ne saurait résister longtemps aux amorces de la flatterie et des vains applaudissements, qui sont une pâture si délicate pour notre esprit.

Le moment approchait où la grande question des musulmans d'Afrique et des chrétiens d'Espagne allait se vider ; notre saint se hâta donc de se rendre dans la Péninsule, où, après avoir visité les maisons de son ordre fondées dans l'Aragon et la Navarre, il alla se fixer dans son couvent de Tolède, parce que cette ville avait été désignée comme le rendez-vous des chrétiens. Des troupes nombreuses

ne tardèrent pas à s'y rassembler et à former plusieurs corps d'armée, et pendant que les généraux
choisissaient des positions avantageuses pour leurs
soldats, le supérieur général des Trinitaires préparait, de son côté, tout ce qui devait servir à donner
des soins aux malades et aux blessés ; des religieux
de la rédemption furent attachés, en qualité d'aumôniers, à chaque corps d'armée. Il y a même des
auteurs [1] qui prétendent qu'Alphonse, roi de Castille, commandant en chef de cette expédition,
avait fait mettre sur les habits de chacun des combattants une croix bleue et rouge, semblable à celle
qui brillait sur la poitrine des religieux. Enfin, le
16 juillet 1210, les clairons se font entendre, les
deux armées se heurtent, les chrétiens s'élancent
comme des lions sur les musulmans, les attaquent,
enfoncent leurs bataillons et couvrent de leurs cadavres le champ de bataille. La victoire fut complète.
L'empereur du Maroc, Méhémed-el-Naser, dut prendre la fuite dans ses états, où il se vengea de sa
défaite par de nouvelles cruautés. Il méditait une
seconde expédition, mais la mort le surprit l'année
suivante, lorsque à peine il avait atteint trente-cinq
ans. Son sceptre passa ensuite en des mains inha-
biles, et des seigneurs puissants se partagèrent les
débris de son vaste empire. Les vainqueurs ne pour-
suivirent pas alors leurs succès, mais ils en laissè-

[1] Dilloud, Tarizzo, etc.

rent la voie ouverte à saint Ferdinand III, dont nous avons parlé, et qui s'empara, peu d'années après, de la ville de Séville.

Jean de Matha, heureux de voir la croix triompher, se disposa dès lors à quitter l'Espagne, qu'il ne devait plus revoir. Il tâcha de visiter encore la plupart des disciples qu'il y laissait, et de leur faire comprendre, de plus en plus, combien était glorieux pour eux l'emploi auquel le ciel les avait appelés, puisqu'il les rendait de fidèles copies de Jésus-Christ, le véritable Rédempteur des âmes, et, certes, l'on peut dire que ses enfants ont toujours continué dans l'Espagne, et avec un zèle digne de tout éloge, les exemples de dévouement qu'il leur avait donnés ; car, il est arrivé, de temps en temps, que plusieurs d'entre eux se sont faits esclaves eux-mêmes pour rendre la liberté aux chrétiens qu'ils voyaient en danger de perdre la foi.

VIII

Saint Jean de Matha délivre un possédé. — Mort de saint Félix de Valois.

Le retour de notre saint à Rome fut signalé, cette fois, par un miracle éclatant, dont il plut à Dieu de se servir pour mettre le comble à l'admiration et aux louanges que l'illustre fondateur venait de s'attirer par tant de négociations délicates, heureusement terminées, et par les rédemptions si pénibles qu'il avait accomplies.

Un pauvre homme, possédé du démon depuis plusieurs années, était cruellement tourmenté par cet esprit immonde qui exerçait à son égard tout ce que sa rage et sa fureur avaient de plus terrible. On avait fait sur lui les prières et les exorcismes ordonnés par l'Église. On l'avait conduit dans des lieux de pèlerinage et de dévotion pour lui obtenir quelque soulagement par l'intercession des saints qui y sont invoqués et en faveur desquels Dieu opère souvent des prodiges, pour rehausser leur gloire et ranimer la confiance des peuples. Cet homme, néanmoins, n'avait pu être déchargé des chaînes invisibles de l'enfer qui pesaient sur lui, et le ciel s'étant rendu comme insensible à son malheur, avait résisté jusque-là aux larmes et aux prières de ceux qui s'intéressaient à sa guérison, parce qu'il réservait ce miracle au zélé rédempteur des esclaves.

Plusieurs personnes, qui révéraient déjà le pieux fondateur comme un saint, avaient conseillé aux parents du pauvre malade de le lui présenter. Ils le firent, et une foule de peuple les accompagna pour être témoin de ce qui allait arriver. L'homme de Dieu se défendit longtemps des instances importunes qu'on lui fit de le guérir ; il ne pouvait souffrir qu'on lui demandât un miracle, car son humilité, qui le faisait paraître à ses yeux comme un grand pécheur, lui donnait des idées bien éloignées de celles qu'on se formait de sa vertu. Il aurait donc voulu se dérober du milieu de cette foule et échapper à ses poursuites. Aussi, n'oublia-t-il rien pour lui persuader qu'il fallait s'adresser à Dieu seul, et non point à un homme mortel, indigne tout à fait de ces grâces éclatantes. Tous ses raisonnements et ses refus furent inutiles; il lui fallut se rendre; il avait bien pu résister à leurs prières, mais les larmes touchèrent enfin son tendre cœur, et, son zèle l'emportant sur toute autre considération, il résolut de consacrer à Dieu cette victime que l'enfer avait jusque-là sacrifiée à sa fureur. Il s'approcha donc du malade et commanda à l'esprit du mal de sortir de ce corps dont il s'était injustement emparé. Puis, comme s'il eût voulu enchaîner le démon lui-même, et le réduire à une nouvelle servitude en augmentant les châtiments dus à son orgueil, il met au cou de cet homme affligé un scapulaire de l'ordre dont il lui fait baiser la croix, tout en lui donnant, en même temps, sa bénédiction au nom de la Très-Sainte Trinité. Or, l'esprit de ténèbres fut si effrayé et ressentit en ce moment tant de violence que, ne pouvant plus demeurer dans ce corps, il se hâta de l'abandonner et de se précipiter dans les enfers, laissant dès lors celui qui avait été sa victime, dans un profond repos et une parfaite santé. (Dilloud, Croiset, etc.)

Ce miracle, qui avait causé à tous les assistants la plus grande admiration, jeta, au contraire, notre saint dans la crainte et la confusion. Il savait que les hommes se trompent fort souvent dans leurs jugements et que, ne pouvant pénétrer dans le fond des cœurs, pour en découvrir tous les mouvements, il ne s'arrêtent qu'aux apparences qui les séduisent. Préoccupé de cette pensée, et convaincu d'ailleurs profondément de sa faiblesse et de son indignité, il déplorait l'aveuglement de ce peuple qui l'honorait, comme si le miracle qu'il venait d'opérer eût été un effet de sa propre vertu, et non point d'une force qui lui était étrangère et ne venait que de Dieu. Aussi pour les détromper de l'idée avantageuse qu'ils avaient de sa personne, il leur disait, comme autrefois saint Pierre et saint Jean aux Juifs, après la guérison du boiteux qui était à la porte du temple : « Vous avez raison d'admirer ce prodige, mais vous vous trompez si vous croyez qu'il procède d'une vertu qui vienne de nous et non point de Jésus-Christ. »

Tels étaient les sentiments d'humilité de cet homme admirable ; il était honteux de se voir honoré de ses semblables, leurs louanges lui étaient insupportables. Il se hâta donc, après avoir rendu ses hommages au Vicaire de Jésus-Christ et lui avoir fait connaître les triomphes de la croix en Espagne, de rentrer dans sa chère retraite de Saint-Thomas *in formis*, au milieu de ses enfants. Il ne tarda pas à y recevoir une bien douloureuse nouvelle. Saint Félix de Valois venait de mourir.

Cette séparation, quoique prévue depuis quelque
temps, et prédite par saint Jean de Matha lui-même,
ne laissa pas de l'affliger beaucoup. Il est vrai que
la certitude où il était que son compagnon jouissait
déjà du souverain bonheur, répandait dans son
cœur une douce joie ; néanmoins, il ne put s'empêcher de verser quelques larmes de regrets sur le départ de son ami ; le respect qu'il lui portait, aussi
bien que l'affection si sainte qui les unissait étroitement depuis longtemps, exigeaient de la nature ce
faible tribut, et, certes, si le Sauveur lui-même versa
des larmes sur le tombeau de Lazare, il doit être
bien permis à ses fidèles serviteurs d'en répandre
quelques-unes sur celui de leurs propres amis. Les
pleurs des saints sont l'effet d'une juste et pieuse
tristesse autant que de leur acquiescement complet
aux ordres du Seigneur. Le Fils de Dieu daigna
consoler lui-même ses disciples dans l'affliction où
les laissait son départ pour le ciel ; il se garda bien
de la leur reprocher ; et, d'ailleurs, quelque soumission qu'aient les saints aux volontés de Dieu, qu'ils
adorent et bénissent avec tout le respect qui leur
est dû, ils montreraient, sans doute, de l'insensibilité
et de la dureté de cœur, s'ils ne donnaient quelque
petite marque de douleur à la mort de ceux dont la
piété et la vertu les portaient à la pratique du bien,
et dont les mérites attiraient sur notre vallée d'exil
une rosée céleste de grâces et de bénédictions. Il ne
faut donc pas s'étonner si le trépas du bienheureux

Félix de Valois tira des larmes des yeux de saint Jean de Matha, et s'il poussa de profonds soupirs vers le ciel en se voyant retenu lui-même encore dans ce lieu de misères.

On assure que notre saint fut instantanément averti du moment de la mort de son vertueux compagnon par Félix lui-même, qui lui serait apparu tout rayonnant de lumière. Au reste, il en reçut bientôt d'autres nouvelles par des religieux de Cerfroid, qui vinrent à Rome pour raconter en détail à leurs frères, toutes les circonstances de cette mort si précieuse devant Dieu. Jean de Matha ordonna que l'on rendît aux dépouilles mortelles du saint patriarche tous les honneurs funèbres qu'il méritait, et dont la piété et la reconnaissance faisaient d'ailleurs un devoir sacré à ses enfants. Il fit célébrer pour lui un service solennel dans le couvent de Saint-Thomas *in formis*; il voulut se charger d'y faire lui-même le panégyrique du saint vieillard, et il y raconta tant de prodiges et de merveilles sur la vie intime de cet homme jusque-là si peu connu au monde, qu'il jeta l'étonnement et l'admiration dans l'esprit de tous ceux qui eurent le bonheur de l'entendre. Ses auditeurs ne pouvaient se lasser de bénir le Seigneur, dont la conduite toujours impénétrable à nos faibles regards, mérite constamment toutes nos adorations et nos hommages. Enfin, saint Jean de Matha finit son discours par ces paroles dignes de remarque, qui faisaient suffisamment connaître que son fidèle ami lui avait découvert la gloire dont il jouissait déjà : « Mes enfants, leur dit-il, nous avons prié pour lui ; demandons-lui maintenant qu'il veuille bien, à son tour, intercéder pour nous auprès de Dieu. »

On présume que ce furent ces religieux de Cerfroid qui, parlant à ceux de Rome des faveurs célestes dont avait été comblé saint Félix pendant les derniers temps qu'il passa sur la terre, leur apprirent aussi la célèbre vision qu'il avait eue dans la nuit même qui avait précédé la fête de la Nativité de la sainte Vierge, au 8 septembre. Cette Reine des anges était venue, accompagnée d'une multitude de ces esprits bienheureux, chanter l'office de matines, à minuit, dans la chapelle des religieux de Cerfroid, et Félix avait été seul admis à se mêler à ce chœur céleste [1].

Saint Jean de Matha ressentit plus vivement que tout autre la perte immense que venait de faire son ordre. Il s'en consola par la pensée que celui qui,

[1] Nous parlons en détail de cette apparition dans la vie de saint Félix de Valois. Mais nous devons dire, dès maintenant, que ce fait a paru à l'Église revêtu d'assez de preuves de certitude, pour pouvoir être inséré dans les leçons de l'office de saint Félix de Valois, au 20 novembre. C'est en souvenir de cette faveur insigne, faite à l'un des fondateurs de l'ordre, que les Souverains Pontifes ont permis dans la suite aux religieux de la Très-Sainte Trinité, de célébrer chaque année, dans tous leurs couvents, une messe à minuit qui précède la fête de la Nativité de la très-sainte Vierge, au 8 septembre. Saint Félix de Valois mourut le 4 novembre 1212 ; toutefois, sa fête ne se célèbre que le 20 du même mois.

sur la terre, avait si puissamment contribué aux
progrès de leur œuvre commune, en soutiendrait
les intérêts dans le ciel. Pour administrer le couvent
si important de Cerfroid, il jeta les yeux sur Jean
l'Anglais, celui de ses premiers disciples qui avait le
mieux saisi l'esprit de la règle et s'en était plus profondément pénétré. Le nouveau ministre arriva à
Cerfroid au commencement de l'année 1213, et ses
rares qualités furent seules capables de consoler les
enfants de Félix dans la douleur immense qui venait de les atteindre. Saint Jean avait consumé lui-
même une santé robuste au service du prochain et
dans les austérités de la pénitence. Ses forces épuisées ne suffisaient déjà plus à l'ardeur de son zèle.
Il s'attacha dès lors, avec une attention plus spéciale, à sa propre perfection et à la direction inté-
rieure de son institut. En attendant que nous ayons
à raconter les dernières mesures qu'il prit pour le
succès et la perpétuité de son œuvre, puis son suprême adieu à la terre, nous allons parler de quelques œuvres secondaires instituées par notre saint
fondateur, et qui lui ont survécu aussi dans l'Église
de Dieu.

IX

Institution du tiers-ordre et de la Confrérie de la T.-S. Trinité. — Adoration perpétuelle de ce mystère. Confrérie de N.-D. du Bon-Remède. — Scapulaire de la T.-S. Trinité.

La vue des merveilles opérées dans les rachats dont nous avons parlé, avait excité l'enthousiasme et la reconnaissance dans tous les esprits. On croyait ne pouvoir assez louer Dieu d'avoir établi dans son Église un ordre dont la charité allait jusqu'à exposer ses membres au péril de perdre la santé et même la vie pour procurer le salut de leurs frères. Des historiens du temps nous assurent qu'une foule de sujets distingués demandaient à consacrer leur existence à une œuvre qui s'annonçait sous de si heureux auspices. Il se trouva aussi beaucoup de personnes du monde qui, ne pouvant, à cause de leur position sociale, se joindre aux nouveaux religieux et recevoir leur saint habit, demandèrent à avoir au moins quelque part à leurs travaux et à leurs mérites. L'habile fondateur s'empressa d'accéder à ce pieux désir, qui répondait si bien à ses propres intentions ; car il avait bientôt remarqué qu'il pourrait étendre beaucoup les succès de ses religieux, en donnant à leurs efforts des appuis en dehors de l'ordre. La piraterie musulmane faisait chaque jour de nouvelles victimes ; les Rédempteurs tâcheraient, sans doute, de se multiplier pour briser les fers de tant de malheureux; mais, après les fatigues du rachat, ils se trouveraient réduits à consumer beaucoup de temps pour recueillir les aumônes destinées à de nouvelles rédemptions. Il était facile de conclure que les voyages seraient bien plus fréquents et le nombre des captifs rachetés bien plus élevé, si les libérateurs pouvaient se promettre de trouver toujours, à leur retour en Europe, des sommes suffisantes pour recommencer bientôt leur pieux trafic. Il était donc urgent de leur donner des auxiliaires pour recueillir les aumônes du peuple chrétien. De plus, les captifs dont les chaînes avaient été brisées, se trouvaient quelquefois encore fort loin de leurs foyers, et, dans le long trajet qui leur restait à faire, une fois débarqués sur le rivage, la plus extrême misère leur faisait expier souvent le bonheur, à peine goûté, de la liberté qui leur avait été rendue. A ces dangers, s'en joignaient bien d'autres dans un temps où les moyens de transport étaient si rares et si difficiles. Il fallait obvier à tous ces inconvénients.

Notre saint s'empressa donc de profiter des ouvertures qui lui étaient faites; il forma successivement, en plusieurs villes, des réunions de pieux laïques qui, sous le nom de Frères et Sœurs du tiers-ordre de la Très-Sainte Trinité [1], furent la

[1] La Confrérie des Pénitents de la Très-Sainte Trinité de Marseille date de l'an 1306. L'évêque de Marseille approuva cette

base et le fondement réel de cette vaste confrérie
du même nom, qui, pendant plusieurs siècles, aida
puissamment, par son dévouement et ses largesses,

pieuse association, dont le but était, comme nous l'avons dit,
d'aider les PP. Trinitaires dans l'œuvre de la rédemption. De
là lui vint la dénomination de Confrérie de la Très-Sainte Trinité et de N.-D. d'Aide ou d'Adjude. Voici les éloges que donnaient à ces confrères les PP. Trinitaires, dans un mémoire
imprimé en 1688 : « Les pénitents, disent-ils, abandonnent
« leurs propres affaires pour s'attacher à celles de la rédemp-
« tion, faisant agréablement une quête pénible et laborieuse,
« une fois la semaine, par toute la ville. Par les seules aumô-
« nes qu'ils reçoivent en ville, les PP. de la Trinité ont pu ra-
« cheter, en fort peu de temps, plus de 600 esclaves originaires
« et habitants de Marseille. » Les esclaves rachetés par les religieux abordaient presque toujours à Marseille, pour se rendre
de là dans leurs familles. En passant dans la ville, ils assis-
taient à une procession pendant laquelle les pénitents de la
Très-Sainte Trinité recueillaient d'abondantes aumônes. En
1785, les PP. Rédempteurs firent un rachat des plus impor-
portants, en rendant la liberté à 316 captifs français. La rançon
de tous ces esclaves excéda la somme de 700,000 fr. Bien qu'il
n'y eût dans le nombre qu'un seul esclave de Marseille, le bu-
reau de la Rédemption de cette ville contribua, non-seulement
pour 50,000 fr., mais il fit, de plus, un emprunt de 80,000 fr.,
dont il se chargea de payer l'intérêt, à condition que cette
somme serait remboursée en huit années, par les religieux.
Cette confrérie, supprimée en 1792, a été rétablie en 1816. Elle
a compté dans son sein des hommes fort recommandables, des
sommités de l'Église, de la magistrature et de l'armée. L'apôtre de la charité, saint Vincent-de-Paul, s'y était fait agréger.
Aujourd'hui, les membres qui la composent continuent à se livrer avec zèle et assiduité aux exercices de piété et de charité,
conformément à leur institution primitive. Ils mettent leur dévouement au service des intérêts et des Religieux de notre saint
ordre, toutes les fois qu'ils en ont l'occasion. Nous sommes heureux de pouvoir leur en témoigner ici notre profonde reconnaissance. Nous devons ajouter que cette Confrérie des Pénitents
de la Très-Sainte Trinité de Marseille a fondé à son tour, sous

les religieux de l'Ordre à combattre la barbarie de
l'empire du croissant. Le Pape approuva l'érection
de cette pieuse association ; il accorda à ses membres de bien précieuses indulgences et les rendit
participants des priviléges de l'Ordre, ainsi que du
mérite, des bonnes œuvres et prières qui se feraient
dans son sein. Cette institution, toute séculière,
prit, avec le temps, une excellente organisation ;
elle avait ses chefs, ses directeurs, ses règlements,
ses pratiques de piété, ses exercices de zèle et ses
lieux de réunion. Elle recueillait les aumônes ; un
trésorier intègre en devenait responsable ; puis, les
religieux allaient en verser une partie dans les coffres des musulmans, tandis que l'autre partie était
destinée à permettre aux chrétiens rachetés d'arriver
en quelque maison de l'ordre des Trinitaires, ou dans
les logements mêmes qui appartenaient à la confrérie, et qui avaient été affectés à cette destination.
De là, après un repos nécessaire, les captifs, en
santé, se retiraient dans leur pays, et les autres,
malades ou infirmes, continuaient d'être soignés
dans les hôpitaux de l'Ordre. Au reste, cette confrérie de la Très-Sainte-Trinité n'avait pas seule-

le même titre et pour la même fin, plusieurs autres confréries
qui existent encore, non loin de la ville, et, entre autres lieux,
à Saint-Jullien et à Saint-Louis (diocèse de Marseille), aux
Pennes, à Gardanne, à Fuveaux (diocèse d'Aix), à Signes (diocèse de Fréjus), etc. Il existe ailleurs aussi des confréries de
Pénitents de la Très-Sainte Trinité, notamment à Faucon, patrie du saint. On nous a même assuré qu'il s'en trouve plusieurs encore dans des villes et villages de Piémont.

ment pour but de venir au secours des religieux rédempteurs et des captifs en leur procurant des ressources pécuniaires, elle devait aussi les assister par des prières et contribuer à la glorification du plus auguste de nos mystères.

Saint Jean de Matha avait toujours eu envers la très-sainte Trinité une dévotion toute spéciale qu'il tâcha d'imprimer à son Ordre et à tout le peuple chrétien. Bien souvent, il avait publié hautement, du haut des chaires, à Rome et ailleurs, la nécessité d'une foi vive et inébranlable en cette incompréhensible vérité d'un Dieu en trois personnes. Il avait procuré, par de constants efforts, que cet ineffable mystère reçût les hommages et les adorations de toute créature raisonnable. Mais, comme il s'était aperçu que les hérétiques de son temps, en détruisant les sacrements, arrivaient, par une conséquence naturelle, jusqu'à dérober à l'adorable Trinité la gloire qui lui est due, il voulut, pour opposer à un si grand mal un remède efficace et permanent, instituer une adoration perpétuelle de ce sublime mystère, et faire ainsi exécuter, par les fidèles sur la terre, ce que les anges et les saints font dans le ciel. Et, comme ces purs esprits n'ont d'autre occupation, au sein de la gloire, que de publier les grandeurs de Dieu et de dire sans interruption le trisagion mystérieux : « Saint, saint, saint est le Seigneur, le Dieu des armées, » de même il institua dans l'Église une

association qui, unie aux religieux de son Ordre,
eut pour principal emploi d'adorer les trois personnes divines, et de leur rendre des hommages
continuels. Les membres de cette confrérie se dis-
tribuaient tour à tour, un des jours de la semaine,
pour le consacrer tout entier à la gloire de la très-
sainte Trinité, de manière à ce qu'il n'y eût, dans
l'année, aucun jour, aucun moment où elle cessât
d'être honorée et glorifiée.

Pour rendre cette dévotion plus solide et plus au-
torisée, le saint en obtint une ample confirmation
du pape Innocent III. Le pieux pontife dut admirer
beaucoup le zèle ardent de ce grand serviteur de
Dieu, qui n'avait de pensées, de désirs et de vie,
pour ainsi dire, que pour travailler à l'exaltation
et au triomphe de notre sainte foi. Cette dévotion a
été jugée si utile et si salutaire dans l'Église que
les souverains Pontifes l'ont toujours soutenue et
favorisée. Le pape Innocent XI, pour lui donner
plus d'éclat, a accordé aux personnes qui la prati-
queraient de nouvelles indulgences et de bien précieux priviléges, que rapporte en détail le P. Joseph
Duxio, Trinitaire réformé de France, dans le recueil
qu'il a fait des faveurs spirituelles de l'Ordre.

Les saints sont ingénieux pour procurer la gloire
de Dieu. Comme il est infiniment adorable, ils dési-
reraient pouvoir lui rendre des hommages et des
adorations infinies. Ils voudraient avoir plusieurs
bouches pour le louer et plusieurs cœurs pour l'ai-

mer, et ils essaient de suppléer à leur impuissance par des artifices que le zèle leur inspire. Ils forment dans l'Église de saintes sociétés qui, n'ayant d'autre but que de louer et de faire louer sans cesse la divine majesté, ne se distinguent du reste des fidèles que par une profession publique de la piété dont elles veulent inspirer le goût et la pratique à tout le monde. Tel est l'admirable secret que les saints ont trouvé pour se multiplier et porter partout le nom et la gloire de Dieu.

C'est ce qu'avait fait saint Jean de Matha, pour contenter l'immense désir qu'il avait de voir partout le premier et le plus adorable de nos mystères dignement honoré. Nous allons le voir employer le même moyen pour satisfaire son amour et payer sa dette de reconnaissance envers la divine Marie. Nous n'avons pas besoin de dire qu'il honorait cette tendre Mère d'un culte tout filial d'amour et de dévouement. Tous les grands saints ont été de fervents serviteurs de Marie, parce que tous ont reconnu que les grâces de Dieu qui ont opéré leur sanctification, leur venaient par ses mains bénies. Mais saint Jean de Matha, plus que tout autre, se sentait redevable à cette Reine des anges. Aussi voulut-il, pour lui en témoigner une reconnaissance éternelle, publier partout ses bontés et ses grandeurs, et la faire honorer dans son Ordre d'une manière toute spéciale.

Marie, nous l'avons vu, avait daigné prendre une large part à la fondation de l'Ordre de la très-

sainte Trinité. Ce fut elle qui en donna les premières annonces à la mère de saint Jean de Matha, en l'assurant, pendant sa grossesse, que l'enfant qu'elle portait dans son sein participerait à
l'office du divin Rédempteur, et qu'il serait le père
et le chef d'un grand nombre de religieux voués
au soulagement de leurs frères. Bien plus, elle s'é-
tait faite, en quelque sorte, rédemptrice elle-même,
en fournissant au zélé fondateur des sommes importantes non-seulement à Tunis, à Valence, mais encore ailleurs, pour lui faciliter des rachats, qu'il
n'aurait point pu accomplir par ses seules ressources. Notre saint voulut donc assurer à ses enfants la continuation d'une protection si bienveillante et si puissante auprès de Dieu, c'est pourquoi
il établit, dans son Ordre, envers l'auguste Marie,
une dévotion que ses successeurs, et surtout Guillaume l'Écossais propagèrent, avec la plus louable
ardeur, sous le nom de Notre-Dame du Bon-Remède.

Cette dévotion qui avait pris naissance dans l'Ordre de la très-sainte Trinité ne tarda pas à se répandre dans toute l'Église, par la raison, sans doute,
que le peuple chrétien comprit bientôt combien ce
titre, si honorable pour Marie, est approprié à la
nature des fonctions que cette bonne Mère remplit
auprès de nous. N'est-ce pas elle, en effet, qui a
apporté aux hommes le souverain Remède dans la
personne du Sauveur? N'est-ce pas elle encore, qui
leur présente sans cesse les remèdes nécessaires au

salut? Or, en se répandant parmi les fidèles, cette dévotion donna lieu à une nouvelle confrérie qui s'établit bientôt dans toutes les villes où les religieux Trinitaires avaient des maisons, et même ailleurs. Sans avoir le même but que la confrérie de la très-sainte Trinité, elle s'occupait, néanmoins aussi, du sort des esclaves, et adressait pour eux des prières réglées à Notre-Dame du Bon-Remède.

Ces deux pieuses sociétés se complétaient en quelque sorte l'une par l'autre, et se prêtaient un mutuel appui. C'est pourquoi le pape Paul V crut devoir les réunir sans leur ôter, toutefois, leur spécialité, et accorder à l'une toutes les faveurs spirituelles que l'Église avait accordées ou devait encore accorder à l'autre. Il en résulta une seule association, désignée sous le nom unique de Confrérie de la très-sainte Trinité et de Notre-Dame du Bon-Remède. Les membres qui la composent portent sur eux, comme signe de ralliement et d'affiliation à l'Ordre, le petit habit ou Scapulaire de la très-sainte Trinité.

Au nombre des personnes qui y ont été reçues, on compte des papes, des cardinaux, des évêques, des rois et d'autres grands personnages, auxquels l'Église a accordé les honneurs des saints. Quelques auteurs assurent que les rois de France, Philippe-Auguste et saint Louis, et le roi de Castille, Alphonse VIII, étaient membres de la pieuse confrérie dont nous parlons, et qu'ils portaient le Scapulaire de la sainte Trinité. Dans ces derniers temps, il a plu au Seigneur d'illustrer ce Scapulaire par la vie toute sainte de deux femmes qui en étaient revêtues [1].

[1] La première, Élisabeth Canori-Mora, née à Rome le 21 novembre 1774, y est décédée le 5 février 1825. Le Seigneur, toujours admirable dans ses voies, avait voulu que sa fidèle servante fût engagée dans le mariage ; mais elle se conserva toujours dans une grande innocence de vie, et Dieu la conduisit à cette haute et solide perfection qui semble n'être réservée que pour les cloîtres les plus austères. Plus admirable encore fut la vie de la vénérable Anna-Maria Taïgi, née à Sienne, dans la Toscane, le 29 mai 1767, et décédée à Rome le 9 juin 1837. Mariée dès l'an 1790, elle mena encore quelque temps une vie mondaine et dissipée, toutefois, sans manquer jamais gravement à ses obligations ; mais, fidèle à la voix de Dieu, elle entra bientôt et pour toujours dans les voies du repentir et de la pénitence. Il lui fut donné de lire, à la faveur d'un privilége jusque-là inouï, dans le livre des décrets de la Providence, et l'instrument de cette merveilleuse communication fut un soleil qui brilla sans cesse à côté d'elle, depuis sa conversion jusqu'à sa mort, c'est-à-dire pendant quarante-neuf ans. Elle y voyait les événements les plus éloignés, soit dans le temps, soit dans l'espace, elle y pénétrait même jusqu'au fond des consciences. On a sur ce fait si étonnant et sur la sainteté de vie d'Anna-Maria Taïgi, les preuves les plus convaincantes. Aussi, s'est-on déjà occupé de sa béatification. Son corps repose dans la basilique de la maison mère de notre saint ordre à Rome. Celui d'Élisabeth Canori-Mora a été également déposé dans une autre église de nos Pères à Rome.

LIVRE QUATRIÈME.

━━━◇◇◇━━━

I

Vertus théologales de saint Jean de Matha ; sa Foi, son
Espérance, sa Charité pour Dieu.

Jusqu'ici nous avons considéré principalement,
dans notre saint, les opérations de la grâce et des
dons de Dieu au dehors de lui-même par les communications et les épanchements qu'il en a faits sur
le prochain. Il est bon, maintenant, d'en rechercher
le principe et d'en admirer la plénitude au dedans
de son cœur.

L'édifice de la sainteté ressemble aux palais
des grands ; on est saisi d'admiration au premier aspect. Cette disposition régulière de l'exté-

---

[1] Les personnes qui veulent faire une neuvaine en l'honneur
de saint Jean de Matha, pour se préparer à sa fête, ou en d'autres temps, peuvent prendre des sujets de lecture et de méditation dans ces chapitres, qui traitent des vertus du saint ; puis
réciter chaque jour de cette neuvaine, les litanies et l'oraison
du saint, que nous donnons à la fin du volume.

rieur frappe nos regards. On voit bien que ce ne peut être que la demeure d'un favori de la fortune ; mais quand on en vient à considérer de près, et en détail, tant de superbes galeries intérieures, tous ces lambris dorés, puis la richesse de l'ameublement, on ne peut que s'écrier, dans le comble de son admiration, que tout ce qu'on s'était figuré de la magnificence et du bon goût de ce somptueux séjour est bien au-dessous de ce qu'on a sous les yeux. Tel est le sentiment qu'on éprouve lorsque, après avoir entendu le récit des merveilles opérées par notre illustre saint, on considère de près les dons et les vertus qui en furent la source.

Entre toutes les vertus qui forment ici-bas le glorieux cortége de l'âme chrétienne, les trois que nous nommons théologales, la Foi, l'Espérance et la Charité, viennent sans doute en première ligne. C'est en elles que se trouve le principe de notre vie surnaturelle. Car, de même que l'homme devient heureux, selon la nature, par le légitime exercice de son intelligence, de sa mémoire et de sa volonté, ainsi l'on peut dire que ce n'est que par la pratique des vertus susnommées qu'on s'élève, d'une manière admirable, à la perfection surnaturelle. Mais, parmi elles, la Foi tient encore le premier rang, parce qu'elle est la base solide de toutes les opérations de la grâce dans nos âmes. C'est elle qui nous découvre les plus hauts mystères et nous fait entrer dans les plus intimes communications avec Dieu.

La Foi brilla dans saint Jean de Matha avec tant de force et d'éclat qu'on peut bien dire qu'il fut une de ces âmes privilégiées dont saint Paul nous assure qu'elles vivent et subsistent de cette vertu. La Foi régna toujours en souveraine sur tous les mouvements de son cœur. Il la conserva toujours intacte dans son esprit, ayant grand soin, d'ailleurs, de l'alimenter constamment par la prière, et de la défendre contre toute atteinte. Une des plus grandes grâces dont il se sentait redevable à la bonté divine, c'était d'être né enfant de l'Église et d'avoir été éclairé des rayons de la Foi, et il ne pouvait assez bénir le Seigneur, sur le déclin de sa vie, de ce qu'ayant été obligé tant de fois, par la nature de ses fonctions, de traiter avec des infidèles et des chrétiens peu fermes dans leurs convictions, jamais aucune de leurs erreurs n'avait laissé le plus léger doute, ni fait la moindre impression dans son esprit. La facilité qu'il avait à expliquer et à rendre familiers les plus hauts mystères et la grâce qu'il avait reçue pour les insinuer dans les esprits, font voir combien il était solidement établi dans la Foi. C'était la force de cette vertu qui lui avait fait sentir dès l'enfance l'appel du Seigneur à une vie plus parfaite. C'était elle qui l'avait fait renoncer dès lors à tous les plaisirs et même aux satisfactions les plus simples et les plus innocentes qu'il aurait pu goûter, en abondance et sans amertume, dans le manoir paternel. C'était elle encore qui lui avait fait entre-

prendre tant de périlleux voyages et supporter tant
de fatigues pour la conversion des infidèles, ou pour
la persévérance des captifs chrétiens dont le salut
éternel courait de si graves dangers. La multitude
innombrable de ceux qu'il a rachetés lui-même, ou
dont il a brisé les fers par les mains de ses enfants,
formera donc, aux yeux de la postérité, comme un
magnifique trophée de l'ardeur de son zèle et de la
solidité de sa foi. Aussi, quels encouragements ne
donnait-il point aux âmes qu'il avait sous sa conduite, pour leur apprendre à résister victorieusement aux tentations contraires à cette divine vertu?
Il voulait qu'elle fût le seul mobile de toutes leurs
actions, quelque fréquentes que fussent d'ailleurs
les ténèbres et les aridités qu'elles éprouveraient
dans la pratique du bien. En un mot, ce fut la Foi
qui, produisant dans son âme tant de renoncements
aux mouvements des sens, crucifia son corps par
l'abnégation complète de sa volonté jusqu'à son dernier jour.

Plus la Foi est vive dans une âme, plus l'Espérance
y devient ferme et généreuse, parce que l'entende-
ment, voyant, dans la lumière d'en haut, la toute-
puissance et l'amour infini de Dieu pour nous, la
volonté se trouve comme naturellement portée à demeurer, avec une paix profonde, abandonnée entre
les bras et sur le cœur d'un Père si bon et si puissant. D'après cela, l'Espérance de notre saint ne
pouvait qu'être éminente et revêtir les caractères

de l'héroïsme le plus admirable. Il savait combien Dieu est fidèle dans ses promesses, et c'est ce qui l'établissait dans une confiance inaltérable en la divine Providence et dans l'attente des biens immuables de l'autre vie. Il disait souvent qu'il faut perdre la vie plutôt que l'espérance et la confiance en Dieu. C'était cette même vertu qui le fit tant de fois demeurer paisible au milieu des plus fâcheux accidents. Qu'on se rappelle la tranquillité d'âme avec laquelle il supporta, lors de sa dernière rédemption à Tunis, les plus mauvais traitements de la part des infidèles. Ils le chargent de coups ; ses religieux exaspérés le relèvent couvert de blessures, mais il est le premier à faire entendre des paroles de paix et de pardon, puis il leur sourit d'une manière ineffable en leur montrant le ciel. Il ne pouvait se persuader que celui qui croit à la Providence de Dieu ose jamais douter de l'heureuse issue de tout ce que le Seigneur opère à son égard. Quels que fussent les événements qu'il avait à traverser, il comptait toujours sur un succès final, parce que, s'attachant uniquement à vouloir et à rechercher l'exécution de la volonté de Dieu, il tenait pour assuré qu'elle s'accomplirait d'une façon ou d'autre, malgré les obstacles et les apparences contraires. Enfin c'est l'Espérance chrétienne qui a constamment inspiré son courage, et soutenu sa générosité et son dévouement. C'est elle qui, lui mettant dans l'esprit un souverain mépris pour les biens et les satisfactions de la terre, tourna de bonne heure tous les désirs et toutes les aspirations de son cœur vers la bienheureuse patrie.

Que dirons-nous maintenant de l'ardente Charité de notre saint? La Foi nous montre notre fin dernière qui est Dieu, l'Espérance nous y fait tendre constamment et la Charité nous y unit. Or, cette union si douce de l'âme avec son Dieu, saint Jean de Matha l'avait connue et savourée, dès ses plus tendres années. C'est ce qui lui fit concevoir, si jeune encore, le dessein de se consacrer au service de Dieu et au soulagement de ceux qu'il aimait uniquement en Dieu. Oui, la charité qui tient le plus haut rang entre toutes les vertus, *major autem horum charitas*, la charité le tenait aussi dans l'âme de notre illustre fondateur, et son cœur était tellement disposé à l'exercice du saint amour qu'il ne respirait et n'aspirait qu'en lui et pour lui. Sa volonté était comme anéantie dans la volonté divine, et, certes, il l'a montré dans toutes les circonstances de sa vie. Une des meilleures preuves que l'on puisse donner d'un amour fort et constant, c'est de trouver ses délices dans les contradictions et les souffrances endurées pour plaire à l'objet aimé. Or, c'est là précisément ce qu'éprouva notre saint, dans les nombreuses contrariétés qu'il dut subir pour l'exercice de sa difficile mission. Il pouvait bien dire avec saint Paul qu'il éprouvait une joie, un contentement inexprimables au milieu de ses tribulations.

Son cœur, toujours attaché à Dieu, était devenu également indifférent à la santé ou à la maladie, à la joie ou à la tristesse ; et cela, parce qu'il trouvait partout le bon plaisir divin, mais, sachant, d'ailleurs, que là où il y a moins de notre volonté, il y a plus de celle de Dieu, il préférait encore les humiliations et les contrariétés, dans la crainte que le succès et l'approbation des hommes ne vinssent à lui ravir l'estime et le cœur de son bien-aimé. Une autre preuve sans réplique du céleste amour dans un cœur, c'est le zèle pour les intérêts de la majesté divine, car, si on aime réellement Dieu, comment ne pas désirer que ce Dieu si bon soit connu, aimé et glorifié, autant qu'il le mérite ? Comment, dès lors, ne pas être pénétré de douleur, en le voyant offensé et méconnu ? Voilà donc le secret de cette continuelle activité que nous avons vue et admirée dans la vie de notre saint. Il avait reçu dans son cœur une étincelle de ce feu descendu du ciel, et il ne pouvait avoir de repos qu'il n'eût communiqué à toutes les créatures les flammes du divin amour.

II

Charité ardente de notre saint pour le prochain. — Caractère
distinctif de son ordre.

Notre sainte religion nous fait voir des enfants de
Dieu dans nos semblables, enfants d'autant plus
chéris de leur Père céleste qu'il sont ici-bas plus
malheureux, plus délaissés. Comment, dès lors, ne
pas voler à leur secours, si nous avons réellement
dans le cœur un peu de cet amour qui doit nous
lier à Dieu? Ces deux affections sont inséparables;
l'une ne va point sans l'autre. Aussi les annales
de l'Église nous montrent - elles dans tous les
siècles les vrais serviteurs de Dieu, brûlant de zèle
pour le soulagement et le salut du prochain. Ils ont
souvent poussé ce sentiment et cette pratique de la
charité envers leurs frères jusqu'à un véritable héroïsme, et c'est précisément ce qui arriva à notre
saint.

Non content d'employer, au service de Dieu et
des hommes tout son être, son esprit, son corps, ses
forces, ses talents, il vécut dans un perpétuel désir
de se multiplier et de se survivre dans le plus grand
nombre possible de saints religieux, afin de procurer la gloire de Dieu et le salut de ses frères d'une

manière plus étendue et plus durable. C'est ce qui le porta à fonder son ordre et à travailler toute sa vie à le répandre, au prix de fatigues inouïes. Son œuvre fut réellement la réalisation des sentiments d'ardente charité qui embrasaient son cœur. A l'exemple du Sauveur, il se dévoua aux souffrances et à la mort même pour la rédemption des hommes. Pouvait-il bien leur donner une plus grande preuve de son affection pour eux? Il s'apitoyait certainement sur le sort de tous les malheureux, mais son attrait et l'impulsion de la grâce l'avaient porté de préférence vers ces infortunés qui gémissaient dans les cachots de la barbarie, pour leur appliquer à tous le bienfait de la rédemption, et c'est ce qui donne à son œuvre un cachet particulier, c'est ce qui assure à son institut un rang distingué parmi tous les ordres approuvés dans la sainte Église. Car, puisque, selon le sentiment des théologiens, la perfection du christianisme consiste dans la charité, n'est-il pas vrai qu'un ordre sera d'autant plus parfait que la charité s'y exerce d'une manière plus admirable? Et comment arriver à ce point si ce n'est en suivant de près les traces du divin Rédempteur des âmes, c'est-à-dire, en donnant comme lui sa vie pour le salut de ses frères, en les rachetant au prix de sa propre liberté et de son sang? Aussi, avons-nous vu que l'illustre pontife Innocent III, très-juste appréciateur du mérite de notre saint et de l'importance de son œuvre, n'hésita point à donner à celle-ci un nom qui rappelât le sacrifice même du Sauveur, en l'appelant l'*Ordre de la très-sainte Trinité pour la Rédemption*. Par le fait, un grand nombre de religieux trinitaires ont eu le bonheur, que tous ambitionnaient d'ailleurs, parmi eux, de perdre la vie dans les fatigues du rachat où sous les coups des féroces musulmans. D'autres, à bout de ressources, ont pu échanger leur liberté contre les fers des esclaves et sont morts au fond des cachots. L'histoire n'a point enregistré tous ces sublimes dévouements, et les annalistes de l'ordre se sont montrés peut-être trop peu soucieux de les transmettre à l'admiration et aux louanges de la postérité, mais Dieu et ses anges en ont tenu un compte fidèle.

Quant au saint fondateur, digne père de cette phalange des apôtres de la charité, on peut dire en toute assurance qu'il suppléa à cette effusion de son sang par la véhémence de ses désirs pour les souffrances et par l'immensité de ses travaux pour le salut du prochain. Ce ne fut point la volonté qui lui manqua pour endurer le martyre, mais seulement l'occasion de le souffrir. Son zèle ressemblait à celui de saint Paul qui, par un désir véhément de ramener à Dieu tous les pécheurs, souhaitait d'être anathème pour ses frères, et de s'immoler à la justice de Dieu pour satisfaire à tous ses droits, et aux peines que méritaient les crimes d'autrui. Combien de fois n'a-t-on pas entendu notre saint dire ces paroles qui expriment assez l'ardeur et l'étendue de sa charité : « Si Dieu m'ouvrait le ciel pour me faire jouir, dès ce moment, et pour toujours, du souverain bonheur, et que néanmoins il me fît connaître que le salut d'une seule âme dépend encore de mes soins, je préférerais mille fois le salut de cette âme infortunée à la certitude de ma félicité présente, et je prierais Dieu de surseoir à mon bonheur jusqu'à ce que j'eusse tiré cette âme du péril, lors même que la préférence que je donnerais à son salut, me réduirait moi-même à une nouvelle incertitude sur ma destinée future. A l'exemple de ce béni Sauveur, je renoncerais bien volontiers, pour l'amour du prochain, à la jouissance immédiate du paradis, et, sachant, d'ailleurs, combien les âmes lui sont chères et précieuses, puisqu'il a daigné lui-même quitter le souverain bonheur pour venir les chercher dans leur profonde misère, je donnerais volontiers tous mes soins et mes peines à celle qui me serait confiée. »

On ne peut aller plus loin, en fait de charité, et Dieu lui-même ne peut attendre davantage d'un homme qui immole sa vie pour celle de ses frères et qui préfère leur bonheur éternel au sien propre. Or, ce zèle ardent qui consumait son cœur, cet empressement qu'il avait toujours mis à secourir le prochain, saint Jean de Matha n'oubliait point de le produire et de l'entretenir dans ses disciples par de véhémentes exhortations : « Mes enfants, leur disait-il souvent, souvenez-vous bien que ce fut la charité sans mesure du Fils de Dieu qui le tira du sein de son Père éternel pour le renfermer dans celui de sa sainte Mère. C'est la charité qui l'a fait sortir de ses grandeurs, pour nous tirer de la servitude ; si donc nous sommes ses disciples et ses coopérateurs, il faut que nous entrions dans ses pensées et que, comme il s'est fait esclave pour nous donner la liberté, nous renoncions nous-mêmes, volontiers à notre liberté pour arracher nos frères à la honte et aux dangers de la servitude. »

C'était là, pour ainsi dire, le thème et le sujet de tous ses discours surtout pendant ses dernières années. Ce mot de charité était aussi souvent dans sa bouche qu'il avait été jadis sur les lèvres de saint Jean l'évangéliste, et, s'il arrivait à ses disciples, comme autrefois à ceux de l'apôtre, de lui faire une plainte amoureuse de ce qu'il ne leur parlait plus que de cette vertu, il leur faisait aussi la même réponse : « Que la charité est la reine des vertus et l'accomplissement parfait de la loi, et que celui qui a le bonheur de la posséder, possède tout, puisqu'il a dans son cœur Dieu lui-même. »

Avant de clore ici ce que nous avions à dire de l'ardente charité de notre saint fondateur, mentionnons encore une devise qui lui était familière, et qui exprime, en deux mots, tous ses sentiments à cet égard. Il disait souvent : « Ne pourrai-je donc point me vendre pour racheter quelque captif? » Et, certes, ce n'était point là chez lui l'expression d'une ferveur passagère, car nous avons vu que, dès qu'il en eut l'occasion à Tunis, il fit des instances pour prendre la place des prisonniers qu'il ne pouvait racheter. Plus tard, lorsque ses forces épuisées ne purent plus répondre à l'ardeur de son courage, la seule pensée des malheureux qu'il avait laissés dans les fers tirait de ses yeux d'abondantes larmes, et de son cœur mille soupirs enflammés ; il redisait alors avec tristesse : « Hélas ! que n'ai-je pu me vendre et expirer dans le fond de quelque cachot ! » Paroles sublimes qui résument admirablement toute sa vie !

III

Profonde humilité de notre saint. — Sa crainte de Dieu.

Cette vertu d'humilité, qui est proprement un sentiment profond et éclairé de notre propre misère, se trouva à un haut degré dans saint Jean de Matha. Il fut assurément très-pauvre d'esprit dans le sens de l'Évangile, et on pourrait le déduire, à défaut de toute autre preuve, de l'éminence et des effets merveilleux de la grâce en lui, conformément à cette parole des livres saints que Dieu résiste aux superbes mais qu'il donne sa grâce avec abondance aux humbles et aux petits. En d'autres termes, il comble de ses dons ceux qui sont vides d'eux-mêmes.

Nous avons vu notre saint élevé bien haut dans les faveurs divines ; nous pouvions donc conclure, avec assurance, que son anéantissement devant Dieu était sincère et profond : c'est, au reste, ce que confirme tout le cours de sa vie. Nous savons les efforts qu'il fit pour refuser le grade de docteur, et les prérogatives qui y étaient attachées, les craintes excessives qu'il manifesta, avant de recevoir le sacerdoce, dont il se jugeait indigne ; puis, le refus qu'il fit constamment à Innocent III d'accepter la pourpre romaine, dont ce grand Pape voulait honorer ses mérites et récompenser les services éclatants qu'il avait rendus à la sainte Église. Il nous est rapporté, en outre, que lorsque le Pontife l'eut déclaré supérieur général de son ordre, il voulut n'être désigné par ses frères que sous le nom de ministre, pour leur bien faire entendre, ainsi que le disait le Sauveur lui-même à ses apôtres, qu'il ne se regardait parmi eux et ne voulait être considéré par eux que comme le dernier de tous, comme celui qui venait les servir bien plutôt que les commander en maître. Tels étaient donc les humbles sentiments de son cœur. Il mettait, à se cacher et à demeurer ignoré, le même soin que d'autres emploient à se produire et à s'attirer des louanges. On peut même dire que plus il recevait de Dieu des faveurs célestes, plus il devenait petit et vil à ses propres yeux. Il s'humiliait et se défiait davantage de lui-même à mesure qu'il opérait de plus éclatants prodiges, car il appréhendait que ces actions qui ont tant de retentissement ne portassent quelques ténèbres dans son esprit, et que, la complaisance se glissant dans son âme, il n'en vînt insensiblement à s'éloigner de Dieu.

Telle était la crainte constante de notre saint. Il savait, au reste, que la grâce des miracles est plus avantageuse à ceux en faveur desquels ils s'opèrent qu'à ceux qui les produisent ; que cette grâce ne sanctifie pas son sujet, quoique souvent elle en suppose la sainteté, et qu'elle en soit comme la récompense. Il savait qu'il s'est trouvé des réprouvés qui ont fait des miracles ; que Judas, qui s'est fait admirer par de semblables prodiges, est devenu la victime infortunée du démon, dont il avait triomphé, et que les autres disciples, après avoir commandé à ces esprits immondes et les avoir chassés du corps des possédés, ne laissèrent pas de commettre encore quelques fautes légères, par la satisfaction secrète que leur avait causé ce pouvoir. Toutes ces considérations jetaient dans une grande frayeur l'âme du grand serviteur de Dieu. Aussi demandait-il instamment au Seigneur de lui retirer ces dons éclatants ou de le confirmer dans sa grâce.

Nous sommes étonnés peut-être de cette frayeur de notre saint, mais remarquons que c'est le propre des grandes âmes de recevoir les faveurs du ciel avec autant de modestie que de crainte, car plus elles sont élevées, plus elles voient à côté d'elles des précipices affreux. Comme les hautes montagnes sont exposées aux plus violents orages, ainsi les éminentes vertus sont combattues, pour l'ordinaire, par l'orgueil le plus subtil et le plus fin. Les anges rebelles, enflés de leurs perfections, furent privés, en un instant, de tous leurs avantages, en perdant la connaissance de leur être ; et les âmes qui se prévalent trop des dons du ciel qu'elles croient être la juste récompense de leurs mérites, les perdent tout à coup, en s'évanouissant dans leurs pensées. Les faveurs de Dieu ne se conservent que par la pratique des vertus qui les ont attirées. Elles ne résident que dans les âmes qui s'en estiment indignes par la connaissance qu'elles ont de leur néant. Saint Pierre ne reçut l'emploi éminent qui l'éleva au-dessus des autres hommes qu'après s'être prosterné aux pieds du Fils de Dieu pour le prier de s'éloigner de lui, parce qu'il ne pouvait soutenir sa présence et sa sainteté, dont ses fautes l'avaient rendu indigne. L'aveu si humble qu'il fit de ses faiblesses, lui mérita son pardon et il ne conserva l'amitié de son Dieu que par le peu d'estime qu'il eut toujours de lui-même, dans toutes les positions où l'éleva sa primauté.

On tient pour certain, sans doute, sur l'aveu que saint Jean de Matha a dû en faire lui-même, que le grand Apôtre lui apparut plusieurs fois, mais surtout au moment où il dut recevoir à Paris le bonnet de docteur, après ses brillantes études de théologie.

Saint Pierre, pour vaincre les hésitations de son humilité, lui aurait marqué que c'était là la volonté expresse du ciel ; il lui aurait enseigné comment on peut concilier l'exercice des faveurs célestes avec la sainte humilité et dès lors, nous ne devons plus être étonnés de voir notre illustre fondateur donner des exemples si rares de cette vertu, puisqu'il aurait eu pour maître et précepteur, celui-là même que son humilité a rendu le premier Vicaire du Sauveur anéanti jusqu'à la mort de la croix.

Parlons, maintenant, d'une autre vertu de saint Jean de Matha, produite dans son cœur par ce profond sentiment d'humilité que nous venons d'admirer en lui, je veux dire la crainte de Dieu, non cette crainte servile qui tend à nous éloigner du souverain bien par l'idée exagérée qu'elle nous donne de sa suprême justice ; mais, celle dont le psalmiste nous dit *qu'elle est le commencement de la sagesse,* parce qu'en nous faisant connaître, d'un côté, l'abîme de notre néant, elle nous montre, d'autre part, l'immensité de la miséricorde de Dieu, et nous porte à nous jeter entre les bras de ce Père toujours infiniment aimable. La crainte et l'amour partagent également le cœur des saints. Bien loin de s'exclure ces deux sentiments se produisent mutuellement l'un l'autre. L'amour naît de la crainte et la crainte procède de l'amour. Dès que l'âme fidèle a le bonheur de connaître son Dieu, elle s'en forme des idées si hautes que, ne pouvant soutenir la vue de ses grandeurs, elle entre dans une sainte crainte qui lui inspire les sentiments du respect le plus profond et la porte à rendre toute sorte d'hommages à la majesté divine. D'autre part, cependant, cette même lumière qui lui a découvert les grandeurs de son Dieu, lui en découvre tout aussitôt les extrêmes bontés; ses amabilités infinies la ravissent; l'âme revient peu à peu de son étonnement; elle commence à comprendre qu'il lui est permis d'aimer celui que jusque-là elle redoutait, de sorte que sa crainte est réellement couronnée par l'amour. Dans la suite l'âme redoute, plus que toute chose au monde, d'être séparée de l'objet de son affection, et cette crainte fait son salut, en l'obligeant à fuir toute cause de séparation. C'est ainsi que ces deux sentiments s'entr'aident pour tenir l'âme constamment unie à Dieu. Elle le craint, sans que cette crainte intéresse ou diminue en rien son amour. Elle l'aime, sans rien perdre de sa crainte continuelle d'être privée, par sa faute, de sa divine présence et de ses faveurs.

Voilà quels étaient les divers mouvements qui animaient le cœur de notre saint. Il aimait Dieu, mais il craignait que son amour ne fût partagé entre Dieu et le monde. Ces nobles sentiments furent le mobile et le principe de toutes ses actions; il agissait suivant leurs différentes impressions. La crainte de déplaire au Seigneur l'enleva de bonne heure de la maison de son père; les prodiges qui eurent lieu pendant ses études ainsi que les louanges qu'on donnait dès lors à sa vertu, le jetèrent à diverses reprises dans la solitude. Le désir qu'il avait de conserver fidèlement les dons de Dieu, le tenait éloigné de ce monde trompeur dont les maximes sont toujours opposées à celles de Jésus-Christ; mais, d'autre part, la charité qui enflammait son cœur lui faisait voir le péril imminent où étaient tant d'âmes et surtout les chrétiens chargés de fers chez les infidèles, et, dès lors, surmontant toute crainte et s'abandonnant aux élans de son amour qui ne lui donnait point de relâche, il se livra tout entier aux travaux qui avaient pour but le salut du prochain, qu'il préférait mille fois à sa vie et à son propre bonheur, de sorte donc que toute son existence sur la terre a été un mélange et une succession non interrompue de crainte et d'amour.

IV

Esprit d'oraison dans notre saint. — Moyens qu'il prend
pour l'inspirer à ses religieux.

Ce qui contribuait le plus à produire et à alimenter dans le cœur de saint Jean de Matha tant d'éminentes vertus c'était, ainsi que nous avons déjà eu occasion de le dire, son assiduité à l'oraison dans laquelle il avait déjà fait de si notables progrès pendant ses études et qui, dans le reste de sa vie, continua toujours d'être la lumière, la consolation et la joie de son âme. Chaque jour, il donnait plusieurs heures à ce saint exercice et il y consacrait encore souvent une bonne partie de la nuit. Ce qui se passait entre Dieu et son fidèle serviteur, dans ses intimes communications, est un secret que l'humilité du saint nous a dérobé, mais il est assez facile de conjecturer par les effets combien grandes étaient les faveurs qu'il y recevait, car on peut toujours juger avec certitude de la mesure des grâces efficaces départies à un homme par la sainteté de sa vie et de ses œuvres. Dans saint Jean de Matha, d'ailleurs, comme chez tous les grands serviteurs de Dieu, l'oraison n'était pas un simple exercice auquel il consacrait seulement certaines heures du jour et de la nuit; c'était un état habituel de son âme, un besoin continuel de son cœur; il marchait, agissait, travaillait, parlait et faisait, en un mot, toutes ses actions en esprit d'oraison, et c'est ce dont on s'apercevait facilement par l'air de recueillement et d'union avec Dieu qui paraissait toujours sur sa personne.

Or, ce fut cette même pratique d'une oraison non interrompue qu'il tâcha d'inspirer à ses enfants. Il voulait, sans doute, qu'ils fussent dans un exercice continuel de charité puisque c'était là leur vocation spéciale, mais il ne permettait point qu'elle les dérobât à la prière qui doit en être la compagne inséparable et sans laquelle il est difficile que la charité, même la plus louable, ne tombe bientôt dans des excès et de notables défauts. « La vertu, leur disait-il souvent, ne peut se soutenir sans l'oraison ; c'est d'elle qu'elle tire toute sa force et son éclat, et, quelque grande qu'elle paraisse, son feu s'éteint dès qu'il n'est pas nourri par la prière. » Telle était là-dessus la conviction du saint fondateur, et certes, le bel ordre qu'il établit parmi ses religieux, de joindre toujours la prière à tous les autres exercices, montre combien il tenait à ce qu'elle fût l'âme de toutes actions. Il distribua leur temps, il régla leurs occupations de manière à ce que tous les moments qui composaient leurs journées fussent consacrés par de continuelles élévations de leur esprit vers Dieu ; enfin on eût pu dire en toute vérité qu'ils ne vivaient que pour prier, et que la prière était le principe et le soutien de leur existence.

Il leur faisait observer que le cœur du religieux doit être comme un temple vivant où il offre incessamment à Dieu l'encens de ses hommages et le parfum de ses méditations ; que c'est là cet autel mystérieux dont parle l'Écriture ; et que, de même que les prêtres de l'ancienne loi devaient y entretenir un feu perpétuel pour consumer les victimes, ainsi le sacrifice offert à Dieu par l'âme religieuse dans le temple intérieur et invisible de son cœur ne doit point être interrompu.

Telle fut la pieuse habitude que l'illustre patriarche

imposa à ses enfants ; mais il voulut, au reste, qu'ils s'appliquassent, avec un soin égal, à l'oraison mentale et à la prière vocale, afin qu'ils fissent hommage chaque jour à Dieu de leurs lèvres et de leurs sens extérieurs, non moins que de leur esprit et de leur cœur. Ce fut pour cette raison qu'il les obligea, par sa règle, à suivre la louable coutume de l'ordre de Saint-Victor, qui commence à chanter les louanges de Dieu dès le milieu de la nuit, coutume qui nous vient des anciens fidèles, et que la plupart des ordres religieux ont adoptée et conservée avec soin ; car, comme l'Église militante est une image de l'Église triomphante, elle doit faire sur la terre ce que l'autre fait dans le ciel où les anges et les saints sont occupés constamment à chanter les louanges de Dieu ; d'ailleurs, en ce moment-là, la nature se délassant pour ainsi dire de ses travaux, garde un profond silence pour ne point troubler les âmes saintes qui publient les louanges de son auteur ; les occupations du jour ; le bruit du monde qui est tout en mouvement laisse à l'âme trop peu de ce calme qu'il faut pour goûter Dieu. C'est pourquoi le plus pieux et le plus saint de tous les rois prévenait toujours le soleil par le saint exercice de la prière. Il se levait pour louer Dieu avant que le bel astre ne parût pour éclairer la nature, car il craignait que ses rayons, en frappant ses yeux, ne vinssent dissiper son esprit [1].

[1] Ce fut Esdras qui, à la sortie de la captivité de Babylone,

Les fondateurs des divers ordres, qui ont fait revivre cette ancienne coutume des fidèles de la primitive Église, ont donc voulu, en y assujettissant

commença à marquer des heures distinctes pour la prière, et
c'est ce qu'a adopté ensuite l'Église, toujours conduite par le
Saint-Esprit. Elle a distribué l'office canonial en plusieurs
temps, de telle sorte que Matines se disent à minuit, non-seulement parce qu'il est juste d'offrir à Dieu les prémices du jour,
mais encore pour honorer particulièrement cette heure, dans
laquelle la justice et la miséricorde divines se sont également
signalées, l'une par des châtiments, l'autre par des faveurs célestes. En effet, ce fut à cette heure que la justice de Dieu
consuma les villes coupables de Sodome et de Gomorre; à cette
heure que commencèrent les dix plaies d'Égypte et notamment
la dernière, qui fut la plus terrible, en faisant mourir tous les
premiers nés de ce royaume; ce fut à cette heure que l'impie
Sennachérib vit son armée taillée en pièces par l'ange du Seigneur, etc. Mais, si elle doit inspirer aux hommes une souveraine frayeur, tant à cause des prodiges que nous venons de
dire que par ses ténèbres et sa profonde obscurité, cette heure
doit, néanmoins, porter aussi la piété et la reconnaissance dans
l'âme du pieux fidèle qui considère, d'autre part, les effusions
de la miséricorde divine opérées en ce moment solennel. En
effet, ce fut à minuit, selon l'opinion la plus probable, que
s'accomplit l'auguste mystère de l'Incarnation dans le sein de
Marie. Ces prémices du jour, qu'elle donnait à la prière, furent
ainsi consacrées par la présence de l'Esprit divin dans son
cœur. Ce fut à minuit que le fils de Dieu vint au monde, et il
choisit ce moment, le plus calme de la nuit, pour nous marquer la paix qu'il venait rendre à l'homme. Ce fut vers minuit
que le Sauveur endura les plus atroces douleurs de la Passion,
la Sueur de Sang, la Flagellation, etc. Ce fut encore vers minuit qu'eut lieu sa triomphante Résurrection. C'est donc avec
raison que l'Église et ses enfants veulent adorer l'auteur de
tant de prodiges, au moment même où il les a opérés. Les personnes vouées par état à la perfection doivent surtout ne point
négliger de rendre alors à Dieu leurs devoirs de reconnaissance. Ne pourront-elles donc point sacrifier un peu de sommeil et consacrer quelques veilles en l'honneur de celui qui,

leurs enfants, leur faire goûter à loisir les grâces et les communications intimes de Dieu dans la paix du cœur et le repos de l'esprit, et ce fut aussi là le but de saint Jean de Matha qui, donnant l'exemple à ses religieux, se trouvait toujours le premier au chœur et n'en sortait que le dernier; souvent même il y passait en prières des nuits entières. Il ne voulait pas que son corps eût trop de repos; il savait que le démon, qui ne dort jamais, surmonte facilement l'homme qui dort trop. Il répétait souvent à ses religieux la parole du Sauveur que ce n'est que par les veilles et par la prière que nous pouvons surmonter aisément les efforts de nos ennemis.

tant de fois, a passé pour elles des nuits entières en Oraison? Voudraient-elles s'exposer au reproche qui fut fait à saint Pierre, de ce qu'il n'avait pu passer une heure seulement avec son divin Maître, qui souffrait pour lui une agonie mortelle? Les vierges folles perdirent l'occasion de leur bonheur par leur peu de vigilance; le sommeil dont elles se laissèrent vaincre les priva de l'honneur qu'elles espéraient d'assister aux noces de l'Époux; les vierges sages, au contraire, furent introduites lorsque la porte s'ouvrit, c'est-à-dire à minuit; mais elle se referma aussitôt sur celles qui dormaient et qui s'en virent ainsi honteusement exclues. (DILLOUD).

V

Esprit de mortification de notre saint. — Il tâche de l'inspirer
à ses disciples.

La mortification est inséparable de la prière. Elle
en est la fidèle compagne pour ne pas dire la nourrice, puisque, affaiblissant le corps et le réduisant à
cette servitude dont parle saint Paul, elle donne
par là à l'esprit plus de force pour s'élever au-dessus
de cette partie grossière qui l'entraîne par son poids
vers la terre ; il commence alors à agir avec quelque
indépendance de ses organes et comme s'il était
déjà dépouillé de la matière.

Saint Jean de Matha essaya de transmettre à ses
enfants cet esprit de mortification dont il leur avait
donné tant de beaux exemples dans le cours de sa
vie, et qui ne fit que s'accroître encore vers la fin de
ses jours. Il semblait ne plus ressentir les besoins
du corps, il l'avait tellement assujetti à la pénitence
qu'elle lui était devenue comme une seconde nature.
Il était parvenu à un complet détachement de toutes
choses, et rien au monde ne le touchait plus, parce
que son esprit, tout absorbé en Dieu, habitait continuellement dans le céleste séjour. Il ne se servait
de ses yeux que pour s'élever, par la vue des créa-

tures, à la considération des beautés du ciel. Tous ses autres sens étaient soumis à une égale circonspection ; car, comme ils sont les portes de l'âme, et que trop souvent le péché s'introduit en nous par leur entremise, il leur avait interdit toutes celles de leurs fonctions qui n'avaient pas un but surnaturel. Son goût était si mortifié qu'on pouvait bien dire qu'il n'en avait plus ; tout lui était égal en fait d'aliments, et il pensait si peu à prendre quelque nourriture que souvent il lui arrivait de passer des jours entiers, sans faire aucun repas.

On peut donc bien lui appliquer ce qui, plus tard, fut dit de saint Bernard : que la table était son supplice. Il y allait comme à la croix, car il déplorait la condition de l'homme qui, en ce point, n'est ni plus heureuse ni plus élevée que celle des bêtes, puisqu'il est réduit comme elles à cette honteuse nécessité de prendre des aliments pour soutenir ses forces. Il considérait la faim comme une maladie naturelle qui est la peine du péché, et il en souffrait avec plaisir les rigueurs pour satisfaire, autant qu'il lui était possible, à la justice divine. Enfin, il eût volontiers fait succomber, tout d'un coup, son corps sous la privation de toute nourriture, s'il n'eût considéré que Dieu, qui nous commande de le mortifier, nous défend d'en être les meurtriers, afin que nos maux et nos misères, durant plus longtemps, puissent être pour nous l'occasion de mérites plus abondants.

Nous ne pouvons douter que toutes ces rigueurs, que le saint exerçait sur lui-même, n'aient été de puissants motifs pour ses religieux de renoncer à toute délicatesse. Nous savons, par des témoignages dignes de foi, que cet exemple de leur père faisait sur eux de si fortes impressions qu'il se vit obligé plusieurs fois de modérer leur ardeur. Il est vrai qu'il n'oubliait rien pour leur faire comprendre que la mortification devait être leur caractère propre et distinctif, et que la croix qu'ils portaient sur leur poitrine marquait qu'ils devaient être des hommes crucifiés au monde et à ses plaisirs; il ajoutait que leur scapulaire étant revêtu de la croix, ils étaient censés la charger sur leurs épaules en se revêtant de cet habit, et que, comme il leur était défendu de jamais quitter leur costume, de même ils devaient ne jamais se détacher de la croix pour pouvoir mourir heureusement entre ses bras après l'avoir portée saintement sur leur habillement et dans leur cœur.

Les couleurs mystérieuses de leur saint habit lui servaient aussi pour les porter à la mortification, car, bien que la blancheur qui en fait la principale partie signifie proprement l'innocence, il leur faisait voir, d'autre part, que ce n'est que de la mortification que l'innocence tire son lustre et son éclat. Il est dit que les robes des martyrs furent blanchies dans le sang de l'Agneau pour nous apprendre que c'est le sang tiré de nos corps par les austérités de la pénitence qui conserve à l'innocence toute sa blancheur. Il est vrai que l'innocence et la pénitence semblent être, au premier abord, des vertus incompatibles, et qu'on serait tenté de penser que la pénitence suppose toujours la perte de l'innocence dont elle viendrait ainsi réparer les ruines. En un mot, on croirait volontiers que quiconque est innocent n'a rien qui l'oblige à devenir pénitent; mais on se tromperait fort; l'habile maître dont nous parlons se gardait bien de laisser ses disciples dans cette erreur; il leur faisait comprendre qu'on peut faire pénitence pour différents motifs. On fait pénitence par devoir de justice, en vengeant sur soi-même les outrages faits à Dieu, c'est celle des pécheurs qui essaient de satisfaire par des peines volontaires à la justice divine; on fait pénitence par mesure de précaution, c'est-à-dire pour tenir le corps dans la sujétion et empêcher ses révoltes, de même qu'on prévient les maladies par des remèdes et souvent par les diètes, c'est celle des âmes justes qui, désirant s'avancer de plus en plus dans la vertu et y faire de rapides progrès, retranchent non-seulement les choses superflues mais encore se refusent souvent le nécessaire. En outre, on fait pénitence par imitation et par conformité avec Jésus-Christ qui, étant saint par essence et possédant l'innocence comme un droit immuablement attaché à sa nature, n'a pas laissé de souffrir tout ce que les austérités ont de plus pénible. La pénitence n'est donc point opposée à l'innocence, elle en conserve la beauté, et quelque pur que l'on soit, on est toujours obligé de faire pénitence, ne fût-ce que pour marcher sur les traces du Sauveur.

Tel fut le motif de la pénitence de notre Saint. Sa vie avait été un modèle parfait de toutes les vertus, et jamais il ne la souilla par le moindre péché mortel. Il avait même une si grande horreur du péché que la seule apparence de ce qui était mal faisait sur son esprit des impressions terribles. La mort avec tout ce qu'elle a de plus affreux, l'étonnait bien moins que la seule pensée du péché. « Hélas! disait-il souvent, qui pourra comprendre ce que c'est que le péché? *Delicta quis intelligit?* Qui pourra se former une idée exacte de ce monstre d'horreur et d'ingratitude? Si le péché était visible et qu'il se montrât à l'âme avec toutes ses laideurs et sa difformité, notre âme, quoique immortelle de sa nature, souffrirait, en ce moment, des peines infiniment plus grandes que toutes les angoisses de l'agonie. Lorsque Dieu, poursuivait-il, daigna, par une grâce spéciale, m'éclairer de ce rayon de lumière qui me découvrit, non pas toute l'horreur du péché, car jamais je n'aurais pu en soutenir la vue, mais seulement quelque petite ombre du péché, je ne sais point comment je n'expirai pas à l'heure même, tant la chose me parut affreuse. Ah! il ne faut point s'étonner si l'enfer est si redoutable puisqu'il a été fait par le péché et pour le péché. » Telles étaient les pensées de ce saint homme. Elles nous font assez connaître la pureté de sa vie, pureté qu'il conserva par une mortification continuelle et par ce que la pénitence a de plus austère. Tels étaient aussi les conseils qu'il donnait à ses religieux pour les porter à ne point écouter la nature qui, n'étant jamais contente, demande toujours de nouvelles satisfactions et passe insensiblement, si on n'y met obstacle, du nécessaire à la délicatesse et de la délicatesse à la sensualité et à la mollesse. Il voulait qu'ils se retranchassent toutes les superfluités, qu'ils mortifiassent tous leurs goûts déréglés et que, se refusant même souvent le nécessaire, ils conservassent, par une sainte pénitence, la pureté du cœur représentée par la blancheur de leur habit.

VI

Douceur et prudence du saint dans la direction de ses religieux. Hôpitaux.

Les discours de saint Jean de Matha, toujours admirablement soutenus par ses exemples, qui allaient bien au delà de tout ce qu'il pouvait dire, animaient beaucoup ses religieux, et la réflexion qu'il leur faisait faire à toute heure que l'habit qu'ils avaient reçu était venu du ciel, leur était un puissant motif pour ne plus vivre en hommes de la terre. Ils portaient cet habit avec un profond respect et une crainte continuelle de le souiller par des actions peu conformes à la sainteté qu'il réclame de ceux qui ont le bonheur d'en être revêtus. Il est raconté dans l'histoire ancienne que les serviteurs d'Alexandre le Grand et ceux qui avaient l'honneur de l'approcher et d'être de la famille, portaient sur eux l'image de cet illustre personnage pour s'animer à la vertu, et de ne rien faire qui fût indigne de sa gloire. Or, ces nouveaux religieux qui avaient l'avantage de porter un habit dont un ange avait paru revêtu, ne pouvaient que recevoir de très-salutaires impressions de ce souvenir. Aussi, ne pensaient-ils qu'au ciel; rien du monde ne pouvait les attirer; leur corps, qu'ils considéraient comme un ennemi domestique, et dont le poids empêchait leur âme de s'élever vers le ciel, était tenu par eux dans la plus étroite dépendance; mais leur bon Père, très-content de ces heureuses dispositions, se hâta, avec sa douceur ordinaire, de modérer et de régler ces mouvements de ferveur. Il savait le péril où l'excès des mortifications jette quelquefois les âmes, et il n'ignorait pas que celles qui s'y laissent emporter, par un zèle indiscret, surtout au moment de la conversion, tombent souvent ou dans des illusions ou dans des infirmités qui les mettent hors d'état non-seulement de s'acquitter des pratiques de pure dévotion, mais même de remplir leurs devoirs d'obligation.

Voulant donc, tout en satisfaisant cette sainte ardeur pour la pénitence qu'il leur avait lui-même inspirée par son exemple et ses paroles, ne pas épuiser, néanmoins, par des austérités excessives, les forces qui leur étaient nécessaires pour les emplois auxquels ils étaient destinés, et surtout pour l'œuvre si pénible de la Rédemption des captifs, il adopta à leur égard un admirable mélange d'austérités et de douceur, consistant à donner à la nature ce qui lui était rigoureusement nécessaire, et à lui retrancher tout le superflu. Du reste, il avait grand soin de leur apprendre que la mortification du corps ne doit jamais être privée de celle de l'esprit, et que c'est proprement celle-ci qui donne à l'autre toute sa valeur et sa constance. Une certaine ardeur de caractère, un mouvement passager de ferveur peuvent bien nous porter à macérer notre corps, mais les austérités ne dureront point, elles deviendront même pour nous une cause de ruine spirituelle, par la complaisance toute naturelle que nous y trouvons, si elles ne sont accompagnées et comme alimentées par des dispositions analogues de l'esprit. En un mot, nos mortifications et nos souffrances n'ont de valeur réelle que par l'union de notre esprit à Dieu. Privées de cet aliment et de ce soutien, elles ne nous servent de rien. Nous aurons sans doute, dans nos corps souffrants, des victimes, mais non point des victimes agréables à Dieu, parce que le feu du ciel, c'est-à-dire la prière, ne sera point venu les consumer. Telles étaient les réflexions que faisait à ses enfants le saint Fondateur. Enfin, il n'oubliait rien pour empêcher que leur zèle n'allât trop loin ou que cette régularité de vie qui leur avait acquis l'admiration de tous ceux qui en avaient été témoins. ne vînt à se ralentir avec le temps.

Toutefois, ce n'était point assez pour son cœur magnanime de faire des saints de tous ses religieux ; il voulut encore qu'ils servissent puissamment à sanctifier les autres ; car, une âme vraiment touchée de l'amour de Dieu et qui sait qu'elle ne peut l'aimer elle-même autant qu'il est aimable, c'est-à-dire à l'infini, voudrait être maîtresse de tous les cœurs pour lui en consacrer tous les mouvements, toutes les affections, et suppléer par cette offrande à la faiblesse de son amour. Tel était le noble désir de ce saint homme. Son cœur, qui ne soupirait qu'amour de Dieu, tâchait de le faire passer dans tous les autres cœurs, et, après en avoir enflammé celui de ses disciples, il voulait que ses disciples, à leur tour, portassent partout ce feu divin. Il les employait donc les uns à la prédication, les autres à la direction des âmes, et tous, enfin, aux œuvres de la charité, en les envoyant dans les hôpitaux servir les malades. Il en fit même bâtir auprès de ses maisons pour y faire rendre plus facilement à Jésus-Christ, dans ses membres, tout ce que la charité pouvait exiger.

Or, les soins touchants que ses religieux prenaient des pauvres malades, sous sa direction, les eurent bientôt rendus tellement recommandables aux yeux des populations, qu'ils ne tardèrent pas à être appelés dans beaucoup de villes pour y exercer les mêmes offices de charité, et y prendre la direction des hôpitaux qu'on leur confiait ; et c'est ainsi qu'ils se préparaient, par les services qu'ils rendaient aux malades, à en rendre de plus importants encore aux pauvres chrétiens abandonnés à la fureur des Turcs. Ils apprenaient dans l'Europe ce qu'ils devaient faire dans l'Afrique, et, en conversant avec les pauvres dans les Hôtels-Dieu, ils se disposaient à porter plus tard les mêmes paroles de consolation aux fidèles esclaves pour Jésus-Christ dans les cachots de la Barbarie.

Ce fut là une pieuse industrie de notre saint de faire de tous ses établissements de charité comme autant de séminaires pour les religieux de la Rédemption. Souvent, pour stimuler leur zèle et soutenir leur ardeur, il leur disait qu'il saurait bien reconnaître, par le soin et la vigilance qu'ils montreraient dans ces légers offices de charité, s'ils auraient assez de courage pour s'exposer aux mauvais traitements des infidèles et aux fatigues de leur noble mission. Il n'en fallait pas davantage pour allumer un nouveau feu dans l'âme de ces disciples. On les voyait, dans une sainte émulation, disputer à qui rendrait plus de services aux malades, soit à faire leurs lits, soit à panser leurs plaies, à les nourrir, à les instruire des vérités de la foi, soit enfin à les exhorter avec ferveur à supporter leur pauvreté et leurs misères, aussi bien que leurs maladies, avec toute la patience possible, afin de ne pas rendre tant de peines inutiles et sans mérite.

Au reste, pour remplir tous ces emplois avec zèle et avec fruit, ils n'avaient qu'à se régler sur leur bon Père, qui ne leur commandait rien qu'il ne pratiquât lui-même le premier. Il faisait beau voir ce grand homme que l'amitié et la confiance du souverain Pontife avaient honoré des plus hautes faveurs, cet homme que ses immenses travaux pour le bien de l'Église et ses succès dans les négociations les plus importantes avaient rendu infiniment recommandable auprès des plus puissants monarques de la terre, il faisait beau le voir, disons-nous, au chevet des malades, leur rendant tous les devoirs de charité que son tendre amour pour eux pouvait lui inspirer. La foi, qui lui découvrait Jésus-Christ dans les pauvres, les lui faisait traiter avec autant de respect qu'il en aurait eu pour la personne adorable du Sauveur; les plus abandonnés lui représentaient les délaissements de cet Homme-Dieu, et c'était auprès d'eux qu'il trouvait ses plus chères délices, aussi mérita-t-il du ciel une faveur singulière [1].

Un jour il se présenta devant lui un pauvre tout couvert de plaies et qui paraissait plutôt un squelette qu'un homme vivant. Il s'en approcha aussitôt, sans la moindre répugnance, et, tandis qu'il lui lavait les

[1] Dilloud, Ribadeneyra.

pieds, il vit tout à coup ces pieds rayonner d'une
vive lumière, et ce prétendu pauvre, qui n'avait de
la misère que les apparences, se dérober à ses mains
et s'évanouir à ses yeux, tout en répandant dans
son âme tant de douceur, de suavité et d'onction,
que notre saint perdit en un moment l'usage de ses
sens et fut transporté par un subit ravissement au-
dessus de lui-même.

VII

Amour de notre saint pour la pauvreté religieuse.

La pauvreté est la voie du salut, la nourrice de
l'humilité et la racine de la perfection ; les fruits en
sont cachés, mais ils se multiplient par une infinité
de moyens. Les âmes profondément religieuses ont
toujours aimé et pratiqué la pauvreté à la suite du
Sauveur, dont la vie a été un continuel et entier dépouillement de toutes choses. Notre saint, lui aussi,
a marché d'un pas ferme dans cette voie royale. Son
amour pour les pauvres, dont nous venons de donner
des preuves convaincantes, naissait de celui qu'il
avait pour la pauvreté. Il la pratiqua, dès son enfance, autant que sa position le lui permettait. Il fut
toujours ennemi du luxe et de la vanité, modeste
dans ses habitudes et dans toute sa conduite. Enfin,
on peut dire qu'il n'est point de vertu qu'il ait plus

honorée et qu'il ait essayé de faire honorer davantage. Ce fut sur elle qu'il établit son ordre. Il voulut qu'elle en fût le premier fondement, sachant bien qu'il serait inébranlable, tant que la sainte pauvreté y serait observée inviolablement.

Le saint fondateur ne voulut point pour ses couvents de bâtiments superbes, ni rien de tout ce qui aurait eu de l'éclat ; il donna même le modèle des églises, dont il voulut que la structure fût simple et sans trop d'architecture ; mais il tint, d'autre part, à ce qu'elles fussent toujours bien propres et très-décemment tenues. Il ordonna que tous les biens de ses religieux fussent divisés en trois parts, dont les deux premières seraient employées à la décoration des églises, à la nourriture et à l'entretien de ses religieux, ainsi qu'au soulagement des pauvres, tandis que la troisième partie serait exclusivement consacrée au rachat des captifs. Tel fut le bel ordre qu'il établit dans ses monastères pour empêcher que les biens, en s'y accumulant trop, ne vinssent à y introduire le relâchement. Il était ennemi des richesses, parce qu'elles sont ennemies de la vertu, ou que, du moins, elles en rendent la pratique plus pénible. « Il est bien difficile, disait-il, de posséder des richesses et de n'en être pas possédé ; c'est une glue qui arrête l'âme et l'empêche de s'élever vers le ciel ; » et il rapportait, à ce sujet, le trait d'histoire suivant : « Tant qu'Élie conserva son manteau, le chariot qui l'enlevait ne monta pas bien haut ;

mais aussitôt qu'il s'en fut dépouillé pour le jeter à
son disciple, il se perdit dans les nues et se déroba
aux yeux des hommes pour nous apprendre, disait-il
à ses enfants, que la moindre chose que nous rete-
nons de la terre, nous éloigne infiniment de Dieu. »

De plus, notre saint, pour faire comprendre que
la marque certaine de la sainteté d'un monastère
c'est la pauvreté qui s'y pratique, citait la conduite
que tint Naaman de Syrie, quand il eut été guéri de
la lèpre par le prophète Élisée. Ce général avait
voulu, par reconnaissance, faire accepter de riches
présents à Élisée, qui les refusa absolument. Enfin,
touché et extrêmement édifié du grand détachement
de l'homme de Dieu, il demanda comme une grâce
qu'il lui fût au moins permis d'emporter quelques
parcelles de la terre que foulait le prophète, afin
qu'elle lui servît à dresser, dans son pays, un autel
au vrai Dieu, comme étant une terre sainte. « Voilà,
mes enfants, disait alors saint Jean de Matha, les
sentiments qu'a pu faire naître dans un païen le désintéressement du saint homme Élisée, et voilà aussi
ce qui distinguera nos monastères et les rendra
saints aux yeux des peuples. Il faut que la pauvreté
évangélique et religieuse y règne toujours avec
éclat, et, dès lors, ils seront toujours une terre
sainte, séparée du monde qui est sans cesse profané
par les richesses. »

Le saint fondateur voyant, un jour, un de ses religieux qui, peu soucieux de conserver l'esprit de

pauvreté, se donnait certains airs de grandeur, était d'une recherche et d'une propreté affectées dans ses habits et sa chaussure, ne craignit point de le reprendre sévèrement, en présence de tous ses frères, et, après lui avoir fait voir que ce n'est point par toutes ces puérilités qu'un religieux doit se distinguer, mais bien par la sainteté de sa vie et par l'observation inviolable de sa règle, il le fit dépouiller des habits plus fins qu'il portait en ce moment, et lui imposa une pénitence salutaire; puis, emporté d'un saint zèle, il fit sur ce sujet à ses enfants un discours plein de force, dans lequel il montra que le plus grand malheur qui pourrait arriver dans un ordre, ce serait le mépris que feraient ses membres de la simplicité de cœur, et de la pauvreté d'esprit qui sont seules capables de le maintenir dans son éclat. Or, sa parole eut tant d'effet sur les assistants, que les larmes leur venant aux yeux, ils renouvelèrent à l'instant même, entre les mains de leur Père, le vœu de pauvreté qu'ils avaient déjà fait, et le saint, de son côté, pour donner de la crainte à ceux qui, par un aveuglement funeste ou par un honteux relâchement seraient tentés, à l'avenir, de violer en ce point les obligations de leur vœu, prononça contre eux anathème et leur donna sa malédiction, et cette rigoureuse disposition fut plus tard confirmée par l'autorité des souverains Pontifes.

Notons encore ici une autre précaution du saint fondateur, qui fait connaître, de plus en plus, son esprit de pauvreté. Jusque-là c'était une coutume, dans les différents ordres religieux, que les sujets passaient de longues années, et souvent toute leur vie, dans le monastère où ils avaient été reçus et où ils avaient fait profession. Saint Jean de Matha fut le premier qui renonça à cette coutume pour détacher davantage ses religieux de toutes choses et rompre ces petits liens d'affection que l'on contracte ordinairement pour les lieux qu'on a habités pendant quelque temps.

Il imita en cela les patriarches de la Genèse, dont le détachement fut si parfait, qu'ils ne voulaient point de maison sur la terre, se contentant d'habiter sous des tentes ou pavillons qu'on changeait de place fort souvent. Aussi Dieu, pour récompenser cette indifférence vis-à-vis des biens de la terre, les honora-t-il d'une protection toute particulière, en publiant hautement qu'il était leur Dieu *Ego sum Deus Abraham, Deus Isaac et Deus Jacob.* Il est vrai qu'il est le Dieu de tous les hommes, puisqu'il donne à tous la vie et qu'il la leur enlève quand bon lui semble. Toutefois, comme ceux qui usent immodérément des richesses offensent la sainteté de Dieu, et qu'ils arrivent même à ne plus le connaître et à l'abandonner, Dieu, de son côté, est sensé les oublier, les méconnaître comme Père, et ne plus songer à eux que comme juge pour les punir plus tard. Les patriarches, au contraire, et ceux qui les imitent, vidant leur cœur de l'affection aux biens périssables du monde, ne soupirent qu'après la possession du ciel, et le Seigneur aime, dès lors, à se dire leur Dieu, c'est-à-dire l'objet de leur affection ici-bas et leur récompense dans l'éternité.

Ce fut ce même bonheur d'être appelés et d'être réellement les enfants chéris de Dieu, que saint Jean de Matha voulut procurer à ses disciples. Il ne leur donna point de maisons particulières, de maisons de profession, afin qu'ils ne fussent liés d'affection à aucun lieu de la terre, et qu'étant toujours prêts à aller là où l'obéissance les dirigerait, ils eussent l'avantage de pouvoir compter, comme autrefois les patriarches, sur une protection et une affection particulières du Père commun de tous les hommes. Cette disposition de notre saint fut depuis adoptée par les autres fondateurs d'ordre qui vinrent après lui. Saint Dominique, saint François voulurent que leurs enfants n'eussent point de maisons propres, jugeant avec raison que ce détachement était d'une plus grande perfection et d'une insigne conséquence pour conserver parmi eux l'esprit de pauvreté et l'observance régulière.

La bonté de cœur de saint Jean de Matha lui fit cependant apporter à cette rigoureuse pauvreté qu'il exigeait de ses religieux, un tempérament en faveur des malades, auxquels il permit d'user de linge, de matelas et de quelques autres adoucissements prévus dans la constitution ou laissés à la discrétion du ministre de chaque couvent. Mais, tout en se relâ-

chant un peu en faveur des malades, il ne négligea
point toutefois de les exhorter encore à souffrir avec
patience les incommodités de leur position, à se
contenter des remèdes ordinaires, des viandes com-
munes, sans jamais rechercher ce qui ne sert qu'à
flatter le goût. Il leur proposait l'exemple du Sauveur qui, étant sur la croix, comme sur le lit de son
agonie et de sa mort, ne reçut point d'autre soulagement qu'un peu de fiel et de vinaigre qu'on lui
présenta.

« C'est dans les maladies, leur disait-il, qu'on
reconnaît la sainteté et la vertu d'un homme, la
patience qu'il montre dans ces occasions est la
marque certaine de son bonheur. Rien n'est plus
digne de l'habitation d'un Dieu qu'une âme souffrante, les maux qu'elle endure la consacrent ; la
patience avec laquelle elle les supporte l'élève au-
dessus de la condition humaine. Elle se réjouit dans
l'abandon, les douleurs dont elle est accablée la con-
solent, et, sachant qu'elle n'est jamais plus conforme
à Jésus-Christ que quand tout lui manque, elle regarde les remèdes avec indifférence, et les reçoit
sans trop désirer la guérison par leurs effets. Enfin,
tous les secours qu'on lui prépare pour la soulager,
elle les attend avec une tranquillité qui marque assez sa soumission aux ordres de Dieu, dont elle ne
demande que l'accomplissement en elle. »

Voilà donc les dispositions que notre saint demandait de ses religieux malades; une patience invin-

cible, une douceur inaltérable, une grande tranquillité d'âme, enfin, un abandon entier entre les mains de la Providence.

VIII

Exquise pureté de notre saint. — Effets admirables qu'elle produit en lui.

L'humilité, quand elle est profonde et sincère, enfante dans celui qui la possède une autre vertu bien aimable, bien précieuse, la sainte pureté. C'est une conséquence de cette parole des livres saints que Dieu donne sa grâce aux humbles. Or, quelle plus grande grâce pouvons-nous posséder que celle qui nous rend, sur la terre, semblables aux anges qui sont dans le ciel? Nous leur devenons même par là, supérieurs en quelque sorte, du moins, par le mérite, vu qu'ils ne sont point emprisonnés comme nous, dans un corps qui est un foyer continuel de concupiscence. D'autre part, nous apprenons du Sage, que Dieu seul pouvant produire en nous la continence, nous devons la lui demander par la ferveur de nos prières.

Voilà donc déjà deux sources de la pureté en nous : l'humilité et l'oraison; mais, pour la conserver dans notre cœur, nous devons y ajouter la pratique d'une constante mortification. C'est d'ailleurs, ce qui résulte de la signification réelle d'un des noms sous lequel nous désignons l'aimable vertu, car le mot chasteté vient du mot *castigare*, châtier. Il indique que ce n'est que par une surveillance continuelle sur nos sens, ce qui est déjà une grande contrainte pour eux, et, de plus, par des châtiments rigoureux, en cas de faute, que nous les empêcherons de servir de *véhicule* à la tentation, pour arriver jusqu'à notre esprit et souiller notre cœur. En un mot, la mortification est un arome qui empêche notre chair de se gâter. C'est ce qu'ont parfaitement compris les saints de tous les siècles; les plus parfaits d'entre eux ont toujours été les plus humbles, les plus assidus à la prière, les plus mortifiés. Mais si nous appliquons ces principes à celui dont nous étudions la vie en ce moment, serons-nous étonnés du degré éminent de perfection auquel nous l'avons vu s'élever, puisque nous savons que nul ne fut jamais, plus que lui, humble au milieu des grandeurs et des succès, uni à Dieu par la prière et ennemi de toute délicatesse et flatterie du corps?

Nous ne pouvons douter que saint Jean de Matha n'ait conservé toujours intacte, depuis son enfance jusqu'à son dernier soupir, la fleur délicate de l'aimable vertu. C'est ce qu'il dut, sans doute, à une protection spéciale de Notre-Seigneur et de la très-sainte Vierge, à laquelle nous avons vu qu'il avait consacré sa virginité dès ses premières années;

mais il en fut aussi redevable à l'énergique volonté avec laquelle, coopérant à la grâce, il sut combattre vaillamment pour la conservation de son précieux trésor, et encore à cette prudente et humble circonspection qu'il apporta toute sa vie à éviter jusqu'aux moindres occasions où sa vertu aurait pu recevoir quelque atteinte. Nous en avons une preuve dans le fait que nous avons cité de sa promptitude à fuir devant les atteintes de cette infortunée qui tenta de gagner son cœur, pendant qu'il étudiait à Aix, et du soin qu'il eut, après son triomphe, d'aller remercier Marie aux pieds de ses autels, où il renouvela le vœu qu'il avait déjà fait de lui appartenir toujours.

Mais notre saint ne se contenta pas d'avoir acquis pour lui-même la gloire d'une chasteté inviolable ; il voulut encore se faire l'apôtre de cette vertu dans les autres, et surtout dans ses enfants spirituels. Nous savons que pendant ses études il tâchait de garantir ses compagnons du vice impur, et que sa présence et sa conversation inspiraient le désir de la vertu angélique à tous ceux qui avaient le bonheur de le fréquenter. Mais devenu Père d'une nombreuse famille de religieux, son zèle, à cet égard, ne fit que redoubler, et, dès lors, il n'eut rien tant à cœur que de voir fleurir parmi eux la sainte vertu de pureté, dans toute sa perfection. Il savait que, de même que le corps ne peut vivre sans l'âme, de même les religieux ne sauraient conserver l'esprit et la vie propre de leur sublime vocation sans la chasteté. Aussi ne cessa-t-il point d'employer le zèle le plus ardent pour arriver à cet heureux résultat. Il consigna, dans sa règle et dans ses constitutions, les dispositions les plus expresses sur l'attention qu'on devra apporter dans le choix des sujets, afin de n'admettre jamais que des hommes sur la vertu desquels on puisse compter. En outre, il entourait ses religieux des plus sévères précautions, afin que leur chasteté n'eût rien à souffrir du contact continuel avec toutes sortes de personnes, où la nature de leurs fonctions allait les mettre, en dehors de leurs monastères. Aussi, bien que sa grande douceur le rendît extrêmement indulgent à pardonner la plupart des autres fautes, il se montrait d'une inflexible sévérité pour celles qui sont contraires aux bonnes mœurs. Il défendit de confier désormais aucun emploi extérieur à quiconque aurait laissé planer sur sa réputation le moindre doute, relativement à la vertu dont nous parlons.

Voyons maintenant quels furent pour lui-même les résultats de cette éminente pureté que pratiqua constamment notre saint fondateur. Le divin Sauveur nous a dit dans la sixième béatitude : *Heureux ceux qui ont le cœur pur, parce qu'ils verront Dieu!* Cette vision ne sera pleine et entière que dans le ciel, où l'âme pourra contempler Dieu et jouir de sa présence, non plus à travers les ténèbres de la foi et du mystère, mais à découvert et face à face. Toutefois, ce Dieu, tout de bonté pour la créature faite à son image, veut bien que celle-ci puisse avoir, tandis qu'elle est encore exilée sur la terre, un rayon de ce bonheur, et pour cela il perfectionne sa raison, il illumine son intelligence, afin qu'elle puisse mieux le connaître et le contempler.

Or, tel fut le partage de saint Jean de Matha. Dieu réalisa pleinement en lui les biens promis aux cœurs purs. Il découvrait partout le Créateur sous le voile des créatures, et, comme voir un objet si parfait et l'aimer c'est une seule et même chose, il s'ensuit que son cœur était rassasié constamment de ce torrent de voluptés, dont il est parlé dans les Saints Livres. D'autre part, cette profondeur, cette pénétration d'esprit, et toutes les autres brillantes qualités qu'il avait reçues de la nature, furent merveilleusement perfectionnées par la grâce, et, Dieu l'honorant de ses plus beaux dons et de ses plus rares priviléges, il put voir comme à découvert beaucoup de secrets de l'avenir, aussi bien que les sentiments les plus cachés des cœurs et des consciences. Souvent, en effet, il connaissait par une inspiration soudaine les inclinations et les désirs de ceux qui conféraient avec lui, et souvent aussi, il les prévenait pour leur épargner la honte qu'ils auraient eue de lui découvrir leurs pensées coupables.

Indépendamment du fait que nous avons cité de ce compagnon de ses études qui, voyant que le saint connaissait le fond de son cœur, se jeta à ses genoux et lui dit : *Je vois bien que vous êtes prophète,* divers auteurs de sa vie rapportent le trait suivant, arrivé plus tard, mais qui vient encore en confirmation de sa pénétration des cœurs. Une personne de qualité, vivant dans le désordre, croyait ses intrigues inconnues à tout le monde, vu le grand nombre de précautions qu'elle avait prises pour les tenir secrètes. Elle se flattait de n'avoir eu pour témoins de sa conduite que ceux mêmes qui avaient été ses complices. Quelle ne fut donc pas sa surprise, un jour qu'elle s'entretenait avec le saint, de l'entendre lui parler de ses égarements! Elle les lui avoua fort ingénument et pleine de confusion, mais aussi de repentir, elle lui promit, avec larmes, de rompre avec ces habitudes également honteuses et criminelles.

Les prédictions que saint Jean de Matha a faites d'événements futurs et même éloignés, sont nombreuses. Nous en avons cité plusieurs qui toutes se vérifièrent exactement.

IX

Esprit d'obéissance de notre saint. — Sa parfaite régularité.

Nous allons considérer, dans notre saint fonda-teur, un autre fruit de sa profonde humilité, je veux dire son esprit d'obéissance. Par cette vertu, l'homme fait à Dieu un hommage parfait de ce qu'il a de plus précieux en lui. En effet, la pauvreté ne nous impose que le sacrifice de nos biens; ils sont hors de nous ; quelques païens ont pu même arriver à ce dépouillement, guidés par les enseignements d'une sagesse toute naturelle; la chasteté ne nous demande que le sacrifice de notre corps, qui est la partie la plus grossière de nous-mêmes; mais l'o-béissance, pour être réelle, exige impérieusement de nous ce que nous avons de plus cher, de plus intime, notre volonté, notre goût propre, notre ju-gement, en un mot, notre esprit, notre âme, ce qui nous constitue véritablement comme hom-mes. C'est là, réellement, ce sacrifice d'holocauste qui, de tous ceux de l'ancienne loi, était le plus agréable à Dieu, parce qu'on n'y réservait rien de la victime immolée, et qu'on la lui consacrait entièrement. Voilà pourquoi il est dit dans la

Sainte Écriture que l'obéissance plaît plus au Seigneur que quelque victime que ce soit.

L'obéissance, nous dit saint Thomas, l'emporte sur toutes les autres vertus; elle les comprend toutes et n'est comprise strictement elle-même par aucune autre. Elle seule conduit facilement son disciple, par la mort à soi-même, à la parfaite imitation de Jésus-Christ, qui est l'apogée de la perfection. L'obéissance est donc la vertu des forts; mais aussi, combien sont rares les vrais obéissants! Les saints n'ont pu arriver à l'acquisition et à la pratique de cette vertu, qu'en jetant constamment les yeux sur le Sauveur, qui a pu dire de lui-même que la nourriture de son âme et sa seule occupation sur la terre étaient de faire la volonté de son Père ; de ce Sauveur que l'obéissance a conduit comme par la main pendant toutes les années de sa carrière mortelle, depuis la crèche jusqu'à la croix, où son dernier soupir fut encore un acte de soumission et de déférence.

L'obéissance a donc toujours été une vertu bien chère aux disciples fidèles du divin Crucifié. Elle ne pouvait manquer de l'être à notre saint. Toujours il chercha, dans une parfaite soumission à ceux qui avaient le droit de le diriger, la garantie de ses progrès dans le bien et du succès de son œuvre. Nous l'avons vu, dans ses jeunes années, plein de respect pour les moindres désirs de ses parents et du directeur de sa conscience. C'est par esprit d'obéissance qu'il reçoit le doctorat et la prêtrise. Il voudrait ensuite fuir le monde et s'enfoncer déjà dans la solitude, mais parce que son confesseur l'avertit des dangers d'une résolution trop précipitée, il fait taire, pour un temps, la véhémence de ses désirs à cet égard. Plus tard, quand il a planté sa tente auprès de saint Félix, à Cerfroid, il n'a rien de plus pressé que de se soumettre, lui, docteur de Paris, et revêtu du sacerdoce, à la conduite de l'humble anachorète qu'il veut faire l'arbitre de ses destinées futures. Mais, ce qui fait éclater surtout à nos yeux sa profonde et sincère obéissance, c'est le sacrifice héroïque qu'il fait, aux désirs du Pontife romain, de l'intention qu'il avait de commencer lui-même sa grande œuvre du rachat. Quelle vertu ne lui fallait-il point pour étouffer alors dans son esprit et sur ses lèvres, la plus légère représentation ? Dans tout le cours de sa laborieuse carrière, cette parfaite soumission ne se dément pas un seul instant. Faut-il entreprendre les plus rudes travaux, il est toujours prêt. Apprend-il que sa présence est nécessaire à Rome, il quitte aussitôt ses occupations les plus chères, les plus pressantes en Espagne, en France ou ailleurs, pour voler auprès du Souverain Pontife. Aussi a-t-il pu réaliser la parole du Sage : *Vir obediens loquetur victorias.* L'homme obéissant réussira dans ses projets, parce que la bénédiction de Dieu sera constamment sur lui.

Notre saint fondateur, qui connaissait parfaitement le mérite et la récompense de l'obéissance, ne manqua point de prendre, dans sa règle, toutes sortes de précautions, pour y former l'esprit de ses enfants, et, dans les conférences particulières qu'il avait avec eux, combien de fois ne revenait-il pas sur ce sujet ! En un mot, il voulut que l'obéissance fût l'unique mobile de leur conduite, la nourriture habituelle de leur esprit, leur constante préoccupation.

Mais il est chez le religieux une sorte particulière d'obéissance, désignée d'un nom spécial ; c'est la régularité ou obéissance parfaite à la règle qu'on a volontairement acceptée, et à laquelle on a soumis sa vie tout entière. Une parfaite régularité exige la soumission du corps et de l'esprit ; on peut même dire que la première n'est rien, si on n'y joint celle de l'esprit et du jugement. Il semblera peut-être que saint Jean de Matha, en sa qualité de fondateur, eût pu s'exempter de certaines prescriptions de la règle, ou du moins, user du droit d'interpréter diversement, pour sa propre conduite, les différentes observances qu'il avait imposées aux autres ; mais, certes, il ne pensait point ainsi lui-même ; bien au contraire, il lui parut, qu'ayant été établi au-dessus des autres, il leur devait à tous l'exemple d'une entière fidélité à la règle commune.

Notre saint ne se dispensa donc jamais de la moindre observance, ni de la plus petite cérémonie, et, comme il s'était imposé cette régularité de vie,

cette exactitude en tous points, dès ses plus jeunes
années, il la conserva inviolablement jusqu'à son
dernier jour. Aussi ses religieux ne trouvaient-ils
aucunes difficultés dans l'observation de la règle ; il
les avait tellement aplanies par ses bons exemples
et ses leçons que tout leur était facile. Ils voyaient
dans la lettre de la règle l'expression de la volonté
de leur Père, et, dans la vie de leur Père, ils recon-
naissaient constamment l'esprit de la règle.

Au reste, ce fut précisément à cause de cette
continuelle et parfaite soumission à la loi commune que le pape Urbain IV daigna élever plus
tard l'illustre fondateur aux honneurs des autels. Il voulut avoir avant tout, dans les informations préliminaires sur sa sainteté, des témoignages qui pussent attester sa parfaite régularité en toutes choses. Le pontife de Rome s'arrêta
peu à la considération des grands prodiges qu'avait
opérés Jean de Matha, et, quoiqu'il eût guéri une
infinité de malades, chassé les démons de plusieurs
corps, converti un grand nombre de personnes,
enduré de cruelles souffrances chez les Barbares, et
poussé son dévouement pour les captifs jusqu'à
vouloir devenir esclave dans les fers pour les racheter, toutes ces grandes actions qui le recommandaient infiniment auprès des peuples qui en avaient
été témoins, contribuèrent bien moins à le faire ca-
noniser dans l'Église, que la pratique inviolable
qu'il avait faite de sa sainte règle. Et cela même ne

doit point trop nous surprendre, car il a été dit que
la vie religieuse, dans son exercice parfait et quoti-
dien, est une espèce de martyre, moins sanglant, il
est vrai, mais toujours plus long que celui qui se fait
par la main du bourreau [1]; il est donc bien convenable que l'Église, notre Mère commune, pour
exciter tous ses enfants à arriver à la sainteté et
au ciel, par des chemins, divers, sans doute, mais
toujours aptes à faire atteindre le but final, leur
apprenne qu'elle n'estime pas moins précieux ni
moins dignes de récompense les lis cueillis dans
l'humble demeure d'un cloître que les palmes et les
couronnes remportées sous le fer des persécuteurs.

[1] P. Saint-Jure. *L'Homme religieux.*

LIVRE CINQUIÈME.

I

Tenue du chapitre général. — Derniers avis du saint.
Annonce de sa mort.

Saint Jean de Matha, avons-nous dit à la fin du
livre quatrième, avait consumé une santé robuste
dans l'exercice du ministère apostolique, et dans les
nombreux voyages que l'exercice de sa laborieuse
mission lui avait fait entreprendre. Ses forces ne
répondaient plus à son zèle, mais son esprit avait
conservé toute son activité ; il la consacra, dès lors,
tout entière à la consommation de son œuvre par le
perfectionnement de ceux qui devaient la diriger
après lui. Ce que nous avons dit, en parlant de ses
vertus dans le livre précédent, nous marque suffisamment quel avait toujours été le désir ardent qu'il
avait de voir arriver ses religieux à la perfection et

les moyens qu'il prenait pour les y conduire ; mais, parvenu maintenant au déclin de ses jours, il redoublait de soins à cet égard ; il leur faisait de fréquentes conférences dans lesquelles il traitait les matières les plus importantes, et où, laissant à chacun d'eux la liberté de proposer ses peines et ses doutes, il leur donnait ensuite, à tous, les remèdes les plus efficaces pour éviter les illusions, qui n'arrivent que trop dans la vie spirituelle et mystique, ainsi que l'expérience le démontre tous les jours. Rien n'échappait à sa vigilance, et, malgré les nombreuses occupations que lui occasionnait continuellement la confiance des grands et des personnes du peuple, qui recouraient à lui dans leurs divers besoins, il donnait à chacun de ses enfants tous les soins que pouvait réclamer sa position particulière.

Toutefois, le délabrement de sa santé, quoique trop réel, n'avait pu encore le décider à rien omettre de ses mortifications ordinaires. Aux rigueurs de la pénitence, il joignit une pratique plus fréquente de la méditation et de la prière ; en un mot, Dieu occupait toute son âme, comme il avait été constamment l'objet de son amour et le but unique de ses travaux. S'il paraissait quelquefois hors de son pauvre réduit de Saint-Thomas *in Formis*, c'était pour aller visiter quelque malade, ou des malheureux plongés dans la misère, et il ne les quittait qu'après les avoir munis des secours de l'aumône et des consolations de la religion. Notre saint mettait un soin scrupuleux à cacher les derniers efforts de sa charité, afin d'éviter les louanges humaines qu'il avait toujours redoutées; mais Dieu, qui semblait prendre plaisir à contrarier ses vues, pour l'éprouver jusqu'à la fin, permettait que sur ses pas éclatassent encore des prodiges signalés : des infirmes étaient rendus à la santé, des pécheurs endurcis revenaient à la vie de la grâce, par suite de ses prières pour eux. Enfin, Rome était pleine encore des vertus et du nom de Jean de Matha, mais lui, dans le sentiment de son humilité, il renvoyait à Dieu seul toute gloire et tout honneur.

Ce fut au milieu de ces saintes occupations que notre saint fondateur ayant appris, par révélation, que sa fin n'était pas éloignée, désira bénir encore une fois tous ses enfants, dans la personne de leurs supérieurs, et leur faire parvenir, par l'organe de ceux-ci, ses suprêmes adieux et ses dernières instructions. Il voulait, d'ailleurs, en s'entourant de tous les dignitaires de l'ordre, faire avec eux différents règlements reconnus nécessaires et établir si bien l'observance, qu'elle ne pût recevoir aucun affaiblissement par la suite des temps et par la faiblesse des hommes qui sont portés à changer, à chaque instant, de pensées et de résolutions. Il envoya donc partout des lettres circulaires pour indiquer la tenue d'un chapitre général à Rome, et marquer le temps auquel on devrait s'y rendre.

Tous les ministres des divers couvents de France, d'Espagne, d'Angleterre, d'Italie et des autres provinces et royaumes où ses religieux étaient déjà établis, se rendirent à cet appel avec une joie immense, et toute la diligence possible, dans le désir ardent où ils étaient de voir encore une fois ce bien-aimé Père, cet illustre fondateur et patriarche, qu'ils savaient être consumé de travaux, d'austérités et de peines, et qu'ils ne pouvaient se flatter de posséder longtemps encore.

Ce fut vers la fin de l'an 1212 que se tint à Rome cette importante assemblée. Saint Jean de Matha en fit lui-même l'ouverture, par un discours sur l'importance et la nécessité des chapitres. Il montra qu'ils ont été saintement institués pour expliquer les règles dont les différentes interprétations pourraient être contraires à leur vrai sens et à l'esprit de ceux qui les ont dressées par inspiration divine ; il ajouta qu'ils se célèbrent pour soutenir l'observance régulière dans tout son éclat et sa vigueur, et pour retrancher les abus qui pourraient insensiblement s'y introduire ; que c'est là qu'on fait de sages ordonnances pour prévenir les désordres ou les réprimer ; là qu'on corrige, avec un esprit de charité animé d'un saint zèle, les religieux qui s'éloignent de leur devoir, et qu'on soutient dans leurs épreuves ceux qui s'y attachent inviolablement ; que c'est là, enfin, que les sujets se retrempent dans l'esprit de leur sainte vocation, et qu'ils prennent des résolutions fortes et des précautions efficaces, afin que la régularité ne reçoive jamais aucune atteinte par de funestes nouveautés ou des relâchements successifs.

Le pieux fondateur s'étendit, ensuite, beaucoup sur les devoirs des supérieurs et sur les obligations qui leur sont imposées par leurs charges. Il leur fit voir que le zèle, la charité, la prudence, la fermeté, la vigilance sont pour eux des qualités indispensables, afin qu'ils puissent remplir dignement leur ministère : le zèle, pour leur faire entreprendre tout ce qui peut contribuer à la gloire de Dieu et au bien de l'ordre ; la fermeté, pour soutenir toutes les peines et surmonter tous les obstacles ; la vigilance, pour veiller à tout ce qui est confié à leurs soins ; la prudence, pour leur servir de règle de conduite et les défendre de toute fausse lumière ou inclination trop naturelle ; enfin, la charité, pour les rendre sensibles aux faiblesses de leurs sujets, et leur donner pour tous un cœur et des entrailles de père. Il leur fit comprendre que tout le bien ou tout le mal d'un ordre dépend de la conduite, bonne ou mauvaise, des supérieurs, dont les exemples servent pour ainsi dire de lois ; et que, de même qu'ils inspirent l'amour de la vertu à leurs inférieurs, par la pratique qu'ils en font eux-mêmes, ainsi leur indifférence pour le bien ou leur peu de régularité devient pour les sujets la cause de leur ruine.

Ce discours, prononcé avec un ton de véhémence

qui marquait assez que l'Esprit de Dieu s'exprimait lui-même par la bouche du Saint, fit tant d'impression sur les Pères du chapitre, que, renouvelant en ce moment même les promesses solennelles qu'ils avaient faites à Dieu, de garder inviolablement la règle, ils s'en firent une nouvelle obligation et s'y engagèrent par un nouveau serment. Cette protestation unanime, qui était une preuve convaincante de leur foi et de leur attachement à leurs devoirs, donna beaucoup de joie à leur Père commun, qui eut tout lieu d'espérer que de si beaux commencements seraient sans doute suivis de progrès plus glorieux encore pour le bien et la propagation de l'ordre. Au reste, pour les affermir de plus en plus dans leurs saintes dispositions, et leur en faciliter la réalisation, il fit avec eux beaucoup de règlements et de statuts, qui servirent comme d'explications et de commentaires au texte de la règle, pour en préciser le sens ; et c'est ainsi que se forma peu à peu le livre des constitutions qui, sans avoir la même autorité que la règle elle-même, vient immédiatement après elle, et sert infiniment à en procurer le parfait accomplissement.

Après avoir exécuté tout ce qu'il jugea nécessaire pour le bien de l'ordre et exhorté tous les ministres qui composaient cette pieuse assemblée, à maintenir l'observance dans toute sa vigueur, et à se rendre les modèles de leurs inférieurs, saint Jean de Matha ne put s'empêcher de leur déclarer que bientôt il les quitterait, et que Dieu, par un effet de sa bonté, lui ayant fait connaître le temps de sa mort, qui devait arriver sous peu, il ne les reverrait plus que dans le ciel. Cette nouvelle inattendue les fit fondre en larmes, comme jadis les Éphésiens, lorsque saint Paul leur déclara, en les quittant pour aller à Jérusalem, que c'était la dernière fois qu'ils le voyaient. Quelques-uns des disciples de notre saint lui dirent que peut-être l'annonce qu'il leur faisait était un pur effet du désir qui le pressait de jouir de son Dieu, et que sans doute le moment de cette séparation ne serait pas aussi prochain que le lui faisait paraître la violence de son amour pour Dieu ; mais il leur répondit que ce n'étaient ni ses désirs pour la félicité éternelle, ni aucun autre semblable motif, qui le faisaient parler, mais que le Seigneur lui avait fait connaître d'une manière si distincte le jour et l'heure de sa mort, qu'il pouvait leur certifier que sa vie finirait avec l'année suivante, et c'est ce qui eut lieu, en effet.

Il est plus facile de comprendre que d'exprimer la profonde tristesse que cette nouvelle assurance jeta dans l'âme de tous ces bons religieux : la joie qu'ils avaient éprouvée de voir encore leur père fut bien modérée par la seule pensée qu'ils allaient le perdre en si peu de temps. Pour les en consoler, il leur dit qu'il espérait leur être bien plus utile, du haut du ciel, qu'il ne l'avait été sur la terre. Il leur promit une protection constante et toute particulière s'il se rendaient fidèles observateurs de leurs règles ; il leur dit que l'Ordre serait dans toute sa splendeur tant que l'observance y serait conservée ; qu'ils seraient eux-mêmes estimés des hommes et protégés de Dieu tant qu'ils estimeraient leur saint état, mais qu'ils s'éloigneraient du bonheur dès qu'ils négligeraient de pratiquer leurs devoirs et de respecter ses ordres, et qu'enfin Dieu cesserait de pourvoir abondamment à tous leurs besoins dès qu'ils commenceraient à estimer le monde et à vivre selon son esprit.

Ce fut avec ces paroles qu'il finit le chapitre. Il pria ceux qui le composaient de les conserver en eux-mêmes et d'y faire souvent réflexion ; puis, leur ayant donné à tous sa sainte bénédiction, et après les avoir tendrement embrassés, il les renvoya dans leurs maisons respectives, où il leur recommanda de garder inviolablement l'esprit et les maximes qu'il avait tâché de leur donner.

II

Cruelles souffrances du Saint. — Sa résignation.
Son humilité.

Dès ce moment, le serviteur de Dieu commença à se préparer, d'une manière prochaine, à cette heure suprême qui lui avait été marquée, et comme un flambeau mourant redouble son éclat et la splendeur de sa lumière, de même saint Jean de Matha, sentant approcher l'instant de son départ, redoubla tellement sa ferveur que l'on eût dit qu'il commençait à ressentir dans son cœur quelques-unes des flammes dont sont embrasés les habitants du céleste séjour : jamais ses vertus ne lui avaient attiré une plus haute considération; le bruit de sa sainteté, joint à l'opinion que l'on avait généralement de sa science et de son expérience en toutes choses, fit que le roi de France, Philippe-Auguste, qui déjà l'avait nommé son théologien, le pressa de vouloir bien assister, en cette qualité, et en son nom, au concile de Latran, que le pape Innocent III allait convoquer. Le souverain Pontife, à qui le roi fit demander son approbation du choix qu'il avait fait, ne put s'empêcher d'en marquer un extrême contentement. Le désir qu'il avait que cette assemblée fût composée des hommes les plus saints et les plus éclairés, lui avait déjà fait jeter les yeux sur son ancien ami et condisciple pour l'y faire assister, en qualité de général d'ordre, se promettant beaucoup de ses lumières et de sa science dans des matières aussi importantes que celles qu'on y allait traiter. Il fut donc ravi de se voir prévenu dans ce choix par un si grand roi qui, connaissant les mérites de ce savant personnage, l'avait préféré à tant d'autres pour son représentant au concile.

De Matha, qui avait toujours fui les honneurs et

qui avait marqué, dans toutes les occasions, une très-grande répugnance pour tout ce qui a de l'éclat, ne put résister aux prières de son roi non plus qu'aux désirs du souverain Pontife. Le respect qu'il avait pour ces deux puissances, et le désir de faire confirmer son Ordre, l'engagèrent à assister au concile ; mais il voulait y paraître bien plutôt sous la qualité de suppliant qu'avec celle de docteur. Toutefois, Dieu voulut se contenter de sa soumission et de sa bonne volonté à cet égard ; il l'enleva de ce monde quelques mois avant l'ouverture de cette célèbre assemblée. La gloire d'y paraître à sa place, et avec les qualités dont il était revêtu, fut réservée à un de ses enfants ; car, Philippe-Auguste, pour marquer la douleur et le regret qu'il éprouvait de la perte d'un si grand homme, et pour témoigner combien il en vénérait la mémoire, daigna nommer, pour le représenter à Rome le P. Jean l'Anglais, qui succéda immédiatement à notre saint dans le gouvernement général de l'Ordre ; et, certes, le choix du prince ne pouvait tomber sur un plus digne sujet, soit pour la science, car Jean l'Anglais était aussi docteur de Paris, soit pour la piété et l'expérience des hommes et des affaires.

Quant à notre saint, Dieu, qui voulait récompenser prochainement d'une gloire et d'une félicité éternelles ses travaux et ses mérites, achevait dès lors de le purifier, en le faisant passer par le creuset des plus vives souffrances. Il est vrai que, jusque-là, rien n'avait pu contenter pleinement son vif désir de souffrir pour Dieu : ses longs travaux, ses pénitences continuelles, la fureur des barbares qui l'avaient accablé de coups de fouet et de bâton, le sang qu'il avait versé dans ces différentes sortes de supplices, rien n'avait encore comblé ses vœux, puisqu'il n'avait pu réussir à donner sa vie pour Jésus-Christ. Il fallait donc que le Sauveur lui-même lui préparât un autre genre de tourments, et que l'intensité du mal achevât dans son corps ce que les tyrans et les austérités y avaient commencé.

Il éprouvait dans ses entrailles un feu dont les ardeurs étaient si cruelles et si étranges, que les médecins, ne pouvant rien y comprendre, durent avouer leur impuissance devant une pareille maladie. Tous les remèdes qu'ils lui faisaient prendre ne servaient qu'à irriter la douleur, bien loin de la soulager. L'illustre malade affirmait que tous ces soins seraient inutiles. Toutefois, bien qu'il ressentît des effets si contraires aux desseins de ceux qui l'entouraient, il ne laissa pas de recevoir leurs remèdes avec reconnaissance, et même avec d'autant plus de joie qu'il pouvait ainsi rassasier, de plus en plus, son ardent et continuel désir de souffrir.

Aussi, jouissait-il d'une si grande tranquillité au milieu de ces accès de souffrances atroces, qu'à peine on eût pu croire qu'il les endurait, si la violence du mal ne lui eût fait pousser de

temps en temps quelques soupirs, et n'eût tiré
de sa bouche des paroles qui exprimaient assez ses
tortures par les actions de grâces qu'il rendait au
Seigneur pour lui avoir réservé, à cette dernière
heure, quelque faible participation à son calice d'a-
mertumes.

Ainsi se trouvent réalisés les vœux de toute sa
vie. Il avait souhaité ardemment, en compensation
du martyre qu'il regardait comme la plus haute récompense à laquelle il eût pu aspirer, de ressentir
en lui seul toutes les peines que les glorieux ath-
lètes de la foi avaient endurées dans leurs combats;
et, comme il n'est point de jour dans l'année qui ne
soit consacré à honorer les tourments et la mort
d'un grand nombre d'entre eux, il avait senti se renouveler continuellement dans son cœur le désir de
faire en lui seul un assemblage de tous les maux
qu'ils avaient soufferts, et de se rendre comme un
abrégé de tous les martyrs. On peut donc dire
que cette réunion inouïe d'indicibles douleurs qu'il
éprouvait en ce moment, était la récompense de sa
générosité à marcher sur les traces sanglantes du
Sauveur, non moins que de sa soumission parfaite
aux ordres de Dieu pour le genre de sa mort. Car,
malgré tous les désirs qu'il avait eus de verser son
sang pour la Foi, il n'ignorait pas, cependant, que
le sacrifice de notre vie n'est agréable à Dieu que
lorsque sa Providence nous le demande.

Notre Saint craignait donc souverainement de

déplaire à Dieu en s'immolant pour sa gloire contre sa volonté. Aussi avait-il dit souvent : « Mourir pour Dieu, c'est sans doute ce que le ciel peut attendre d'un chrétien fidèle ; mais mourir contre l'ordre et la volonté de Dieu, c'est ce que le ciel réprouve dans le chrétien téméraire. » Il mourait aussi content, sur son pauvre grabat, que s'il fût mort sur la croix, ou au milieu des brasiers ardents ; et quoique cette mort n'eût point, en apparence, autant de mérite que s'il l'avait reçue de la main des bourreaux, elle n'était point, en réalité, moins digne de récompense, puisque, lui faisant souffrir des douleurs aussi cruelles que celles des plus terribles supplices, elle le faisait expirer sur son lit comme sur un bûcher que l'amour divin lui avait préparé.

Son âme, qui se sentait peu à peu détachée de son corps, jouissait déjà d'une félicité anticipée : elle était si fortement unie à Dieu qu'elle semblait ne plus tenir à la terre. Elle était tout occupée de l'objet de son unique affection, sans que la violence du mal pût l'en séparer un seul moment, et si les médecins représentaient à l'auguste malade que cette grande application contribuait à entretenir et même à augmenter le feu qui le consumait, il leur répondait, avec sa douceur accoutumée, qu'il était honorable de mourir dans les ardeurs du divin amour.

Ses religieux, sensiblement touchés de la perte qu'ils allaient faire, le conjurèrent de leur permettre de demander à Dieu sa guérison ; ils lui disaient que, sans doute, le Seigneur prolongerait ses jours, s'il cessait de le prier lui-même dans son cœur d'en abréger le nombre ; et, pour l'engager plus efficacement à faire au ciel cette demande, ils essayaient de lui persuader que la gloire de Dieu y était intéressée ; que ce serait le priver d'autant d'adorateurs qu'il pourrait y avoir encore d'âmes converties par ses soins. Enfin, ils se servaient, pour le décider à demeurer parmi eux, des mêmes termes que les disciples de saint Martin de Tours avaient employés auprès de leur illustre maître, et, de même que ceux-ci priaient le grand évêque de ne pas abandonner son troupeau à la fureur des loups, ainsi les enfants de saint Jean de Matha lui représentaient combien sa mort serait préjudiciable à son Ordre naissant, qui allait avoir tant de difficultés pour s'étendre et se perpétuer s'il était privé de sa direction : mais il leur répondait humblement que saint Martin était sans doute bien nécessaire encore à son Église, et que ses fidèles disciples avaient bien raison de demander au ciel sa guérison ; mais que pour lui il était inutile au monde, et qu'on devait souhaiter qu'il en sortît au plus tôt.

C'est ainsi que les saints s'estiment des serviteurs inutiles, quels que soient d'ailleurs les services qu'ils ont rendus à l'Église. Comme ils sont bien persuadés que tous les dons viennent du ciel, et que toutes les grâces sont de pures libéralités de Dieu, bien loin d'en tirer vanité, ils entrent, au contraire, dans une sainte confusion, redoutant ce compte qu'ils en doivent rendre et qui sera d'autant plus sévère qu'ils auront reçu plus de grâces et de lumières ; ils adorent les desseins de Dieu sur eux, sans vouloir les comprendre, et, s'ensevelissant dans un profond néant, jamais ils n'en sortiraient si Dieu ne voulait faire éclater lui-même en eux sa puissance et ses grandeurs. Ainsi donc, tandis que les âmes faibles tirent vanité des dons de Dieu, qu'elles perdent presque aussitôt, parce qu'elles s'imaginent, par une folle illusion, que ce sont des récompenses de leurs vertus, les âmes justes, au contraire, reçoivent ces faveurs comme des grâces dont Dieu est toujours le maître et qu'on ne peut conserver que dans la crainte et l'humilité ; et tels étaient les sentiments de saint Jean de Matha. Il ne pouvait souffrir que ses religieux, regardant sa présence au milieu d'eux comme nécessaire, se missent en prières pour obtenir de Dieu son retour à la santé.

III

Notre Saint reçoit le saint Viatique. — Ses dernières paroles. Sa mort.

Nous venons de dire les excellentes dispositions dans lesquelles notre Saint voyait arriver le moment si heureux pour lui où il allait être couronné de gloire et recevoir la récompense de ses travaux. Il eut soin de s'y préparer par la réception des derniers sacrements, et surtout par le saint Viatique qu'il voulut recevoir dans l'église, ne s'estimant pas digne que Dieu l'honorât de sa visite dans sa cellule. On eut beau lui représenter que son extrême faiblesse ne lui permettrait pas de satisfaire sa dévotion ; que le Fils de Dieu n'ayant pas dédaigné de visiter le serviteur du centurion, et accordant tous les jours cette faveur aux infirmes, ne se croirait pas déshonoré de venir à lui pour verser dans son âme toutes ses grâces ; on ajouta même qu'il y aurait pour lui du péril dans cette démarche, vu que le moindre ébranlement pouvait devancer sa mort et le faire expirer dans le trajet de sa cellule à l'église ; il donna à tous la plus entière assurance qu'il n'y avait rien à craindre, et que le moment décisif n'était pas encore arrivé ; puis, animé d'une soudaine vigueur qu'on crut, avec raison, n'avoir pu venir que du ciel et être une marque de son approbation, il marcha sans peine vers l'église, soutenu seulement sous les bras par quelques religieux.

En y entrant, il prononça ces belles paroles : « O mon Dieu ! la confiance que j'ai en votre miséricorde, qui est sans bornes et sans limites, me donne la hardiesse d'entrer dans votre saint temple comme une victime qui vient s'immoler aux pieds de vos autels et vous consacrer les derniers instants de sa vie, en publiant la gloire de votre nom ! »

Ce fut ainsi qu'il renouvela le sacrifice qu'il avait fait plusieurs fois de tout lui-même à Dieu. Puis, se prosternant devant l'autel, il fit sa profession de foi et prononça à haute voix, autant du moins que sa faiblesse pouvait le lui permettre, tous les articles de notre croyance ; enfin, il reçut le saint Viatique, mais avec un respect animé de tant d'amour et de confiance qu'il semblait vraiment que ces voiles qui dérobent la majesté de Dieu étaient presque levés pour lui. Son amour qui, en ce moment, n'avait pas de mesure, surmontant sa crainte, ou du moins lui cachant sa propre faiblesse, le jetait dans de vifs transports de tendresse et l'unissait si intimement à son divin objet, qu'il se trouvait comme transformé en lui. Les divers mouvements qui occupaient son cœur, et qu'il ne pouvait s'empêcher de laisser paraître au dehors, causaient une vive admiration à tous ceux qui étaient présents. Ils bénissaient hautement le Seigneur de tant de merveilles. Après que l'auguste malade eut ainsi donné à Dieu des marques indubitables de sa fidélité dans son service, et reçu de son Sauveur des gages certains de la félicité éternelle, en participant à l'adorable sacrement de son corps, on le rapporta dans sa cellule pour y attendre en paix ce dernier moment qui était le terme de ses espérances et l'accomplissement de ses désirs.

Le Pape ne put apprendre l'extrémité où se trouvait ce saint homme sans en être vivement touché.

La perte qu'allait faire l'Église, et la douleur qu'il ressentait lui-même de cette privation prématurée, l'engagèrent à demander aux fidèles de Rome des prières pour le retour à la santé de celui qui leur était si cher et si utile à tous. L'amitié qu'il avait conservée toujours pour son ancien condisciple de Paris, le porta à aller le visiter de temps en temps sur son lit de douleur, et à se faire donner souvent de ses nouvelles; mais, voyant enfin qu'il n'y avait plus d'espoir de guérison, il voulut au moins lui envoyer l'Indulgence Plénière comme une dernière marque de son affection et de ses bontés pour lui.

Notre Saint reçut cette grâce avec une humilité égale à sa reconnaissance, et, s'estimant indigne d'une si haute faveur, il s'écriait : « Hélas ! qui suis-je pour que l'on pense à moi ? Je ne mérite qu'un oubli éternel. Oh ! que Dieu est bon d'inspirer à son Vicaire la pensée d'ouvrir les trésors de l'Église en faveur d'un misérable pécheur comme je suis. Au reste, j'ai un extrême besoin de cette Indulgence pour laver tous mes crimes. Aussi publierai-je, pendant toute l'éternité, les miséricordieuses tendresses de Dieu à mon égard. »

Cette conduite des saints qui implorent la miséricorde divine dans cette dernière heure où la justice suprême tient déjà entre ses mains les couronnes qu'elle va poser sur leurs têtes, doit, certes, donner bien de la terreur aux partisans du monde; car, si ces grandes âmes qui ont dans leur vie parfaitement imité celle de Jésus-Christ, pratiqué fidèlement les maximes et les simples conseils de l'Évangile, refusé à la nature tout ce qui pouvait la flatter; si ces âmes, qui ont, en un mot, établi toute leur gloire dans la croix, ne laissent pas de craindre encore à l'heure de la mort, par une simple vue qu'elles ont de leurs fautes passées, déjà expiées par la pénitence, et sollicitent la bienveillance du ciel par tout ce qui peut la leur assurer, de quelle frayeur ne devront pas être saisis en ce moment ces chrétiens lâches et pusillanimes qui n'écoutent que la voix de la nature, qui n'étudient que leurs goûts, qui donnent tout à la délicatesse, et ne veulent rien entreprendre pour la gloire de Dieu et pour leur salut éternel, sous prétexte que leur santé pourrait en être affaiblie? Ces hommes charnels préfèrent ainsi, aux préceptes de Jésus-Christ, un bien purement naturel et dont la conservation après tout ne dépend pas d'eux. Ils ont donc bien sujet de redouter les sévérités de la suprême justice, puisque ceux-là même qui peuvent en attendre des récompenses implorent sans cesse son indulgence et ses bontés. C'est ce que nous voyons dans saint Jean de Matha, qui recourait à la miséricorde de Dieu par tout ce que son amour pour lui pouvait avoir de plus fort et de plus ingénieux.

Après avoir reçu les derniers sacrements et l'Indulgence Plénière, notre Saint se laissa aller aux mouvements de la plus entière confiance dans le pardon de son Dieu. Il sembla même avoir oublié toutes ses douleurs, et profitant de ce moment de relâche, il voulut parler encore à ses enfants et leur donner une dernière preuve de son affection pour eux, en leur faisant ses suprêmes adieux. Un historien (Tarizzo) nous assure que le saint fondateur s'était fait transporter, pendant cette dernière allocution, sur le bord de la fosse qui devait lui servir de sépulture et qu'il avait fait mettre autour de lui les divers instruments de pénitence qui avaient servi à son usage. Quoi qu'il en soit de cette double circonstance, il paraît certain qu'il adressa les paroles suivantes aux nombreux religieux qui, rangés autour de sa couche funèbre, versaient d'abondantes larmes :

« O mes bien-aimés enfants ! si vous pouviez savoir quelle est la joie ineffable qui, en ce moment, inonde mon âme, vous avoueriez avec moi que ce n'est que de l'amertume des souffrances que peuvent naître pour l'homme, ici-bas, les plus suaves satisfactions. Oh ! s'il vous était donné de considérer avec les yeux d'un agonisant, d'une part, les joies du monde, et de l'autre, les austérités de la pénitence, vous verriez celles-ci se changer, par la plus étonnante métamorphose, en une couronne des plus belles fleurs. C'est maintenant surtout que la pensée de m'être crucifié aux plaisirs de la terre rassure mon âme, sèche mes larmes et adoucit tous mes chagrins. Ces instruments de pénitence qui sont tout le patrimoine et l'unique héritage que je laisse entre vos mains, pourront seuls donner à mon âme quelque assurance en ce moment terrible où elle sera introduite au tribunal de la souveraine justice ; seuls, ils sauront attendrir le cœur de mon Dieu et m'obtenir son pardon. Mais, puisque c'est là l'unique moyen de prétendre au salut éternel, ranimez votre courage, ô vous, mes biens chers enfants, pour suivre avec fidélité les traces du divin Sauveur. Embrassez généreusement à sa suite la sainte pauvreté qui, en nous faisant renoncer aux biens du monde, nous apprend le vrai moyen de nous enrichir ; l'humilité qui se réjouit dans les épreuves et recherche les occasions de s'assujettir au prochain ; la divine charité, enfin, qui rend le bien pour le mal, et nous fait devenir les véritables enfants du Père céleste. Prenez garde que jamais l'amour pour vos parents, ou les attraits du monde, ne puissent parvenir à refroidir dans vos cœurs le zèle et le dévouement que vous êtes tenus d'employer pour procurer et solliciter, par toute sorte de moyens, le rachat des pauvres esclaves qui gémissent encore dans les fers de la captivité. Ayez un soin tout particulier des malades, surtout dans les hôpitaux confiés à votre direction. Daignez, enfin, ô vous tous qui m'êtes si chers, persévérer toujours, avec la plus ferme constance, dans l'accomplissement exact de tous les points de votre sainte règle, afin que vous n'ayez jamais à redouter d'être un jour exclus du nombre des enfants de Dieu. »

Lorsqu'il eut achevé de donner à ses disciples éplorés ces substantiels avis, saint Jean de Matha, obligé, par l'épuisement de ses forces, à s'arracher à de si doux entretiens, éleva affectueusement les regards et les mains vers le ciel; puis, les abaissant sur les assistants, il les bénit tous, au nom de cette Trinité adorable, Père, Fils et Saint-Esprit, dans l'amour de laquelle il avait consumé sa vie ; il donna à ses enfants le baiser de paix, et les renvoya comblés tout à la fois de consolations et de regrets. Il ne pensa plus dès lors qu'à se préparer à sa dernière heure qui ne devait pas tarder à sonner. Sa fin était vraiment le soir d'un beau jour! Quelle pensée aurait pu en ternir la sérénité? Il avait rempli la mission que la Providence lui avait donnée ; il ne lui restait plus qu'à offrir amoureusement à Dieu le reste d'une vie consacrée entièrement à son service. Il soupirait continuellement après ce Dieu qui appelait déjà son âme sans tache à la possession de la gloire éternelle.

Longtemps recueilli avec le maître de son cœur, le saint ne sortit de son extase que pour s'entretenir en doux colloques avec le crucifix qu'il tenait entre ses mains et qu'il pressait fréquemment sur ses lèvres. « O mon adorable Jésus, lui disait-il, éternellement adorable et souverainement miséricordieux! venez au secours de mon âme, maintenant qu'elle est sur le seuil de l'éternité. Au nom de tout ce sang sorti de vos plaies sacrées, qui sont des sources de miséricorde, daignez m'accueillir avec des yeux de père et non point avec les regards sévères d'un juge irrité : vos clous sacrés qui m'ont enfanté à la vie par la rédemption sur la croix, m'ouvriront maintenant les portes du paradis. Permettez-moi, mon aimable Sauveur, de me jeter entre vos bras, puisque vous les tenez ouverts en signe de salut. Au milieu des ténèbres de la mort, je retrouverai sur votre sein l'assurance du seul vrai bonheur. Mes fautes crient vengeance, il est vrai, mais mes craintes, mes soupirs et mes larmes implorent votre miséricordieuse indulgence. Souvenez-vous que c'est pour me sauver que vous vous êtes exposé sur le gibet ignominieux de la croix. O Jésus, doux rédempteur de mon âme, voilà que je la remets entre vos mains... » Les forces lui manquèrent pour aller plus loin ; mais, dans ses regards attendris, on voyait briller je ne sais quoi de céleste qui exprimait suffisamment quel était déjà en ce moment le bonheur de son âme. Enfin, se recueillant de nouveau en lui-même, il perdit tout sentiment de ce qui se passait autour de lui pour ne s'entretenir qu'avec son Dieu. Puis, tout à coup, son visage s'enflamma ; il semblait ravi en extase, et ce fut en ce moment qu'il rendit sa belle âme à son Créateur. Son dernier soupir avait été un acte d'ardent amour !...

C'était le **17** décembre de l'an de Notre-Sei-

gneur 1213. Il était âgé seulement de cinquante-
trois ans, et un peu moins de six mois. Son visage
conserva une douce sérénité; la mort n'y répandit
point ses empreintes habituelles; elle sembla avoir
perdu quelque chose de ses droits en cette occasion,
et, comme si l'âme du saint, qui possédait déjà la
gloire, eût voulu en faire part à son corps, on vit
bientôt paraître sur sa face je ne sais quel éclat qui
inspirait la vénération et la crainte.

IV

Funérailles du Saint. — Inscription sur son tombeau.
Miracle signalé à Ubède.

A la nouvelle de ce glorieux trépas, Rome entière
s'émeut; chacun veut voir la face encore toute rayonnante de l'homme de Dieu. Les miracles que le saint
avait opérés pendant sa vie persuadaient aux fidèles
qu'il n'en ferait pas de moindres après sa mort. Les
malades, flattés de cette espérance, s'y faisaient conduire pour y recouvrer la santé. Une dame de qualité, percluse d'un bras, fut guérie tout à coup, et
quatre aveugles, s'étant approchés du cercueil, pleins
de confiance, recouvrèrent la vue, dès qu'ils eurent
déposé leurs lèvres sur les mains du saint. Ces prodiges, qui remplissaient les assistants de joie et de
reconnaissance, eurent beaucoup de retentissement.

Innocent III, qui en fut informé, voulut en être témoin, et, s'étant transporté sur les lieux, il ne put
qu'admirer à son tour les merveilles que Dieu opère
par ses saints.

L'empressement du peuple pour voir et pour toucher le saint corps, le nombre prodigieux de malades qu'on y apportait, et d'autres circonstances encore, obligèrent de différer les obsèques, et le Pape
décida qu'elles n'auraient lieu que le vingt-unième
jour du même mois. Pendant ces quatre jours de
délai, la foule des fidèles fut encore plus grande.
Tous les prélats et un grand nombre de personnes
de distinction vivant dans le monde, donnèrent
les marques les plus signalées de l'estime et de
la vénération qu'elles avaient pour la mémoire de
l'illustre défunt. Le souverain Pontife lui-même,
voulant honorer, après sa mort, celui pour lequel
il avait eu tant d'affection pendant sa vie, daigna
assister à ses funérailles, accompagné de tout le
sacré collége des cardinaux. Jamais pompe funèbre ne fut plus remarquable. L'admiration et la
tristesse y paraissaient également. On n'entendait
de toutes parts que cris de douleur et lamentations
des pauvres qui se plaignaient hautement à Dieu de
leur avoir ravi leur père et leur consolateur. Ce con-
cert de voix d'hommes, de femmes et d'enfants et leurs
gémissements plaintifs tiraient des larmes de tous
les yeux. On aurait dit que l'Église entière portait
le deuil du saint homme, et voulait témoigner ses

regrets de perdre un de ses enfants qui l'avait honorée par la pureté de sa vie et soutenue par sa science et par tant d'autres services éminents.

Le pape Innocent III fit de saint Jean de Matha le plus bel éloge en disant qu'une des colonnes de l'Église venait de tomber, et, après lui avoir rendu tous les devoirs que l'estime et l'amitié avaient pu inspirer à son noble cœur, il veilla à ce que ses dépouilles mortelles fussent ensevelies sous un magnifique mausolée de marbre blanc, où il fit graver cette simple inscription :

L'an de l'incarnation du Seigneur
onze cent quatre-vingt-dix-huit,
la première année du pontificat d'Innocent III
et le 15 des calendes de janvier,
l'Ordre de la Très-Sainte-Trinité a été fondé,
avec sa Règle propre, accordée par le Saint-Siége,
par le Fr. Jean divinement inspiré.
Le même a été enseveli en ce lieu, l'an du Seigneur
mil deux cent treize, le 21 décembre [1].

Telle fut, en peu de mots, l'épitaphe destinée à transmettre à la postérité la mémoire et les mérites

---

[1] Anno Dominicæ incarnationis millesimo centesimo nonagesimo octavo, Pontificatus vero Domini Innocentii Papæ tertii anno primo, kalendarum januarii decimo quinto, institutus est, nutu Dei, ordo S. S. S. Trinitatis a Fr. Joanne, sub propria Regula, sibi ab apostolica sede concessa. Sepultus est idem Fr. Joannes, in hoc loco, anno Dominicæ Incarnationis millesimo ducentesimo decimo tertio, decembris vigesima prima.

de cet illustre fondateur [1]. Le peuple, à qui on avait eu grande peine à enlever ce corps vénérable pour l'enfermer dans le tombeau qui lui avait été préparé dans l'église de Saint-Thomas *in Formis*, ne perdit

[1] Voici ce qu'on lit encore dans le *Guide du voyageur à Rome*, par Mgr Luquet, que nous avons déjà cité : « Cette église de Saint - Thomas *in Formis* rappelle un des plus intéressants souvenirs français conservés à Rome. Elle remplace, en effet, le sanctuaire où fut inhumé pendant longtemps le corps de saint Jean de Matha, et le couvent habité par le glorieux fondateur. Bâtie primitivement dans le XIᵉ siècle, elle fut successivement restaurée par Boniface VIII, Urbain VI et Alexandre VII. Finalement, le chapitre de Saint-Pierre, à qui elle appartient depuis Boniface IX, la mit dans l'état où elle se trouve encore aujourd'hui. On y voit avec intérêt le tableau du maître-autel, d'auteur inconnu, mais assez remarquable. Près de là, enfin, subsiste une ancienne porte du XIIIᵉ siècle, qui mérite l'attention. Une mosaïque représente la vision qu'eut saint Jean de Matha pendant sa première messe à Paris. Notre-Seigneur y est représenté sur un trône en forme de bisellium, le chef barbu, avec un nimbe d'or crucigère. Il soutient une croix sur une hampe allongée. Il est vêtu d'une tunique rouge avec une toge bleue et pose les mains sur deux captifs à genoux, l'un blanc, l'autre noir. Au-dessus sont figurées deux croix de couleur rouge et bleue, sur fond blanc et de formes diverses ; l'une est en forme de croix de Malte, l'autre est de forme ordinaire. Ce qui fut plus tard d'un grand secours au bienheureux Jean-Baptiste de la Conception, lors de sa réforme. Il montra, par ce monument, qu'il n'avait rien innové, en changeant pour les siens la forme de la croix rouge et bleue que l'ordre porte sur l'habit blanc. » Nous devons faire remarquer que le domaine attenant à l'église de Saint-Thomas *in Formis*, et qui, après avoir appartenu aux Trinitaires fut cédé au chapitre de Saint-Pierre, a été vendu, en grande partie, il y a cinq ans, par ledit chapitre, à une princesse autrichienne qui, devenue religieuse et fondatrice d'une congrégation à Vérone, près Venise, a établi dans ce domaine une succursale de sa maison mère, pour y élever gratuitement des jeunes filles du peuple.

rien toutefois par cette privation de la protection dont l'avait entouré l'homme de Dieu. Ceux qui se rendaient à son sépulcre, animés d'une foi vive, y reçurent, à toute heure, les grâces qu'ils venaient demander à Dieu par l'intercession du nouveau saint. Leur confiance était récompensée constamment par de nouveaux miracles. On raconte même qu'il coula de ce sacré tombeau, pendant bien des années, une liqueur ou espèce de baume, dont plusieurs infirmes reçurent la santé par les onctions qu'on en avait faites sur leur corps. Ce miracle cessa dès que les fidèles cessèrent, de leur côté, d'accourir auprès du saint corps, avec la même foi, forte et animée, de leurs ancêtres.

« Les miracles, nous dit saint Augustin, deviennent un objet de doute et de mépris en devenant trop communs, et c'est pour ce motif que Dieu en arrête le cours, afin de ne point rendre son peuple trop coupable par le dédain qu'il finit par concevoir pour les prodiges qu'il a tous les jours sous les yeux. Après qu'il s'en est servi pour découvrir la sainteté de ceux par le ministère desquels il les a opérés, il les laisse tomber dans un silence mysté-rieux qui marque le repos éternel et immuable dont ses saints jouissent dans le ciel. »

N'allons pas croire toutefois que ce Dieu qui avait comblé de gloire l'âme de saint Jean de Matha, dans son royaume céleste, ait laissé tout à fait sur la terre son corps dans l'obscurité du tombeau. Il le recommanda, de temps en temps, à la vénération des chrétiens par des prodiges signalés qui marquaient le pouvoir dont ce saint jouit dans le ciel. En un mot, son sépulcre fut glorieux. Nous pourrions rapporter ici beaucoup de ces faits miraculeux ; nous nous contenterons de citer celui qui eut lieu, à la fin du xviie siècle, dans la ville d'Ubède, diocèse de Jaen dans l'Andalousie.

La peste faisait depuis quelque temps des ravages affreux dans la ville d'Ubède ; la contagion n'épargnait personne ; les hôpitaux regorgeaient de malades. Les religieux de tous les ordres faisaient le sacrifice de leur vie pour conserver celle de leurs frères chrétiens, pour leur administrer les derniers sacrements et les aider à bien mourir. Plusieurs religieux, appartenant au couvent que l'ordre de la Très-Sainte Trinité possédait dans cette ville, avaient déjà succombé, comme beaucoup d'autres, en rendant aux pestiférés les soins de leur charité. Ceux qui demeuraient encore, ayant un jour transporté le corps d'un de leurs frères dans l'Église où ils devaient l'inhumer, après lui avoir rendu les honneurs funèbres, remarquèrent sur l'autel une image de leur bien-aimé fondateur saint Jean de Matha. Avertis par une soudaine inspiration, ils courent vers l'autel, s'emparent de l'image et s'empressent de la porter, comme en triomphe, à l'hôpital peu distant de là. Les malades, surpris d'un spectacle si nouveau, et animés d'une confiance égale à celle de ces pieux religieux qui voulaient leur procurer le bonheur et la santé par la visite d'un médecin qu'ils n'attendaient pas, sortirent aussitôt de leur lit en s'écriant à haute voix : « Grand saint ! secourez-nous, c'est de vous seul que nous attendons notre guérison, bien persuadés que Dieu ne vous refusera point cette grâce, si vous la lui demandez. » Prodige étonnant ! le mal cessa à l'instant même, et deux religieux qui avaient été atteints en soignant les autres, et qui étaient sur le point de rendre le dernier soupir, reprirent connaissance, et furent complétement guéris dès qu'ils eurent appliqué sur leur tête l'image de leur bienheureux père. Ces deux religieux s'appelaient : l'un, frère Salvator d'Albarade, et l'autre, frère Jean Gonzalez.

Dès le principe de la contagion, on avait fait des prières publiques, des processions et vœux solennels pour apaiser la colère de Dieu ; mais il avait plu à la Providence d'y paraître insensible, afin de réserver toute la gloire de ce miracle à l'intercession de saint Jean de Matha ; car la peste ne cessa tout à fait que lorsqu'on eut porté son image en triomphe par toute la ville et dans tous les lieux où se trouvaient des malades. Ce fut le témoignage authentique qu'en rendit l'évêque de Jaen qui, ayant été prié d'informer sur cet événement, commit, à cet effet, son vicaire général pour en prendre connaissance sur les lieux, et celui-ci, après avoir ouï les témoins qui déposèrent tous qu'ils devaient la guérison et la santé aux mérites de ce grand saint, en dressa procès-verbal le 30 septembre 1681. L'auteur (Dilloud), qui nous a fourni le récit de ce miracle et qui écrivait lui-même en 1694, atteste avoir eu sous les yeux ledit procès-verbal, dont il a tiré les détails que nous venons de donner.

V

Culte rendu à notre Saint. — Il est canonisé par la voix des peuples, puis par le Saint-Siége en 1671.

En rapportant, dans le chapitre précédent, le miracle arrivé à la fin du XVIIe siècle à Ubède, nous avons anticipé sur l'ordre des événements relatifs au culte qu'a reçu successivement dans l'Église l'illustre fondateur. Nous devons remarquer d'abord qu'il a été honoré comme saint par les fidèles bien avant que l'Église ne lui eût décerné les honneurs des autels. Au reste, il s'est trouvé, dans les commencements de l'Église et jusque vers la fin du Xe siècle, des saints dont la canonisation ne s'est point faite autrement. Saint Charlemagne, saint Roch et plusieurs autres n'ont été déclarés saints que par la voix des peuples. Il semble que l'Église s'était dépouillée de ses droits en ces occasions. Elle a voulu céder quelquefois à la piété des fidèles le privilége, réservé à elle seule, de désigner comme di-

gnes de vénération sur la terre ceux que leurs éminentes vertus avaient élevés dans le ciel. Comme elle
est la colonne et l'arbitre de la vérité, elle ne peut
proposer aux chrétiens que ce qui doit les porter à
la piété, ce qui est exempt de tout germe d'erreur,
de toute trace de mensonge. Aussi que de recherches
ne fait-elle point pour juger de la sainteté consommée de ceux qu'elle veut nous proposer comme modèles et nous donner comme protecteurs! Elle exa-
mine toute leur conduite, elle étudie tous leurs pas;
elle essaie même de pénétrer dans leurs intentions
pour en découvrir la pureté; enfin elle met tous ses
soins à ne point se laisser surprendre par les artifices d'une piété déguisée, et pour rendre ses lumières plus fortes et réellement infaillibles, elle demande, par d'instantes prières, celles du ciel qui,
en cette occasion, ne sauraient lui manquer, consé-
quemment à la promesse qui lui en a été faite par
le Sauveur.

Lorsqu'il s'était agi de saint Jean de Matha,
l'Église avait pu, sans danger, omettre quelques-
unes des précautions, des informations préliminaires
dont nous venons de parler, et qui, déjà en ce
temps-là, étaient en usage. La piété des fidèles avait
prévenu, il est vrai, le jugement du Saint-Siége;
mais Innocent III, en gardant lui-même le silence
sur la vénération et les honneurs qu'on s'était em-
pressé de rendre à celui dont, mieux que tout autre,
il avait reconnu et apprécié les mérites, autorisait

par cela même le culte que l'on rendait à saint Jean de Matha. Une telle dévotion ne pouvait avoir de racine et de motif que dans les vertus héroïques qu'on avait vu pratiquer par l'illustre défunt, et dans les faveurs que recevaient continuellement ceux qui avaient recours à son intercession. La conduite d'un pape, si célèbre par sa science et sa piété, non moins que par sa vigilance à sauvegarder tous les intérêts de la foi chrétienne, est d'un grand poids dans cette affaire.

Toutefois Urbain IV, un des successeurs d'Innocent III, crut devoir agir autrement. Poussé par sa dévotion et sa confiance envers notre saint, mais surtout par les instances des religieux trinitaires qui attribuaient à ce manque d'une canonisation solennelle cette sorte d'oubli où était tombé le culte de leur père, après avoir brillé pendant plusieurs années du plus vif éclat, le pape Urbain IV, après de sérieuses informations dont nous avons parlé plus haut, admit Jean de Matha, l'illustre fondateur de l'ordre de la Très-Sainte Trinité, au nombre des saints, par un décret public et solennel, daté du 1er mai 1262, et les cérémonies publiques de la canonisation eurent lieu le 4 octobre de l'année suivante. Malheureusement, il arriva, par un concours de circonstances devenu aujourd'hui inexplicable, que ce décret ou bulle d'Urbain IV finit par s'égarer, sans qu'on ait jamais pu en retrouver le texte. Dès lors, la dévotion envers notre Saint, au lieu de se répandre, demeura restreinte, pendant de longues années, dans le sein de l'ordre.

Il faut dire d'ailleurs que ce qui contribua peut-être, plus que toute autre cause à ce nouvel oubli, ce fut l'état de délabrement ou même d'abandon dans lequel tomba peu à peu le couvent de Saint-Thomas *in Formis*, que le saint avait illustré de sa présence, et où ses dépouilles mortelles avaient attiré si longtemps un concours de pieux pèlerins. La peste avait décimé plusieurs fois la communauté de religieux trinitaires qui s'étaient constitués les gardiens de ce sanctuaire, et ils avaient cru devoir se transporter dans un autre local de la Ville Éternelle. Les fidèles, n'étant donc plus attirés à Saint-Thomas par les cérémonies du culte, ni par les secours religieux qu'ils y trouvaient jadis, finirent par oublier le saint lui-même dans son tombeau. Cet état de choses dura jusqu'à la fin du xviᵉ siècle. A cette époque, il s'établit des réformes au sein de l'ordre, mais surtout en France et en Espagne. En peu de temps, l'ordre entier se trouva divisé en plusieurs congrégations, dont chacune s'évertua à revendiquer le saint pour son père et son protecteur particulier ; chacune aussi s'efforça, soit pour confirmer ses droits, soit pour légitimer ses prétentions, de l'emporter sur les autres par son zèle pour la gloire du fondateur.

Cette noble émulation tira d'un injuste oubli le nom de saint Jean de Matha, et sa mémoire reçut de nouveau les honneurs du culte que le souvenir

de ses vertus et de ses faveurs avait longtemps commandé. Les souverains Pontifes eux-mêmes, Urbain VIII et plus tard Innocent X, autorisèrent cette
louable réaction en ajoutant, dans leurs bulles, l'é-
pithète de saint ou de bienheureux au nom de l'illustre fondateur.

Cependant les restes mortels de saint Jean de
Matha gisaient encore presque abandonnés dans
l'église à demi ruinée de Saint-Thomas *in Formis*.
Deux religieux de la Réforme d'Espagne, les frères
Gonzalve Medina et Joseph Vidal, ne pouvant souffrir plus longtemps un abandon qu'ils regardaient
comme également injurieux au père et aux enfants,
résolurent d'enlever ces saintes reliques et de les
déposer dans un lieu plus convenable. En 1655, ils
accomplirent leur projet, et transportèrent en Espagne le corps de saint Jean de Matha. Ils déposèrent ce trésor dans le palais de la nonciature à
Madrid. Il fut dans la suite transféré dans une chapelle préparée à cet effet au couvent des Trinitaires
déchaussés de cette ville [1]. Cet enlèvement clan-
destin et ces diverses translations donnèrent lieu à

---

[1] Des auteurs qui nous parlent de cette translation, nous
affirment qu'elle se fit avec une pompe extraordinaire. De retour à l'église des Pères, le corps saint fut déposé sous le
maître-autel, où il continua d'être révéré par un grand nombre
de fidèles. Mais les Trinitaires ayant dû, comme tous les autres
religieux, quitter l'Espagne, en 1837, sous le règne de Christine, le corps du saint fut de nouveau renfermé dans le palais
de la Nonciature. C'est là que notre T.-R. Père général a
reçu, en 1861, une relique insigne du saint fondateur, consis-

des informations juridiques, rigoureuses et multipliées, qui ne servirent qu'à mieux faire constater
l'identité des précieuses reliques du saint.

Toutefois, l'ordre de la Très-Sainte Trinité avait
pris trop à cœur de faire ranger son principal fondateur parmi les saints auxquels l'Église accorde
un culte solennel et public, pour se contenter de la
canonisation équivalente qui avait eu lieu, aussitôt
après la mort du saint et de la bulle qu'Urbain IV
avait publiée, mais qu'on ne pouvait plus retrouver.
Les religieux trinitaires visaient à faire insérer le
nom de saint Jean de Matha dans le Martyrologe romain. Pour atteindre ce but, ils n'épargnèrent aucunes peines, aucunes démarches pendant de longues
années; enfin, après plusieurs bulles obtenues par
eux en faveur du culte de saint Jean de Matha, sur
les instances du grand roi, Louis XIV, lui-même
qui, dans sa supplique au pape Innocent XI, n'oublia point de mentionner que saint Jean de Matha
était issu d'une noble famille de France, et que son
compagnon de travaux et de sainteté était sorti de la
race royale des Valois, la Congrégation des rites, par
un décret du 27 janvier 1671, rendu avec l'approbation du Saint-Père, fit insérer les noms des deux
fondateurs dans le Martyrologe romain. Ensuite, en

tant en un os de l'épaule gauche, dont il s'est fait une infinité
de petites reliques. On célèbre dans l'ordre la fête de la Translation des reliques du saint fondateur, le cinquième dimanche
après Pâques.

1694, l'office de ces deux saints, qui jusque-là avait été *ad libitum*, fut élevé au rang de double mineur de précepte. Leurs fêtes furent alors fixées, celle de saint Jean de Matha au 8 février, et celle de saint Félix de Valois, au 20 novembre, comme l'Église universelle les célèbre aujourd'hui [1].

VI

Dévotion des habitants de Faucon envers saint Jean de Matha.
Couvent de Faucon.

L'ancien diocèse d'Embrun, auquel appartenait la vallée de Barcelonnette et le village de Faucon, lors de la naissance et de la vie de saint Jean de Matha, s'attacha de bonne heure à payer à l'illustre fondateur le tribut de vénération et d'hommages qui lui était dû à tant de titres; mais la population de Faucon se distingua toujours, parmi celles des environs, par une dévotion toute spéciale envers celui qui, sorti de son sein, sera toujours son plus beau titre de gloire et son plus dévoué protecteur dans le ciel; et il faut dire que Dieu favorisa ces heureuses dispositions en permettant que deux parcelles des reli-

---

[1] Nous devons avertir que ces détails sur le culte successivement rendu à saint Jean de Matha ont été puisés en grande partie dans l'histoire du même saint publiée par le P. Prat.

ques du saint parvinssent, en 1674, dans sa patrie, mais par des voies marquées tout à fait au coin de sa providence adorable, ainsi qu'on peut le voir dans les chroniques des Pères Trinitaires du couvent [1] de

[1] Un des historiens de notre saint, Tarizzo, attribue à saint Jean de Matha lui-même la fondation du couvent de Faucon, qui aurait eu lieu lorsque le serviteur de Dieu, se rendant de Paris à Rome accompagné de saint Félix de Valois, passa quelques jours chez ses parents, à Faucon. Mais nous croyons que cet auteur se trompe en cela, à moins qu'il ne veuille donner le nom de couvent à quelque habitation particulière peu importante, sans doute, qui a dû, dès les commencements de l'ordre, servir de pied-à-terre aux enfants de saint Jean de Matha, lorsqu'ils venaient visiter les lieux qui avaient donné naissance à leur illustre et bien-aimé fondateur. Nous ne pourrions dire l'époque précise à laquelle ils commencèrent à s'y établir d'une manière permanente ; mais, vers le milieu du xviie siècle, ils y possédaient un hôpital, d'après l'attestation du P. Ignace de Saint-Antoine, né à Seyne, et compilateur du nécrologe de l'ordre. Voici ce qu'on y lit au 20 septembre : « En ce jour mourut le P. Paul de Saint-François, né à Barcelonnette, et qui avait fait avec distinction ses études dans le collége de cette ville, où ses vertus, et surtout sa rare modestie, l'avaient rendu le modèle de ses condisciples. Ayant été ensuite envoyé à l'hôpital de Faucon, il contracta les fièvres malignes en y soignant ceux qui en étaient atteints, et obligé, dès lors, de revenir à Barcelonnette pour se faire soigner, et il y mourut dans les sentiments de la plus vive piété, l'an 1668. » Le village de Faucon était alors plus considérable qu'il n'est aujourd'hui, et peut-être son hôpital servait-il de refuge à tous les malades des environs.

Quoi qu'il en soit, il paraît que les premières tentatives sérieuses des religieux Trinitaires pour avoir à Faucon un couvent régulier datent de la première moitié du xviie siècle. Dès l'an 1664, ils obtenaient de Mgr Georges d'Aubusson, archevêque d'Embrun, alors ambassadeur de France à Madrid, la permission de fonder un couvent à Faucon, et ce prélat a soin de notifier qu'il leur donne cette permission par le motif que c'est là le lieu de naissance de leur fondateur, et qu'il est bien

Faucon. Ces reliques consistaient en deux phalanges des doigts du saint. Reconnues authentiques par Mgr Charles Brulard de Genlis, archevêque d'Embrun, elles furent, en vertu de son autorisation, ex-

juste que les compatriotes du saint sentent principalement les fruits de son zèle par les enfants de son institut. Les Dominicains avaient alors un couvent à Barcelonnette, et le Père qui en était supérieur, craignant que cette nouvelle maison, si rapprochée de la leur, ne lui fût nuisible, en écrivit à son Père général à Rome. Mais celui-ci répondit, par une lettre du 20 septembre 1668, qu'on devait bien se garder de contrarier en cela les religieux Trinitaires, attendu que Faucon était le pays natal de leur saint patriarche. On lit sur une pierre de taille du couvent le millésime de 1675, ce qui indique peut-être que les constructions les plus urgentes furent alors achevées.

La chapelle est du style de la renaissance. Elle est fort belle, à plein-cintre et à une seule nef. L'histoire du diocèse d'Embrun, imprimée en 1783, dit que cette maison était habitée ordinairement par six religieux. On cite un Père Chrysostome parmi ceux qui s'y sont distingués. A la Révolution française le couvent fut vendu avec ses dépendances à une famille du pays, qui le conserva jusqu'en 1852. Il fut alors acheté par le prince Alexandre Torlonia, riche banquier de Rome, qui, dès l'année 1858, le céda gratuitement aux Pères Trinitaires. Une double circonstance bien remarquable de cette cession, c'est qu'elle a été faite le 8 décembre, fête de l'Immaculée-Conception, et que l'acte notarié en a été dressé et signé le 17 du même mois, jour anniversaire de la mort de saint Jean de Matha. La très-sainte Vierge et le saint Fondateur voulaient sans doute témoigner par cette coïncidence providentielle, la haute approbation et la bienveillante protection qu'ils accordaient à cette œuvre de restauration des Trinitaires en France, qui devait être la conséquence immédiate de la susdite cession.

En effet, dès le 15 septembre 1859, ces Religieux conduits par le P. Antoine de la Mère de Dieu, général de l'ordre, ont été solennellement réinstallés dans leur couvent, par Mgr Meirieu, évêque de Digne. Nous ne saurions décrire ici les transports de joie qui ont accueilli à Barcelonnette et à Faucon les enfants de saint Jean de Matha, après un exil de plus d'un demi-siècle,

posées à la vénération publique dans la chapelle des
Pères, où elles continuèrent à être honorées jusqu'en 1792. A cette époque, elles devinrent la propriété de la famille qui avait acquis le couvent et

ni le concours immense et spontané qui se fit dans leur chapelle, le jour de leur installation. Car il y était venu des fidèles non-seulement des paroisses environnantes, mais même
des extrémités du diocèse; l'archiconfrérie de la Très-Sainte
Trinité de Marseille avait délégué quelques-uns de ses membres à cette fête de famille, et entre autres M. l'abbé Per-
rée, dont la voix éloquente fit entendre alors de nobles ac-
cents; M. l'abbé Margalhan, fondateur des religieuses Trinitaires de Sainte-Marthe, près Marseille, y assistait aussi, et la
congrégation des Sœurs Trinitaires de Valence avait voulu
s'y faire représenter par le don de riches ornements d'autel.
Plus de cent prêtres du diocèse de Digne s'y groupaient autour
du premier Pasteur.

A tous ces détails que nous venons de donner sur le couvent
de Faucon, on nous pardonnera d'ajouter une courte notice sur
un jeune religieux qui, ayant habité cette maison depuis sa
restauration, y a laissé d'impérissables souvenirs. M. l'abbé
Norbert-Pierre Delpeyrou, né dans les environs de Montauban
(Lot-et-Garonne), avait reçu notre saint habit au couvent de
Faucon, le 20 novembre 1860, sous le nom de frère Gratien de
Saint-Félix. L'amabilité de son caractère, la délicatesse de son
esprit et le bon ton de ses manières étaient rehaussés par une
sincère et solide vertu. On ne pouvait le voir, et surtout le fréquenter, sans le chérir avec tendresse, mais l'amitié qu'on avait
pour lui était mêlée de respect et de vénération. Il supportait
avec une admirable résignation les inconvénients inséparables
d'une œuvre encore naissante; mais ayant été atteint d'une né-
vralgie, après dix-huit mois de séjour à Faucon, il fut envoyé
à Rome, dans la maison mère de l'ordre, pour y rétablir sa
santé et faire son cours de théologie. Il put d'abord se livrer
avec ardeur à l'étude et à la pratique de la règle ; mais bientôt,
ses forces trahirent son courage et sa bonne volonté; des symp-
tômes alarmants se manifestèrent; mais il lutta encore contre
le mal, avec toute l'énergie de sa foi et de sa confiance en Dieu.
Dès qu'il eut été revêtu du sacerdoce, en avril 1864, on le fit

son domaine. L'une de ces reliques fut cédée à l'église paroissiale de Faucon en 1835, et l'autre remise aux Pères Trinitaires en 1860, après leur retour dans leur ancien couvent.

La dévotion à saint Jean de Matha avait dû nécessairement s'affaiblir par la disparition des religieux à la révolution, et par le changement qu'avaient subi leur paisible demeure, et surtout leur belle église qui servait alors aux plus vils usages. Toutefois la mémoire du saint ne s'était point tout à fait effacée du cœur et de l'esprit des bons habitants de Faucon ; quelques-uns d'entre eux rappelaient encore avec délices à la génération actuelle les grandes solennités qui avaient lieu au temps de leur enfance dans l'église du couvent. Mais, dès 1835, cette dévotion prit tout à coup un certain degré de splendeur par les soins assidus d'un digne prêtre, natif

revenir en France. Après avoir reçu, pendant deux mois à Valence, les soins empressés de nos sœurs Trinitaires, il se rendit à Eaux-Bonnes, près Pau, dans l'espoir que ces bains pourraient neutraliser les effets d'une lésion qu'on avait reconnue à son poumon droit, mais il était trop tard ; ce fruit était déjà mûr pour le ciel. Il est revenu mourir à Saint-Martin de Lastours, où il était né. Sa mort arriva le 29 août 1865 ; il était dans sa vingt-cinquième année. Sa patience et sa tranquillité, au milieu des plus atroces douleurs, ont excité l'admiration de tous ceux qui ont pu assister à ses derniers moments. C'est pour nous tous une grande perte. Mais nous, en particulier, qui avions pu le mieux apprécier, nous comprenons maintenant, par cette douloureuse expérience du vide immense qui s'est fait dans notre cœur, toute la vérité et l'opportunité de ces paroles des Livres Saints : *Ut doleri solet in morte primogeniti.*

de Faucon, qui administrait alors la paroisse. Néanmoins la pompe des anciens jours ne reparut qu'au retour des Religieux Trinitaires dans leur antique habitation.

Nous tenons à constater que cette ferveur de dévotion, loin de se ralentir, tend au contraire à prendre chaque année de notables accroissements. A chaque fête du 8 février, on voit de nouveaux pèlerins venir se ranger, pieux et recueillis, aux pieds de l'autel du saint et s'approcher de la table eucharistique. Il est hors de doute que, dans cette assistance, les habitants de Faucon figurent toujours pour la majeure partie; mais aussi c'est de leur part devoir de justice et de reconnaissance; car s'ils ont été préservés jusqu'ici de ces maladies qui ont affligé d'autres populations voisines, à qui en sont-ils redevables? S'ils ont été garantis de ces épidémies bien autrement dangereuses, la fièvre de l'or, la manie de l'émigration qui font non loin de là tant de malheureux, parce qu'elles amènent à leur suite l'oubli de Dieu et la ruine de l'âme, à qui le doivent-ils encore? Ah! sans nul doute, à celui qui leur a laissé de si nobles exemples de pauvreté volontaire. Puissent-ils donc être toujours fidèles à l'honorer et à imiter ses vertus, afin qu'ils ne cessent point de ressentir les salutaires effets de sa puissante protection!.....

LIVRE SIXIÈME.

APERÇU GÉNÉRAL
SUR L'ÉTAT SUCCESSIF DE L'ORDRE DE LA T.-S. TRINITÉ APRÈS LA MORT DU SAINT FONDATEUR.

I

Succession des ministres généraux de l'ordre, depuis
saint Jean de Matha jusqu'à nos jours.

1. Saint Jean de Matha, mort à Rome. . . de 1198 à 1213		
2. Jean l'Anglais, mort à Rome.	1213	1217
3. Guillaume l'Écossais, mort à Bagnos, enseveli à Cordoue.	1217	1222
4. Roger le Lépreux, Anglais, mort à Châlons-sur-Marne.	1222	1225
5. Michel d'Espagne, mort à Rome.	1225	1239
6. Nicolas Ier, Français., mort à Cerfroid. .	1230	1256
7. Jacques, Flamand	1256	1262
8. Allard, Fr., mort à Drapani, en Sicile. . .	1262	1272
9. Jean, Flamand, mort à Cerfroid.	1272	1290
10. Jean Boileau, Écossais, mort à Cerfroid. .	1291	1299
11. Pierre de Cusiac, Fr., mort à Cerfroid. . .	1299	1323
12. Thomas Loquet, Fr., mort à Cerfroid. . .	1323	1347
13. Pierre de Aberdeen, Éc., mort à Cerfroid.	1347	1357
14. Pierre de Bourry, Fr., mort à Cerfroid. .	1358	1373
15. Jean de la Marche, Fr., mort à Cerfroid, adhéra au pape d'Avignon, et perdit Saint-Thomas *in formis*.	1373	1391

Après saint Jean de Matha, nous voyons lui succéder, dans la direction suprême de son œuvre, une suite de fervents disciples, sortis de ses mains, ou formés à la vertu et au bon gouvernement de l'ordre par les leçons de saint Félix de Valois. Le premier de tous fut Jean l'Anglais qui, dès la mort du saint fondateur, laissant à Guillaume l'Écossais l'administration du couvent de Cerfroid, se hâta d'aller habiter, comme son illustre maître, dans la ville éternelle. Il avait compris, lui aussi, qu'un ordre religieux ne pouvant tenir son existence que de l'approbation et de l'appui constant du Saint-Siége, il importait de puiser toujours auprès du Pontife romain, centre et source de toute vie spirituelle, les inspirations de sa charité et la direction de son œuvre.

Nous avons vu Jean l'Anglais assister au concile de Latran, en sa double qualité de chef d'ordre et de théologien du roi de France. Il envoya en Orient une colonie de ses religieux, pour y distribuer aux croisés les secours de la foi et briser leurs fers lorsque la chance des combats aurait tourné contre eux. De plus, il organisa une rédemption qui rendit la liberté à plus de deux cents captifs détenus à Alger. Enfin, il songeait à se rendre lui-même de nouveau sur le théâtre de ses premiers exploits, lorsqu'il mourut à Rome, en odeur de sainteté l'an 1217. Il a joui, dit-on, en Angleterre, pendant près de trois siècles, des honneurs d'un culte public. Il fut inhumé à Saint-Thomas *in for-mis*, à côté de saint Jean de Matha.

Jean l'Anglais eut pour successeur Guillaume l'Écossais qui, héritant en même temps de ses ver-tus et de ses talents, fonda de nombreuses maisons de son ordre en France, en Espagne, en Angleterre et jusque dans l'Écosse. Un des premiers trinitaires Écossais, le P. Richard, fut massacré à Tunis, où il s'était rendu pour l'œuvre du rachat. Guillaume lui-même se distingua beaucoup parmi ses frères pour son zéle à l'égard des pauvres captifs. Appre-nant qu'un grand nombre de croisés étaient prison-niers en Orient [1], il vola à leur secours et eut la consolation d'en ramener un grand nombre avec lui

---

[1] Parmi les religieux que le R. P. Guillaume envoya succes-sivement en Orient au secours des Croisés, se trouvait le P. An-dré d'Agramont. Il se rendait par mer à sa destination avec sept autres Trinitaires; mais arrivé à la hauteur de Lisbonne, le vaisseau qui les portait fut obligé de relâcher dans le port de cette ville, pour se soustraire à une furieuse tempête. Nos reli-gieux allèrent visiter, dans sa résidence de Santarem, le roi de Portugal, qui leur offrit aussitôt de faire à ses frais, à côté même de son palais, une fondation qu'ils acceptèrent. Le cou-vent, qui ne consistait d'abord qu'en un hôpital, se rendit bien-tôt célèbre par la ferveur de ses religieux et par leur zèle à pro-curer la rédemption des captifs. Le P. André, après l'avoir administré vingt-quatre ans, y mourut saintement, en 1242.

Une relation espagnole imprimée, que nous avons eue sous les yeux à Rome, lui attribue quelques miracles. M. le comte de Grammont, ambassadeur français à Rome, en 1858, nous a prouvé, par l'arbre généalogique de sa famille, que le P. André en était sorti; nous avons pu nous convaincre que le nom de cette noble famille s'écrivait alors, en effet, d'Agramont.

en Europe. Puis, il visita toutes les maisons de l'ordre pour exciter partout, dans ses religieux, l'esprit de sacrifice. Enfin, s'étant rendu en Espagne, il mourut à Bagnos accablé de fatigues et victime de son dévouement, pour les captifs de ces contrées. C'était en 1222. Après lui nous trouvons, comme général de l'ordre, Roger le Lépreux qui, pour consolider l'œuvre du rachat et conserver à l'ordre toute sa vigueur, s'appliqua, surtout, à former ses enfants à toutes les pratiques de la vie religieuse, dont il avait eu le bonheur de recevoir les traditions de la bouche même de saint Félix de Valois. Mort à Châlons-sur-Marne, en 1225, il eut pour successeur Michel l'Espagnol qui se hâta de reporter à Rome le siége du gouvernement de l'ordre, il fit une nombreuse rédemption en Espagne, puis, succombant à ses travaux, il alla terminer sa sainte vie à Rome, où il fut enseveli dans le même tombeau que saint Jean de Matha et Jean l'Anglais.

Nicolas 1er lui succéda, en 1230 ; admis par le roi saint Louis, dans ses conseils privés, à cause de sa grande vertu et de sa rare habileté dans les affaires, il accompagna le pieux Monarque dans la Terre-Sainte, et ne l'abandonna ni au milieu des combats ni dans les fers. Il se dévoua, avec plusieurs de ses religieux, au soulagement des croisés devenus captifs, ou attaqués de la peste. Puis, lorsque le saint roi eut été rendu à la liberté, il visita avec lui les lieux saints, où il fonda plusieurs couvents de son ordre, dont quelques-uns ont subsisté jusque vers la fin du xve siècle. Louis IX, revenu en France, témoigna hautement son estime et sa reconnaissance au P. Nicolas et à ses frères, ainsi que nous l'avons dit dans la Vie de saint Félix de Valois, en parlant de la fondation des couvents de Cerfroid, de Saint-Mathurin et de Fontainebleau. Tels furent les premiers successeurs des deux saints patriarches.

Les ministres généraux qui vinrent après furent généralement fort recommandables par la régularité de leur vie, la sagesse de leur administration, et surtout par le soin qu'ils eurent constamment de procurer l'accomplissement du but principal de l'ordre, c'est-à-dire le soulagement et le rachat des captifs. Quelques-uns d'entre eux dirigèrent, même en personne, des rédemptions fort importantes en Barbarie, en Espagne ou en Orient ; d'autres envoyèrent des ouvriers évangéliques jusque dans les contrées les plus reculées de l'Asie, en Abyssinie, dans la Tartarie, etc. Ils étaient la plupart docteurs en théologie et quelques-uns en droit canon. Mais nous devons surtout mentionner le célèbre Robert Gaguin qui fut le vingt-deuxième général de l'ordre.

Gaguin était né à Collines dans le diocèse d'Arras. Une prudence consommée dans les affaires, unie à une profonde connaissance des hommes et à une grande droiture d'esprit et de cœur, lui eut bientôt acquis une estime universelle. Aussi fut-il employé par les rois Louis XI et Charles VIII dans plusieurs négociations non moins importantes que difficiles. Il passait pour l'homme de son siècle qui écrivait le mieux en latin, et, d'autre part, il s'exprimait avec tant de grâce et d'éloquence, que l'Académie le choisissait toujours pour la représenter quand il fallait haranguer un savant ou quelque étranger de distinction. Mais sa piété n'était pas moindre que sa science. On tient pour certain qu'il fut guéri d'une maladie mortelle à Cordoue, par la très-sainte Vierge elle-même qui l'assura de son heureux retour en France. On a de lui des épitres, des harangues et des poésies en latin, un poëme latin sur l'Immaculée Conception; une Histoire Romaine et une Histoire de France fort consultées par les érudits, enfin, beaucoup de chroniques et de manuscrits sur les événements qui ont eu lieu de son temps. Il avait organisé successivement trois rédemptions sur les côtes de Barbarie, pendant son généralat.

Le vingt-sixième général, P. Bernard Dominici, fut un prédicateur controversiste fort distingué. Plusieurs fois les hérétiques attentèrent à ses jours, pour se délivrer de ses brûlantes invectives. Il était, d'ailleurs, très-zélé pour l'observance religieuse. Son successeur François Petit ne le fut pas moins. Il favorisa les commencements de la réforme, tant en France qu'en Espagne, et fit faire une rédemption générale dans la Hongrie. Claude Ralle, qui vint après, était, depuis quarante ans, secrétaire général de l'ordre, quand il fut choisi pour le gouverner. Il fit accomplir une rédemption bien nombreuse à Tétuan et à Salé. On a de lui divers opuscules latins et français en prose et en vers. Ses profondes connaissances en théologie, en philosophie et dans les belles lettres font regretter qu'il n'ait point eu le temps de composer un plus grand nombre d'ouvrages. Ses sermons étaient pleins d'une solide et nerveuse éloquence. Son successeur, Pierre Mercier, envoya pendant huit fois consécutives ses religieux en Barbarie, et il eut le bonheur de rendre la liberté à un très-grand nombre d'esclaves. Sous Eustache Teissier, qui lui succéda, les provinces d'Espagne qui n'avaient point pris part à son élection, firent défection, et obtinrent du Pape Innocent XI d'élire un général particulier; mais, sous le règne de Philippe V, en Espagne, le général français, qui était alors Grégoire de la Forge, fit des poursuites pour rentrer dans ses droits, et il en vint heureusement à bout. Ce P. Grégoire était prédicateur distingué et confesseur du roi de France. il avait dirigé en personne une rédemption en 1687. Il en prépara deux autres, mais une troisième qu'il avait fait entreprendre dans le Maroc, échoua par la perfidie du souverain de ce pays.

Le P. Claude de Massac fut une des gloires de l'ordre qu'il gouverna pendant trente-deux ans. Ce fut sous son généralat que s'élevèrent en France les querelles du jansénisme. Le P. Claude, aussi vertueux que savant, montra toujours une soumission entière aux décisions de l'Église, et, grâce à sa fermeté et à son zèle, l'institut des Trinitaires fut en France un de ceux qui donnèrent le moins dans les erreurs des sectaires. Ce fut sous le P. Pichault, qui était le trente-cinquième général de l'ordre, que se tint ce funeste chapitre national, dont nous parlerons bientôt. A l'époque de la suppression totale des religieux en France, le général des Trinitaires était le P. Chauvier, et il avait pour le représenter à la cour de Rome le P. Doigebray. Le P. Chauvier mourut de douleur, au sein de sa famille, à Paris, en 1794.

L'ordre supprimé en France et en Italie (hormis les états du Pape), par la révolution française se perpétua en Espagne, et, dès lors, les ministres généraux et la plûpart des autres membres de l'ordre furent Espagnols; en 1835 le général était le P. Marti résidant à Murcie. Mais sous le règne désastreux de Christine l'ordre a été également aboli en Espagne. Plusieurs religieux Trinitaires y furent sécularisés, d'autres, en petit nombre, passèrent la mer et se réfugièrent en Italie et surtout à Rome. Nous n'avons parlé au reste, jusqu'à ce moment, que du grand ordre, ou ancienne observance.

II

Réformes opérées en France dans l'ordre de la Très-Sainte
Trinité.

La règle que saint Jean de Matha avait donnée à
ses enfants fut confirmée, ainsi que nous l'avons vu,
par une bulle d'Innocent III en 1198. Le Pape Honorius III, successeur d'Innocent, la confirma de
nouveau, mais cinquante ans après, le P. Allard,
huitième général de l'ordre, voyant que ses sujets
en trouvaient quelques prescriptions trop rigides et
qu'ils les observaient mal, voulut leur ôter cette
cause de relâchement et de faute, en priant Urbain IV
de la faire adoucir en certains points. Le Pape en
confia la révision à l'Évêque de Paris et aux abbés
de Saint-Victor et de Sainte-Geneviève.

Par leur première règle les religieux Trinitaires ne
pouvaient acheter, pour leur nourriture, outre le
pain, que des légumes, des herbes, de l'huile, des
œufs, du lait, du fromage et des fruits, mais jamais
de la viande ni du poisson ; ils pouvaient cependant,
en manger le dimanche s'ils les avaient reçus en aumône ; les ânes devaient être leurs seules montures,
en voyage ; mais, par la seconde règle, il leur fut
permis de se servir de chevaux, d'acheter de la viande
et du poisson le dimanche, et d'user de tous autres

aliments le reste de la semaine. La règle, ainsi mitigée, fut approuvée et confirmée en 1267 par Clément IV.

En 1348 elle subit une rude épreuve par suite d'une peste qui, venue de l'Orient, enleva en France et dans les autres provinces occidentales de l'ordre 5,480 de nos religieux parmi les plus anciens et les plus fervents. La discipline fut de nouveau énervée pendant le schisme d'Avignon auquel adhérèrent les les provinces de France, et aussi, lorsque, par l'élection irrégulière d'Étienne Duménil à Rome, l'ordre se trouva divisé en deux et même trois obédiences. Mais, enfin, dès l'an 1420, à l'élection du dix-neuvième général Jean Haboud, la règle reprit toute son autorité qu'elle conserva sans altération sensible et générale, jusque vers le milieu du xvie siècle; et, pendant tout ce temps, l'Ordre, suivant l'impulsion que les saints fondateurs lui avaient donnée, fournit constamment des hommes généreux qui, animés de l'esprit de Dieu, veillaient à leur propre sanctification, et au salut du prochain surtout par l'œuvre du rachat.

Mais, après trois siècles et demi d'existence, l'ordre presque tout entier finit par tomber dans un notable relâchement qui n'empêcha pas, cependant, qu'on ne pût trouver toujours dans ce grand corps moral, quelques sujets d'un rare mérite et d'une vertu à toute épreuve. Car précisément, au moment où des réformes ménagées par la Providence allaient surgir en France et en Espagne, l'ordre avait confié dans une des provinces d'Espagne la charge si importante de maître des novices à un des plus grands hommes qu'il ait jamais produits, le bienheureux Simon de Roxas, qui, né à Valladolid en 1552, mourut en 1624, après une vie consacrée tout entière aux œuvres de la plus ardente charité. Il fut provincial de Castille pour son ordre, et confesseur de la reine Elisabeth de France, première femme de Philippe II. Il se distingua par une tendre dévotion envers la très-sainte Vierge, et fonda, en son honneur, la congrégation de l'*Ave Maria* qui devint si célèbre en Espagne. On a pu dire avec vérité du B. Simon de Roxas que tous ses disciples furent autant de maîtres en science et en sainteté.

Ce besoin d'un retour à la ferveur primitive s'était donc fait sentir généralement, et la réforme avait été positivement ordonnée dans les chapitres généraux tenus à Cerfroid, en 1573 et 1576, mais on se mettait peu en peine dans l'ordre d'exécuter ces sages ordonnances, lorsque Dieu y pourvut, dans sa miséricorde, en suscitant deux saints ermites pour être les premiers auteurs de cette réforme. Ce furent les PP. Julien de Nantouville et Claude Alloph du diocèse de Paris qui demeuraient dans un ermitage voisin de Pontoise connu sous le nom de Saint-Michel. Ils demandèrent au pape Grégoire XIII la permission de porter l'habit de l'ordre de la Très-Sainte Trinité, et ce pontife, informé de la vie austère et régulière qu'ils avaient menée, avec dix autres compagnons, dans le dit ermitage, le changea en une maison de l'ordre par une bulle du 18 mars 1578. Ils firent profession à Cerfroid le 8 octobre 1580 et s'attachèrent, dès lors, avec tant de ferveur à l'observance de la règle, que plusieurs anciens religieux de l'ordre voulurent les imiter, pour faire revivre l'esprit des saints fondateurs.

On dut accorder bientôt à ces réformés de nouveaux établissements. En 1601, Clément VIII leur permit d'avoir un visiteur général; en 1619, Paul V leur donna pouvoir de fonder de nouvelles maisons et d'introduire la réforme dans les anciennes comme aussi d'élire tous les trois ans un vicaire-général pour les représenter auprès du général de tout l'ordre, auquel ils devaient toujours être soumis. Le pape Urbain VIII leur fut aussi très-favorable. La règle qu'ils observaient était celle qui avait été mitigée sur les instances du P. Allard et approuvée par Clément IV en 1267. Les trois vœux essentiels devaient être exactement gardés, aucun religieux ne pouvait sortir seul de son monastère, la chaussure pouvait être permise aux religieux, en particulier par ordonnance du général ou du provincial; l'usage du linge était interdit; chaque maison devait fournir exactement le tiers de ses revenus pour l'œuvre du rachat, on devait se lever à minuit pour la récitation de Matines, etc. La viande n'était permise que le dimanche et à quelques fêtes solennelles. Les frères pouvaient acheter pour leur nourriture toute sorte d'aliments, etc. Ces religieux eurent bientôt en France deux provinces, celle de France et celle de Provence, comprenant vingt-quatre couvents au nombre desquels était celui de Cerfroid chef de tout l'ordre.

Cette réforme en enfanta bientôt, en France aussi, une nouvelle due au zèle du vénérable P. Jérôme Halies dit du saint Sacrement. Né en Bretagne, il entra dans l'ordre à l'âge de trente-trois ans. Il y reçut l'habit, dans le temps que l'on y travaillait à la réforme dont nous venons de parler, et il ne contribua pas peu à l'introduire dans quelques couvents en France, puisque deux ans après sa profession, il fut envoyé à Rome en qualité de procureur général pour en solliciter la confirmation auprès du Saint Siége. Ce fut lui qui obtint de Clément VIII, en 1601, le bref susdit, et il fut établi par le même Pape premier visiteur de la réforme, afin de lui donner un plus grand progrès. Le P. Jérôme donnant alors à son zèle toute l'ardeur possible, ne travailla pas seulement à réformer plusieurs monastères en France, mais il en fonda encore de nouveaux. Renvoyé à Rome, en qualité de procureur général, il y fonda, pour les réformés français, un couvent sous le titre de Saint-Denys l'aréopagite, obtint du pape Paul V la séparation des réformés de France d'avec les religieux de l'ancienne observance, et fit ériger, pour la réforme, les deux provinces de France et d'Espagne.

Non content de ces premiers succès, le P. Jérôme voulut alors introduire dans l'ordre une nouvelle réforme, dans laquelle la règle primitive serait observée dans toute sa pureté. Peut-être oubliait-il un peu que le *mieux* est souvent l'ennemi du *bien*. Quoi qu'il en soit, le pape Grégoire XV approuva son projet, et le 4 août 1522, il lui fit expédier un bref par lequel il pouvait mettre à exécution son projet. Dès lors, ce saint homme n'eut plus d'autres pensées, et pour donner lui-même l'exemple à ses frères, il fit profession de la règle primitive dans le couvent de Saint-Denys à Rome, avec quelques autres religieux. Il leur persuada même d'y joindre la nudité des pieds et fut ainsi le fondateur de la déchausse en France. Par suite de ses brûlantes exhortations, les religieux d'Aix en Provence et de Châteaubriant, en Bretagne, adoptèrent bientôt le même genre de vie. Etant revenu à Rome, il demanda la confirmation de son œuvre au pape Urbain VIII qui, par un bref du 27 septembre 1629 érigea cette réforme en une province séparée des autres, lorsqu'il y aurait un nombre suffisant de sujets.

A son retour en France, il rencontra de fortes oppositions pour faire exécuter son bref, mais son héroïque résignation finit par triompher de tous les efforts contraires. Sur ces entrefaites, le P.

Jérôme, ayant appris qu'on venait de fonder en Espagne, parmi les Trinitaires, une réforme analogue à la sienne, alla à Madrid pour se bien pénétrer de cette observance. Il y passa onze mois, pendant lesquels, quoique âgé de 60 ans, il s'adonna aux exercices de la vie la plus austère et s'attira une si grande considération que la reine d'Espagne, Élisabeth de France, et la plupart des personnes distinguées de la cour, voulurent le connaître. En revenant en France, il eut la douleur d'apprendre que ses frères d'Aix étaient tous morts de la peste, en donnant généreusement leurs soins aux victimes de ce terrible fléau ; il fit venir à Aix de nouveux religieux de Rome et de Châteaubriant, et en ayant été élu ministre, il y reçut des novices auxquels il communiqua si bien son esprit de ferveur, que les vertus qu'ils y ont constamment pratiquées depuis, n'ont pas été d'un faible secours pour défendre cette réforme contre les attaques multipliées dont elle était l'objet.

Après que le P. Jérôme eut remis sur pied le couvent d'Aix et introduit la réforme dans celui d'Avignon il fut élu de nouveau ministre du couvent de Saint-Denys à Rome. Il continua d'y pratiquer beaucoup d'austérités et de mortifications, et à animer ses frères dans l'observance régulière par son exemple. Il mourut le 30 janvier 1637, et fut enterré dans ce même couvent de Saint-Denys. Son tombeau ayant été ouvert quelque temps après, du consentement du cardinal vicaire et à la sollicitation d'une personne de qualité à laquelle il avait prédit la mort d'un de ses fils, son corps fut trouvé encore tout entier et rendit même du sang par le nez.

Après la mort du P. Jérôme du Très-Saint Sacrement, ses religieux, héritiers de son zèle, fondèrent plusieurs couvents de sa réforme, tant en France qu'en Italie ; ils perdirent bientôt ceux d'Avignon et de Châteaubriant ; mais ils conservèrent jusqu'au milieu du xviiie siècle, outre les couvents d'Aix et de Saint-Denys, ceux de Seyne, de Saint-Quinid, de Luc, de Brignolles, de la Palud et de Marseille. Ils avaient eu aussi ceux de Livourne, de Turin et de Faucon, mais ces trois derniers formèrent plus tard une province qui fut cédée aux déchaussés d'Espagne. Les déchaussés de France dépendaient toujours du général de l'ordre, mais ils étaient gouvernés conformément à leurs constitutions par un vicaire général, élu pour trois ans, comme celui de la première réforme française.

Cet ordre de choses dura jusqu'en 1768. A cette époque de néfaste mémoire tous les religieux français furent soumis à l'inspection d'une commission dite des réguliers, agissant sous l'influence du trop fameux cardinal de Brienne. Tous les Trinitaires de France tinrent à Cerfroid un chapitre national auquel l'ancienne observance, ainsi que les deux réformes envoyèrent des députés. Celles-ci perdirent dès-lors leur autonomie et leurs priviléges ; on les fondit avec l'ancien ordre, et les Trinitaires français devinrent tous chanoines réguliers; leurs règles, leurs constitutions et même leur costume furent mis en harmonie avec leur nouvelle position. Mais on put se convaincre bientôt que cette mesure était une source d'abus et un encouragement au relâchement de la discipline régulière; les nouveaux religieux ne firent que végéter, en attendant que Dieu fît passer l'Église de France tout entière, par le creuset des révolutions. Tous les couvents, réformés ou non, que l'ordre de la Très-Sainte Trinité possédait en France, furent démolis ou fermés, et l'ordre dut paraître alors aboli sans retour dans la patrie des deux saints fondateurs.

Ces deux réformes opérées en France ont donné à l'ordre un bon nombre de sujets qui se sont distingués surtout par leur zèle pour le rachat des esclaves. Il serait trop long pour nous d'en parler même succintement. Le nécrologe de notre ordre donne un abrégé des nobles actions des plus illustres d'entre eux. Nous avons hâte d'arriver à l'histoire de la réforme de notre saint ordre en Espagne, dont les commencements ont précédé de quelques années la dernière de celles dont nous venons de parler pour la France.

III

Réforme de l'ordre de la Très-Sainte Trinité en Espagne.

L'an 1594, les Trinitaires d'Espagne réunis en chapitre provincial, sous la présidence du célèbre Père Didace de Guzman, avaient pris des mesures pour la réforme de l'ordre dans leur patrie. Ils avaient résolu en conséquence d'établir dans chacune des provinces d'Espagne deux ou trois maisons de récollection où l'on observerait strictement la règle primitive. Mais ce décret demeurait encore à l'état de lettre morte, lorsque le marquis de Sainte-Croix, Don Alvarez Bazan, sollicité par un religieux Trinitaire qui soupirait après la réforme, consentit à fonder à Val de Pegnas, diocèse de Tolède, un couvent pour des religieux réformés et déchaussés. Quelques Trinitaires, acceptant les conditions du marquis, s'y rendirent aussitôt, et la première messe y fut célébrée dès le 9 novembre 1596 par le Père Jean-Baptiste de la Conception, qui se joignit bientôt aux autres, dont il fut même établi supérieur. Le zèle ardent et la patience héroïque qu'il mit à faire réussir cette sainte œuvre, l'en ont fait regarder comme le fondateur.

Il était né à Almodovar del Campo, diocèse de

Tolède, le 10 juillet 1561. Dès l'âge de raison, il imitait la vie des Pères du désert ; mais il redoubla bientôt encore ses austérités à tel point qu'on dut craindre plusieurs fois pour sa vie. Après avoir fait son cours de théologie à Baëza, puis à Tolède, il entra chez les Trinitaires en 1580. Sa modestie, son silence, sa prompte obéissance, lui eurent bientôt attiré l'estime générale. Après sa profession, il acheva ses études sous la direction du B. Simon de Roxas ; puis, s'étant adonné à la prédication dans la province d'Andalousie, il y exerça cet emploi pendant plusieurs années, aux applaudissements de ses auditeurs et avec un très-grand profit pour eux.

Il y avait dix-sept ans que le P. Jean-Baptiste demeurait chez les Trinitaires de l'ancienne observance quand il alla rejoindre les religieux de Val de Pegnas. Ceux-ci n'avaient point conservé leur première ferveur, et ils profitèrent bientôt de la permission qui leur avait été donnée de revenir dans leurs anciens couvents. Le P. Jean-Baptiste, voyant que la réforme ne pourrait jamais s'établir tant que les réformés auraient la liberté de retourner en arrière, se transporta à Rome pour obtenir du Saint-Siége un bref en faveur de son œuvre. Après beaucoup de fatigues et d'oppositions, il obtint enfin, le 20 août 1599, un bref qui autorisait cette œuvre et accordait aux religieux qui l'embrasseraient, les trois maisons de Val de Pegnas, Ronda et Bienparada. Revenu en Espagne, il ne put d'abord entrer en possession que du premier de ces couvents. Il y fut même maltraité plusieurs fois. Pendant les années suivantes il fit, mais au prix de bien des tribulations, quatre nouvelles fondations, à Socuellamos, à Alcala, à Madrid et à Valladolid.

En 1605, Clément VIII voyant qu'il y avait huit couvents de cette réforme, permit aux religieux qui la composaient d'élire un provincial tous les trois ans. Ils tinrent leur premier chapitre à Valladolid, et le P. Jean-Baptiste y fut élu provincial. Enfin, après avoir fondé dix-huit couvents de la réforme, il mourut à Cordoue, le 14 février 1613. Les miracles qui se sont opérés à son tombeau l'ont fait béatifier en 1819, et on a lieu de croire que sa canonisation ne sera plus bien éloignée. Le bienheureux Jean-Baptiste donna à ses religieux la règle primitive corrigée par Clément IV. Toutefois, en 1628, Urbain VIII y fit en leur faveur quelques changements; en 1631, il la réduisit pour eux en une meilleure forme. C'est cette dernière rédaction de la règle que les réformés et déchaussés d'Espagne s'engagent à suivre le jour de leur profession, et ils promettent de l'observer *sine mitigatione usque ad mortem*. Les prescriptions les plus austères de cette règle sont la déchausse complète avec sandales; la récitation de matines et laudes à minuit; des jeûnes fréquents; le maigre presque continuel; etc.

En 1609, Paul V divisa cette congrégation en deux provinces, ayant chacune un provincial, et leur permit d'avoir un vicaire général, dont l'élection devait être confirmée par le général de tout l'ordre. Par un second bref, il les mit au nombre des ordres mendiants, et leur permit d'ajouter aux trois vœux essentiels de religion un quatrième vœu par lequel ils s'engageaient à ne prétendre jamais à aucune dignité ni dans l'ordre ni au dehors ; enfin, en 1636, Urbain VIII les exempta de la juridiction du général de l'ordre, et leur permit d'en élire un pour leur congrégation. Dans la suite, ils eurent trois provinces en Espagne. En 1686, ils obtinrent de Jean III, roi de Pologne, un couvent à Léopold, d'où sont sortis quelques autres couvents qui ont formé une quatrième province de cette congrégation. Elle en eut une cinquième en Allemagne, où l'empereur Léopold Ier leur accorda une maison à Vienne même, et quelques autres en Hongrie et en Bohême ; enfin, Clément XI érigea pour eux une sixième province en Italie, à laquelle il unit les couvents de Livourne, de Turin et de Faucon. Le premier commissaire général en Pologne fut le P. Jean de la Nativité ; en Allemagne, le P. Joseph des Anges. Le P. Michel de l'Assomption fonda le célèbre couvent de Presbourg, dans la Hongrie.

Il y a eu dans la réforme espagnole des sujets d'un rare mérite et d'une grande vertu. Le P. Didace de la Mère de Dieu en a donné les vies dans ses chroniques, où il est aussi parlé des écrivains de cette congrégation. Les œuvres du bienheureux

Jean-Baptiste de la Conception forment 8 volumes in-4°, ayant trait uniquement à la spiritualité. Le R. P. Léandre, général en 1658, a laissé une théologie morale en 10 volumes in-8°. Le R. P. Raphaël, un des derniers généraux de cette réforme, a donné un traité de l'élection canonique et quelques autres ouvrages estimés. Entre les religieux qui se sont rendus recommandables par la sainteté de leur vie, on remarque surtout, après le bienheureux Jean-Baptiste, le P. Michel des Saints, mort en 1625, béatifié en 1799, et canonisé par Pie IX en 1862; de plus, le P. Jean de Saint-Joseph, mort en 1616, et le P. Thomas de la Vierge, mort en 1647; on poursuit la béatification de ces deux derniers. Nous dirons bientôt à l'article des Rédemptions le zèle déployé par les religieux de la réforme espagnole en faveur des captifs.

Les événements politiques qui eurent lieu à la fin du siècle dernier avaient fait perdre à cette congrégation, alors florissante, les provinces et le plus grand nombre de couvents qu'elle possédait hors de l'Espagne. Cependant, elle avait pu conserver deux couvents en Pologne, et à Rome, le couvent de Saint-Charles aux Quatre-Fontaines, près le Quirinal. En 1837, tous les religieux furent chassés d'Espagne ou sécularisés; quelques-uns de nos Trinitaires réformés vinrent demander un asile à la Ville éternelle, auprès de leurs frères qui y habitaient déjà le couvent de Saint-Charles. Leur supérieur

général était alors le R. P. Jean de la Visitation,
Espagnol, homme d'une grande vertu. Il a aujour-
d'hui pour successeur, depuis 1853, le R. P. Antoine de la Mère de Dieu, prédicateur distingué, né
à Sienne, dans la Toscane[1]. Peu à peu, ces religieux

[1] Nous donnons ici la liste des ministres généraux de la réforme espagnole :

  1 B. Jean-Baptiste de la Conception, élu en 1605
  2 P. François de Sainte-Anne. 1609
  3 P. Gabriel de l'Assomption. 1612
  4 P. François de l'Ascension. 1614
  5 P. Gabriel de l'Assomption. 1626
  6 P. François de la Croix. 1632
  7 P. Isidore de Saint-Jean de Matha. . . 1635
  8 P. Didace de Jésus. 1641
  9 P. Martin de l'Ascension. 1647
10 P. Gaspard de Jésus. 1656
11 P. Didace de la Mère de Dieu. . . . 1658
12 P. Léandre du Très-Saint Sacrement. . 1658
13 P. François de Saint-Julien. 1662
14 P. Pierre de l'Ascension. 1665
15 P. Antoine de la Conception. 1671
16 P. Antoine de la Croix. 1677
17 P. Michel de Jésus Marie. 1678
18 P. Antoine de la Croix (réélu). . . . 1680
19 P. Pierre de Saint-Michel. 1686
20 P. Raphaël de Saint-Jean. 1693
21 P. Jean de Saint-Antoine. 1695
22 P. Jean de Saint-Antoine. 1701
23 P. Jean de Saint-Paul. 1711
24 P. Alexandre de la Mère de Dieu. . . 1718
25 P. Joseph de l'Ascension. 1744
26 P. Joseph de Saint-Michel. 1748
27 P. Stanislas du Très-Saint Sacrement. . 1757
28 P. Rodolphe de Saint-Jean Népomucène. 1767
29 P. Gonzalve de la Nativité. 1775
30 P. Jean de N.-D. du Carmel. 1792
31 P. Blaise de Saint-Michel. 1792

recrutèrent en Italie un bon nombre de sujets et purent avoir à Rome trois autres couvents : celui de Sainte-Marthe, près Saint-Pierre, celui de Santa-Maria dei Fornaci, et celui de San-Grisogono in Trastevere, qui est en ce moment la maison mère de toute la réforme d'Espagne et la résidence du général. Elle acquit aussi successivement une dizaine de couvents, soit aux environs de Rome, soit en Toscane et surtout dans le royaume de Naples; mais ceux-ci ont déjà été fermés par les Piémontais, du moins en grande partie. Ceux qui sont dans l'enceinte de Rome n'ont point été fermés, même lors de la République romaine, en 1848 et 1849; seulement les soldats de Garibaldi ont mutilé, dans le couvent de Santa-Maria dei Fornaci, un tableau de Léon XII en lui crevant les yeux et lui coupant la

32 P. Isidore de Saint-Vincent.	1807
33 P. Jean de la Nativité.	1808
34 P. Joseph de Saint-Raphaël.	1815
35 P. Jérôme de Saint-Félix.	1818
36 P. Ignace de Saint-Joseph.	1824
37 P. Antoine de Saint-Michel.	1830
38 P. Jean de la Visitation.	1840
39 P. André de Sainte-Agnès.	1852
40 P. Antoine de la Mère de Dieu. . . .	1853

Il faut remarquer 1° que ce n'est qu'en 1626 que la Réforme d'Espagne a commencé à avoir un général; ainsi les quatre premiers susnommés ont gouverné avec le titre de provinciaux; 2° que plusieurs de ces Pères ont été seulement vicaires-généraux, de ce nombre sont les 11e et 39e; 3° que l'élection des ministres généraux dans la Réforme n'est que pour six ans, à moins d'une dispense du Souverain Pontife, tandis qu'elle est à vie dans l'ancienne observance.

tête. Les deux couvents de Pologne, qui se trouvaient, l'un à Varsovie, l'autre à Wilna, ont été supprimés dernièrement par Mouravief, lieutenant d'Alexandre II.

Nous avons rapporté ailleurs comment la même réforme d'Espagne a acquis, en 1859, le couvent de Faucon, patrie du saint fondateur. Nous avons dit aussi que l'ancienne observance de l'ordre de la Très-Sainte Trinité, chassée d'Espagne en 1837, s'est perpétuée à Rome ; mais elle n'y possède qu'un seul couvent, situé à la *Via Condotti*, et peuplé à peu près exclusivement de sujets espagnols. La Réforme, au contraire, possédant plusieurs couvents en Italie, déjà introduite en France, et composée de plusieurs centaines de sujets, tant Italiens, qu'Espagnols ou Français, paraît devoir prospérer et représenter toujours dignement dans l'Église l'ordre de la Très-Sainte Trinité.

<h2 style="text-align:center">IV</h2>

Religieuses trinitaires de l'ancienne observance
et de la réforme.

La haute réputation que les deux saints fondateurs s'étaient acquise par leur zèle et leur vertu, leur avait suscité promptement beaucoup d'admirateurs dans tous les rangs de la société. On vit même des femmes de la plus illustre naissance solliciter l'honneur de partager les glorieux travaux des religieux de la Rédemption.

Instruit du dessein de ces pieuses personnes, saint Jean de Matha ne voulut pas les assujettir, dès l'abord, aux pénibles exercices qu'il avait prescrits à ses religieux, mais il en forma diverses associations qui se dévouèrent, comme eux, au rachat des captifs, non point en passant les mers, mais en contribuant au succès de l'œuvre par leurs prières et leurs libéralités.

Il leur donna une règle spéciale et un habit qui différait peu de celui des Pères ; puis il leur assigna comme centre de leurs opérations de charité, une partie de la maison d'Avingaña, qu'il possédait au diocèse de Lérida. Ce n'était là encore proprement qu'une réunion de femmes pieuses ou oblates, comme il y en a dans plusieurs ordres ; mais, en 1236, ces personnes furent admises à faire les vœux de religion, et, dès lors, le R. P. Nicolas, sixième général de l'ordre, désigna définitivement tout le couvent d'Avingaña à celles qui, persistant dans cette vocation, voudraient s'y donner entièrement à Dieu par l'observation exacte de la règle. Ce monastère fut ainsi rempli de véritables religieuses sous la conduite de dona Constance, fille de Pierre II, roi d'Aragon, et sœur de Jacques Ier. Le Père général cédait aux dites sœurs cette maison, avec toutes ses dépendances, à condition qu'elles relèveraient directement, pour le spirituel, des supérieurs de l'ordre ;

qu'elles leur prêteraient obéissance et seraient soumises à leur visite ; que, de plus, le tiers de leurs
revenus serait, conformément à la règle de l'ordre, employé au rachat des captifs. Par le même
acte, il les dispensait de nouveau de plusieurs austérités de l'ordre.

Dona Constance ne fut point, au reste, la seule
princesse de sang royal qui ait illustré les débuts de
l'institution des religieuses Trinitaires. Elle eut bientôt des imitatrices de son dévouement, et surtout
dona Sanche, sa sœur, et leur nièce commune, dona
Maria, fille du roi Jacques Ier. La vénérable mère
Constance gouverna la communauté d'Avingana pendant seize ans, avec autant de fermeté que d'édification. Elle y mourut en 1252. Dona Sanche, qui avait
partagé la piété et les travaux de sa sœur, alla aussi,
deux ans après, prendre part, dans le ciel, à son
bienheureux sort. Quant à l'infante dona Maria, elle
fut abbesse du monastère de Canoas, dans le Roussillon, fondé par les religieuses d'Avingana, dès l'an
1248, sur les instances de Pierre Tarroias, évêque
de Perpignan. Dona Maria y mourut saintement, en
1307. Dans la maison mère d'Avingana, une autre
nièce de dona Constance, Wilhelmine de Villalata,
lui avait succédé en qualité d'abbesse. Elle y mourut en 1303, comblée de jours et de mérites.

L'exemple de ces quatre vertueuses princesses
avait été si efficace, qu'il leur avait attiré en peu de
temps beaucoup de généreuses compagnes. Les re-

ligieuses Trinitaires virent donc leurs établissements se multiplier en Espagne ; mais elles ne cessèrent point, malgré leur nombre toujours croissant,
de se montrer toujours fidèles à la grâce de leur
sainte vocation. Nous regrettons que les bornes de
cet opuscule nous empêchent de faire connaître suffisamment tant de glorieux dévouements. Nous devons nous contenter de quelques indications sommaires. Ainsi, nous trouvons plus tard pour abbesse, à Avingana, la vénérable mère Françoise de
Montecateno, qui y mourut en 1505. Nous venons de
parler de la succursale que ces religieuses possédaient à Canoas, dans le Roussillon ; mais, dès la
fin du xve siècle, elles firent faire une nouvelle fondation à Villéna, dans le diocèse de Murcie, par la
sœur Louise Margelin, qui y finit ses jours en 1540.
Le couvent de Villéna put fonder, à son tour, dans
la vieille Castille, celui de Marthos, par l'intermédiaire de la sœur Thomase Laurenço, qui y mourut
en grande réputation de vertu, en 1605.

Mais, outre les couvents que nous venons de nommer et qui forment pour ainsi dire l'héritage et
comme la postérité spirituelle de dona Constance
d'Aragon, les religieuses Trinitaires de l'ancienne
observance possédèrent, à ce qu'il paraît, en Espagne,
beaucoup d'autres établissements, dont plusieurs
ont subsisté jusque vers la fin du xviiie siècle ;
car une circulaire du P. Pichault nous apprend que,
lors du chapitre national tenu à Cerfroid, en 1768,

l'ordre de la Très-Sainte Trinité avait en Espagne dix maisons de religieuses Trinitaires. Peut-être quelques-uns de ces couvents existent-ils encore de nos jours. Quoi qu'il en soit, nous trouvons à Burgos, dans la Vieille Castille, la vénérable mère Marie de Jésus qui, tout en soignant affectueusement les malades dans l'hôpital de cette ville, avait la pieuse habitude d'aller fréquemment méditer aux pieds du crucifix miraculeux dont nous avons parlé à la page 161 de cet ouvrage. Elle y fut même témoin du prodige que nous avons rapporté. Elle mourut en 1370, et le peuple l'invoqua dès lors comme une sainte.

Le couvent de Badajoz nous offre, vers l'an 1600, deux saintes religieuses, la sœur Paule d'Olivantia et la sœur Philippine de Souza. Celui de Lisbonne nous présente, en 1635, la mort, si précieuse devant Dieu, de la mère Marie-Emmanuel, qui avait consumé sa vie auprès des malades, dans les hôpitaux. En 1643, la mère Agnès de Médina meurt saintement au couvent de Xérès; enfin, nous trouvons au monastère de Séville le trépas glorieux de la mère Anne de Jésus, arrivé l'an 1632, après une existence vouée entièrement à l'exercice de l'amour de Dieu et du prochain. Ce fut cette fervente religieuse qui, demandant un jour à Notre-Seigneur de lui donner son cœur, pour embraser le sien des flammes du divin amour, mérita d'entendre le Sauveur lui dire : « Voilà le cœur du P. Michel des

Saints ; je lui ai donné mon propre cœur et j'ai pris le sien. Mon Père céleste lui a confié de si riches dons spirituels, que toutes les fois que tu voudras obtenir de moi quelque faveur, tu devras me la demander par son intercession. »

Venons maintenant en France ; nous ne pouvons douter que les religieuses Trinitaires, dont nous parlons, ne s'y soient étendues bientôt, surtout dans les provinces méridionales. Ce monastère de Canoas a dû leur servir de transition pour se faire connaître et apprécier dans la patrie du saint fondateur, qui leur avait donné naissance à elles-mêmes. Vers le milieu du XVIIe siècle, la vénérable mère Marguerite de Barras se distinguait à Sisteron, dans la Provence, par l'héroïsme de sa charité, dans le couvent que les religieuses de la Très-Sainte Trinité y desservaient. Il est dit qu'elle conserva toute sa vie la pureté du corps et de l'âme, figurée par la blancheur de son habit, et la mortification des sens, représentée par la croix rouge et bleue qui brillait sur sa poitrine. Elle faisait chaque jour à genoux sept heures d'oraison. Après sa mort, arrivée en 1660, elle apparut à son neveu, qui était Jésuite. L'an 1668, nous trouvons, dans le couvent de Lisieux, le décès de la sœur Anne Collet, qui donnait également ses soins aux malades et infirmes. La ville d'Aix, en Provence, nous fournit, en 1681, le dévouement puis le trépas de la sœur Laudoïne Hedwige, née à Baux, dans l'ancien diocèse d'Arles. Enfin, la sœur

Reine Fédon que son esprit de pénitence et son ardente charité avaient rendue également recommandable, mourait en 1693, à Lambesc, dans le diocèse d'Aix. Plusieurs fois on l'avait vue ravie en extase, et la face toute rayonnante d'une vive lumière.

Les monastères habités par les dernières religieuses dont nous venons de parler ont été renversés par la tempête qui a sévi, dans notre patrie, à la fin du siècle dernier; mais nous allons parler maintenant d'une congrégation de religieuses Trinitaires qui, subsistant en France depuis plus de deux siècles, semble destinée à y jouir d'une prospérité toujours croissante. Dès l'an 1660, M. Morange, vicaire-général de Lyon, fondait, dans cette ville, une communauté de sœurs Trinitaires, auxquelles il confiait l'éducation de quelques jeunes personnes et le soin des malades dans plusieurs hôpitaux. Cet établissement, béni du ciel, prospéra et put bientôt fonder à son tour diverses autres maisons, au nombre desquelles celle de Valence (Drôme) occupa le premier rang. Celle-ci devint même la maison mère, la résidence de la supérieure générale et le siége du noviciat. Cette congrégation a fourni successivement, pour la gouverner, des personnes bien remarquables par les qualités de l'esprit et du cœur, mais surtout par la vivacité de leur foi et l'ardeur de leur charité. Vers la fin du XVIIe siècle, elle avait pour supérieure générale la mère Marie-

Marthe de la Forge, sœur du célèbre P. Grégoire de la Forge, qui administrait alors tout l'ordre de la Très-Sainte Trinité. Nous y voyons, en 1720, la mère générale De Grandmaison, dont plusieurs relations de nos PP. Rédempteurs louent le dévouement sans bornes pour les captifs rachetés, lorsque, en se rendant du midi de la France dans le nord, ils passaient par Valence.

Lors des troubles de 1789, et sous le règne de la Terreur, ces religieuses Trinitaires avaient pour supérieure la mère Blanche-Agnès Dubost, femme d'un grand caractère et d'une éminente vertu qui, par l'ascendant qu'elle exerçait autour d'elle, put résister victorieusement à tous les assauts que les ennemis de la religion, si puissants alors, dirigèrent contre sa communauté.

Cette congrégation, en y comprenant les sœurs de chœur et les sœurs converses, compte actuellement à peu près à 1,200 sujets, répartis dans près de soixante-dix fondations. Ce sont des hôpitaux, des orphelinats, des maisons d'asile pour les enfants ou pour les vieillards, enfin, des écoles et pensionnats pour l'instruction gratuite des filles du peuple, ou pour l'éducation des jeunes personnes des hautes classes de la société; d'où l'on peut voir que cette institution comprend la pratique de la charité et l'exercice du dévouement sous toutes les formes. La majeure partie de ces fondations se trouve dans la région sud-est de la France, c'est-à-dire dans les

diocèses de Lyon, de Valence, de Grenoble, de Viviers, du Puy, de Mende, de Digne, de Fréjus et de
Marseille. Mais la congrégation possède aussi un
bon nombre de maisons en Algérie, et surtout dans
la province d'Oran, et là comme en France, ces
pieuses filles de la Très-Sainte Trinité, se distin-
guant non moins par leurs vertus que par leurs
mérites, font bénir partout notre sainte religion, qui
peut seule inspirer et soutenir une si complète abnégation.

Nous osons même dire que c'est à la pureté du
zèle qu'elles ont toujours mis à procurer la gloire
de Dieu, que ces religieuses sont redevables de
deux inappréciables faveurs que le ciel a daigné
leur accorder. C'est, d'abord, d'avoir pu traverser
dignement et avec éloge cette sanglante époque
de la Révolution française, qui a été si funeste
à tant d'autres institutions du même genre, et,
de plus, d'avoir recueilli sur cette terre de Barbarie, arrosée des sueurs et du sang d'un si grand
nombre de nos martyrs Trinitaires, cet héritage de
dévouement et de sacrifices que la Providence, dans
des desseins d'amour sur notre ordre, n'a point
voulu laisser passer en des mains étrangères.

Jusqu'ici nous avons parlé des religieuses qui,
dans notre ordre, ont suivi ou suivent encore l'ancienne observance. Nous allons maintenant dire un
mot des religieuses Trinitaires déchaussées, dont
voici l'origine. Vers l'an 1612, c'est-à-dire treize ans

après le commencement de la réforme du bienheureux Jean-Baptiste de la Conception, en Espagne, la noble dame Françoise de Roméro, veuve de Don Alphonse d'Avalos et Guzman, se réunit à quelques autres personnes pour fonder un couvent de religieuses à Madrid, et se mit avec elles sous la direction du bienheureux Réformateur qui, sur leurs vives instances, leur donna même un habit à peu près semblable à celui de ses religieux. Elles étaient considérées jusque-là comme oblates de l'ordre.

Bientôt elles voulurent se mettre sous la juridiction immédiate des religieux Trinitaires déchaussés, et prendre leurs règles et constitutions, ce qui leur fut refusé. Cependant, l'archevêque de Tolède, auquel elles avaient eu recours, finit par leur accorder cette demande, et, dès lors, elles prononcèrent des vœux solennels dans leur couvent de Madrid, à l'exception, toutefois, de la fondatrice, qui finit par se retirer. Elles élurent alors pour supérieure ou ministre la mère Agnès de la Conception, entre les mains de laquelle toutes les autres sœurs renouvelèrent leurs vœux, en 1619. Quelques années après, le cardinal Zapata, administrateur de l'archevêché de Tolède, ayant retranché de la règle des Trinitaires déchaussés ce qui ne pouvait convenir à des filles, dressa pour ces religieuses des constitutions particulières, qu'il leur donna en 1627, et qui furent approuvées, en 1634, par le pape Urbain VIII.

Ces sœurs Trinitaires, privées de l'appui de Françoise de Romero, trouvèrent une autre fondatrice dans la personne de Marie de Villéna, veuve de don Sanche de la Cerda, qui leur laissa de grosses sommes d'argent par son testament, en 1631. Elles ne paraissent pas avoir fait d'autres fondations en Espagne. Elles observaient la clôture, et nous avons pu avoir, en 1862, l'assurance d'un haut dignitaire de l'Église, qu'elles vivent encore actuellement dans une parfaite régularité. Il y a aussi à Lima, dans le Pérou, un couvent de Trinitaires déchaussées.

C'est à cette réforme des Trinitaires déchaussés d'Espagne que se rattache aussi, par ses constitutions et son costume, la congrégation des sœurs Trinitaires fondée, il y a une vingtaine d'années, à Sainte-Marthe, banlieue de Marseille, par M. l'abbé Margalhan, alors curé de cette paroisse. Ce digne prêtre entreprenait cette œuvre de généreux dévouement, en vertu de pouvoirs spéciaux qui lui avaient été donnés à Rome, par le général lui-même des Trinitaires déchaussés, qui était alors le T.-R. P. Jean de la Visitation.

La congrégation de nos Sœurs Trinitaires de Sainte-Marthe compte déjà une centaine de sujets répartis dans plusieurs fondations aux environs de Marseille, et même dans les diocèses d'Aix et d'Avignon. Ces dignes religieuses se dévouent avec un zèle infatigable au soin des malades à domicile et dans les hôpitaux, à la direction des orphelinats, et, de plus, à l'instruction des jeunes

personnes. Parmi les sujets recommandables que
cette institution encore naissante a déjà comptés
dans son sein, nous devons mentionner, surtout,
Mme la duchesse de Sabran qui, après avoir vécu
dans la haute société, et même à la cour de nos rois,
devenue simple religieuse dans un âge avancé, sous
le nom de sœur Victorine de Sainte-Delphine, a
constamment édifié ses sœurs en religion, par sa
profonde humilité, sa douce et aimable piété, son
esprit de mortification et sa parfaite régularité, jusqu'au moment où elle a rendu sa belle âme à Dieu,
le 2 avril 1863, à l'âge de 73 ans.

Nous devons dire, enfin, que vers la fin du siècle
dernier, une pauvre veuve, native d'Ernée (Mayenne),
ayant réuni plusieurs jeunes filles, vint avec elles
fonder une communauté à Saint-James de Beuvron
(Manche), sous le vocable de la Très-Sainte Trinité.
Elles avaient pour but de réparer les outrages com-
mis chaque jour par les impies et les incrédules
envers le mystère adorable d'un Dieu trois fois
saint et le divin sacrement de nos autels, comme
aussi de faire réparation au Seigneur, pour la pro-
fanation du jour qui lui est consacré. En 1843, une
colonie de ces nouvelles filles de la Très-Sainte Trinité vint, avec la permission de l'ordinaire, s'établir à Plancoët (Côtes-du-Nord). Elles sont cloîtrées
comme celles de la maison mère, se livrent à l'instruction des jeunes personnes, et surtout des indi-
gentes, pratiquent l'adoration diurne du Très-Saint

Sacrement, et font de la réparation leur but principal. Une de leurs sœurs, non astreinte à la clôture,
visite et soigne les malades à domicile. En 1863,
leur supérieur actuel, M. l'abbé Sanson, auteur de
plusieurs ouvrages de spiritualité fort estimés, les
agrégea à notre saint ordre, sur le désir que lui en
avait témoigné notre T.-R. Père général, qui s'occupe en ce moment de l'examen de leur règle et de
leurs constitutions, pour les approuver. Elles ont
pris dès lors la croix rouge et bleue de l'ordre, car
déjà elles avaient un habit blanc et un manteau de
couleur foncée.

V

Martyrs qui ont illustré l'ordre de la Très-Sainte Trinité.
Prédiction étonnante.

Nous avons vu dans la vie de saint Jean de Matha la haute réputation de science que l'illustre fondateur s'était acquise à l'Université de Paris ; nous
avons vu aussi, que lorsqu'il reparut dans cette capitale, à son retour de Rome, il emmena sur ses
pas, dans la solitude, un si grand nombre de sujets
d'élite, que son institut ne fut connu d'abord que
sous le nom d'*Ordre des docteurs*. On peut bien croire
que ces nobles traditions furent constamment suivies dans l'ordre de la Très-Sainte Trinité, et nous

avons cité un bon nombre de ses membres qui ne se sont pas moins distingués par la variété, l'étendue et la profondeur de leurs connaissances sacrées et profanes, que par la sainteté de leur vie.

Nous aurions pu produire encore parmi eux beaucoup d'hommes éminents qui furent appelés par la confiance des souverains, à des emplois très-élevés dans l'Église et même dans l'État. Toutefois, comme la plus grande illustration de l'ordre résulte du dévouement qu'ont mis ses sujets dans le parfait accomplissement de leur sublime mission de charité à l'égard de leurs frères souffrants, nous allons nous borner à parler ici des religieux Trinitaires qui ont eu le bonheur de répandre leur sang pour la foi, dans l'œuvre même du rachat, ou qui ont été immolés par les infidèles ou par les hérétiques, en haine du saint habit dont ils étaient revêtus. Notre récit sera nécessairement fort incomplet, mais, cependant, nous en disons assez pour prouver que l'ordre de la Très-Sainte Trinité a toujours fourni, depuis son institution, des hommes généreux auxquels le martyre n'était pas moins cher que la liberté des captifs.

Tarizzo, qui écrivait à la fin du xviiᵉ siècle, nous assure que notre saint ordre comptait déjà, en 1622, c'est-à-dire dans l'espace de quatre cent quatre-vingt-quatre ans, plus de 7,125 martyrs; il n'entre dans aucun détail, mais nous trouvons dans la Vie de nos deux saints fondateurs, que le P. Macedo composa peu de temps après, quelques faits qui peuvent nous mettre sur la voie de ces sublimes dévouements :

Nous voyons d'abord, en Italie, soixante religieux Trinitaires immolés par l'empereur d'Autriche, Frédéric II, lorsqu'il vint déclarer la guerre au pape Grégoire IX et à l'Église romaine. Ces religieux étaient aumôniers des troupes pontificales. Le farouche vainqueur en étrangla quelques-uns ; il en fendit d'autres par le milieu du corps, et ceux qui restaient, il les fit mettre en croix ou jeter dans les flammes. Leurs noms ne sont point parvenus jusqu'à nous. Nous savons, toutefois, que leur supérieur s'appelait P. Jacques de Léon. Telle fut la première phalange de nos héros ; la seconde fut encore plus nombreuse.

Lorsque Mahomet se fut emparé de Constantinople, la haine qu'il portait au nom chrétien le rendit furieux contre tous les sectateurs du Christ, mais surtout contre les religieux. Ce fut alors que cent douze Trinitaires, Pères ou frères, rendirent témoignage, par l'effusion de leur sang, à cette foi qu'ils soutenaient par le spectacle d'une vie sans tache et par la croix qui brillait sur leur poitrine. Leur provincial, P. Léonard Marciano, les anima par de véhémentes exhortations à faire volontiers à Dieu le sacrifice de leur vie. La rage insensée des Turcs détruisit également, dans cette ville, toute une communauté de nos sœurs Trinitaires qui, au nombre de cinquante-trois, périrent au milieu des plus cruels tourments, échangeant ainsi les lis de leur virginité contre les roses vermeilles de la couronne céleste.

Dans l'Angleterre, l'Écosse et l'Irlande ce n'est plus seulement par centaines que nous comptons nos martyrs, mais par milliers. Lorsque le roi Henri VIII se fut séparé de l'Église romaine, toutes les furies de l'enfer semblèrent s'être déchaînées, dans son malheureux royaume, contre les catholiques. Nos religieux furent enveloppés dans cette proscription. Leur couvent d'Oxford fut totalement ravagé, ceux qui l'habitaient furent massacrés. Le supérieur fut crucifié, puis on lui enfonça la poitrine, pour en arracher le cœur. Bientôt après, deux autres monastères voisins furent détruits et leurs habitants étranglés ou livrés aux flammes. Ces fureurs d'Henri VIII durèrent quatre ans entiers et semèrent partout la désolation et les ruines. Toutefois, ce n'était rien encore, en comparaison de ce qui eut lieu sous le règne d'Élisabeth. Elle n'eut égard ni à l'âge ni au sexe. Toutes les maisons religieuses furent rasées, il ne demeura bientôt plus aucune trace des couvents des Trinitaires, si ce n'est quelques restes fumants de ces paisibles demeures. Un si vaste incendie ne pouvait qu'avoir fait périr nos religieux par troupes nombreuses, aussi, nous comptons une première fois quatre-vingt-dix victimes, ensuite quatre-vingt, puis soixante-dix. Ce fut un deuil général pour les témoins de ces scènes d'horreur, mais nos

frères cueillirent, en cette occasion, un nombre infini de palmes glorieuses.

La violence de l'incendie ne fut pas moindre en
Irlande ; cinq cents religieux y périrent par divers
supplices, mais, tandis que leurs corps gisaient ensevelis sous les débris de leurs monastères, leurs
âmes s'envolaient triomphantes vers les demeures
éternelles. Le nombre des martyrs immolés en
Écosse n'est point connu d'une manière certaine,
on sait seulement qu'il fut très-considérable. Tels
furent les fruits que notre ordre donna dans les
Provinces-Unies. Ajoutons-y quelques religieux qui,
étant partis de l'Irlande, en qualité de missionnaires, parcoururent l'Égypte et la Syrie, puis, arrivés à Babylonne, célèrent de leur sang la foi qu'ils
venaient prêcher aux infidèles. On ne connaît que
le nom de leur supérieur, le bienheureux P. Arthur
Onellus, qui était fils d'un puissant seigneur anglais.

En France, nous trouvons vingt-cinq religieux
Trinitaires précipités dans le Rhône par les hugue-
nots, en haine de la foi catholique ; vingt-sept autres
succombèrent sous les coups des mêmes hérétiques,
dans les provinces septentrionales de la France. En
1572, les calvinistes de Montpellier, furieux contre
les frères Trinitaires de cette ville, que ni leurs menaces ni leurs caresses n'avaient pu entraîner dans
leur hérésie, s'introduisirent nuitamment dans leur
couvent, et, après les avoir accablés de coups, ils
les jetèrent dans un puits d'où leurs cadavres fu-

rent ensuite retirés pour être ensevelis avec honneur dans le dit couvent. On ne connaît que le nom du P. Guillaume Reboul qui en était alors ministre. Nous trouvons encore en France, le martyre du P. Joseph de la Carba, Espagnol, qui revenant de Rome, fut assailli à Agde près Nîmes par quelques fanatiques et mis à mort par eux. C'était en 1703. En Belgique, les luthériens immolèrent deux autres de nos religieux, le P. Jean de Tolède et le P. Barthelemy Ferdinand.

L'Espagne qui a donné à l'ordre tant de généreux martyrs qui ont répandu leur sang, hors de leur patrie, en a compté aussi quelques-uns sur son propre territoire. Le P. Marc Criado expira sous les coups des Maures à Grenade et au milieu des plus affreux tourments. Le P. Sanchez, fils de Jacques Ier roi d'Aragon, devenu religieux Trinitaire, puis archevêque de Tolède, périt sous les murs de Jaen, en défendant la foi catholique, contre ces mêmes Maures. Mais hâtons-nous d'arriver sur ce théâtre même des rédemptions qu'un si grand nombre de nos religieux ont arrosé de leurs sueurs et de leur sang.

A Tétuan le P. François Trussical, après avoir accompli un rachat fort important, se trouvant à bout de ressources, s'offrit à prendre la place de quelques captifs, qui restaient dans les fers, en attendant que le prix de leur rançon fût arrivé; on accepta, mais comme cet argent n'arriva pas aussitôt qu'on l'avait présumé, le religieux expira dans sa prison, après y avoir enduré d'atroces souffrances. A Fez, le P. Augustin Ménésius, ayant racheté un grand nombre de chrétiens, voulut encore délivrer les Maures de l'esclavage honteux du démon; il se mit donc à prêcher dans leurs mosquées; mais il fut bientôt écrasé sous une grêle de pierres qu'on lança contre lui. A Maroc, le P. Ignace Innarès eut à peu près le même sort. Il avait brisé les chaînes d'un grand nombre de captifs, lorsqu'il eut la douleur d'apprendre que sept jeunes enfants venaient d'abjurer la foi chrétienne, pour se donner à Mahomet; il mit aussitôt tout en œuvre pour les faire revenir sur leurs pas, et il put y réussir, car ces enfants, redevenus chrétiens, eurent ensuite le courage de confesser la foi, au milieu des plus cruels tourments. Quant à lui, il fut jeté dans un cachot où il périt de faim et de misère.

A Alger, les trois pères Bernard de Monroy, Jean Palacios et Jean de Aquila subirent un martyre qui les a rendus illustres. Déjà ils avaient opéré une rédemption fort nombreuse, et, après avoir compté le prix total de la rançon, ils allaient s'embarquer pour retourner dans leur patrie, lorsque arriva de Livourne une chaloupe turque, dont les passagers répandirent dans Alger le bruit que Fatima, fille d'un riche seigneur de cette ville, avait été emmenée par les chrétiens à Savone en Italie, où elle avait embrassé la religion du Christ, et ils ajoutaient qu'elle refusait maintenant de revenir en Afrique.

A cette nouvelle le père exaspéré, alla trouver le gouverneur de la ville, et obtint de lui que les captifs rachetés et les pères Rédempteurs ne pourraient s'éloigner que lorsque sa fille Fatima lui aurait été rendue. Le P. de Monroy réclama énergiquement auprès du gouverneur, mais ce fut en vain. Alors ce religieux déclara qu'il ne pouvait en aucune façon faire effectuer ce retour, mais que le pût-il, il ne le ferait point, parce que sa religion défendait de rendre aux Mahométans ceux qui avaient reçu le saint baptême. On se saisit alors de lui et de ses compagnons et on les jeta dans une étroite prison, où ils avaient beaucoup à souffrir. Peu de temps après, pendant une famine qui désolait la contrée, on les tira de leur cachot, afin qu'ils obtinssent du ciel, par leurs prières, la cessation du fléau. En effet, il survint aussitôt une abondante pluie qui ne pouvait être due qu'au mérite de leurs ardentes supplications. Néanmoins, on les jeta de nouveau dans les fers, où ils finirent par perdre la vie, l'un après l'autre, par suite des mauvais traitements qu'ils avaient à subir. Les chrétiens rachetèrent à prix d'argent leurs précieux restes que Dieu daigna honorer par de vrais prodiges. On vit plusieurs fois leurs corps tout rayonnants d'une vive lumière. La cour romaine, informée de ces faits, commença dès lors le procès de béatification de ces vénérables serviteurs de Dieu.

Nous trouvons encore à Alger le martyre du F.

Pierre de la Conception qui fut brûlé vif dans cette ville pour avoir prêché aux infidèles les grandeurs de Marie, et qui ne cessa pas, même au milieu des flammes, de chanter ses louanges et de soutenir le privilége de son Immaculée Conception. Si maintenant nous nous transportons en Orient, nous verrons que là aussi l'ordre de la Très-Sainte Trinité a donné de glorieux témoins à la vérité : Notre couvent de Jérusalem a fourni quatre-vingt-huit martyrs, celui de Damiette cinquante-trois. Le bourg de Bethléem lui-même a donné aux Trinitaires des victimes qui mêlèrent leur sang à celui des saints Innocents ; trente-quatre religieux périrent dans le couvent et quarante-deux dans le collége que notre ordre possédait dans ce bourg. Plus loin encore, au Japon et dans la ville de Nangazaki nous trouvons l'illustre martyre du P. Albert du Saint-Esprit qui, né à Messine, se rendait par mer à Gênes lorsque, ayant été pris par les Turcs, il fut emmené en captivité à Constantinople, puis vendu à un marchand qui le conduisit à Babylone. De là on le transporta au Japon, où il se mit bientôt à prêcher, d'abord en secret et ensuite publiquement, la foi du Christ, mais le gouverneur de la ville ne tarda pas à le faire arrêter et à le jeter dans une prison infecte, où, après avoir enduré courageusement les plus horribles tourments, il consomma son sacrifice l'an 1634.

Nous allons, maintenant, mettre fin à ce long

martyrologe par le récit succinct de la mort du vénérable P. Pierre de Couillan. Elle nous présente une circonstance bien remarquable. Ce religieux avait accompagné Vasco de Gama, célèbre navigateur portugais, dans son exploration aux Indes, en qualité d'aumônier de sa flotte. Loin de se borner aux devoirs de sa charge, il voulut encore, dans le zèle ardent qui le dévorait, travailler à la conversion des infidèles. Les succès ne couronnèrent point ses travaux, mais ses efforts lui obtinrent la palme du martyre. Victime de la férocité de ceux dont il voulait le salut, il les bénit une dernière fois comme pour les récompenser du bonheur qu'ils lui procuraient de mourir pour la foi de Jésus-Christ; puis il leur adressa, d'une voix mourante, ces paroles prophétiques [1] : « Dans peu d'années, il naîtra dans l'Église

[1] Cette prédiction étonnante, rapportée dans la Vie de saint François Xavier, par le P. Bouhours, a été tirée par cet auteur, des écrits du P. Figueras Carpi, autre historien distingué, qui en avait trouvé les preuves authentiques dans les archives du couvent des PP. Trinitaires, à Lisbonne, et dans les Mémoires de la bibliothèque du roi de Portugal. Le P. Prat, Jésuite, qui nous donne tous ces détails, dans son Histoire de saint Jean de Matha et de saint Félix de Valois, nous assure que ces paroles prophétiques retentissent encore dans la Compagnie de Jésus, et qu'elle n'oubliera jamais qu'elles sont sorties de la bouche d'un martyr, religieux de l'ordre de la Très-Sainte Trinité.

Nous aurions voulu joindre à cette liste de nos martyrs, qui s'arrête au commencement du xviiie siècle, des indications au moins sommaires sur les dévouements de nos Pères pendant la durée de ce même siècle, et surtout, durant la Révolution. Car nous savons qu'un bien grand nombre d'entre eux ont montré

de Dieu une nouvelle société de clercs qui porteront
le nom de Jésus, et un de ses premiers pères, conduit
par le Saint - Esprit pénétrera jusqu'aux contrées
les plus éloignées des Indes Orientales, dont la
plus grande partie embrassera la foi orthodoxe,
par le ministère de ce prédicateur évangélique. »

Ainsi le Seigneur qui devait confier un jour au zèle
de saint François Xavier la conversion des Indes,
daigna s'en ouvrir quarante-trois ans avant l'événement à un religieux de l'ordre de la Très-Sainte
Trinité.

VI

Extension successive de l'ordre de la Très-Sainte Trinité.
Costume, etc.

Nous croyons utile de donner maintenant ici un
très-court aperçu sur le degré d'extension que prit
successivement l'ordre de la Très-Sainte Trinité par
le nombre de ses établissements. Dix ans seulement
après sa fondation, c'est-à-dire en 1209, Innocent III
disait, dans une de ses bulles, que cet ordre s'était
déjà propagé d'une mer à l'autre. Voici ses termes :
*Deus in tantum dedit incrementum quòd a mari usque
ad mare suos palmites jam extendit.* Le moine Albé-

alors un courage, une fermeté de conduite dignes de tout éloge,
mais nous manquons encore actuellement des documents authentiques nécessaires pour combler cette lacune.

ric, qui vivait trente ans après le pape Innocent,
nous assure, ainsi que d'autres auteurs, qu'à cette
époque les établissements de l'ordre étaient environ au nombre de 600, et ce chroniqueur, témoin
oculaire de la prodigieuse et sainte activité des
nouveaux religieux pour la rédemption des captifs
et dans le soin de toute sorte de malades, semble
s'étonner de ce qu'ils se conservent si recommn-
dables au milieu de tant d'occasions de dissipation
extérieure.

Aux xve et xvie siècles, l'ordre, arrivé alors à l'a-
pogée de sa splendeur, comptait en tout 886 mai-
sons, semées pour ainsi dire sur toute la surface de
l'Europe et même en Asie.

En voici la nomenclature d'après les auteurs les
plus autorisés :

Angleterre.	44	Lithuanie.	18
Écosse.	37	Bosnie.	44
Irlande.	54	Albanie.	30
Saxe.	19	Italie et Sicile.	25
Hollande.	15	Grèce.	40
Danemark.	27	Chypre.	20
Pologne.	13	Russie.	17
Hongrie.	29	Palestine.	140
Dalmatie.	30	Espagne.	60
Lombardie.	44	Portugal.	20
Allemagne.	37	France.	94
Bohême.	29		

A l'époque de la tenue du fameux chapitre national dont nous avons parlé, l'ordre avait déjà vu
un bien grand nombre de ses établissements supprimés pour diverses causes, et surtout par les

Turcs en Orient et par les protestants en Occident. Il ne comptait donc plus, en 1768, que 200 couvents environ, dont nous voyons les noms sur une liste donnée à la fin d'une circulaire que publia alors le P. Pichault, général de tout l'ordre. Or, sur ces 200 maisons, il y en avait 94 dans les 6 provinces que l'ordre possédait en France, et 80 à peu près dans les 4 provinces d'Espagne. Les autres étaient à Alger, à Tunis, à Rome, à Naples, en Sicile, dans la Lombardie et dans les États sardes. Cette circulaire mentionne, en outre, 10 maisons de religieuses trinitaires que l'ordre possédait en Espagne. Nous avons dit plus haut quel est actuellement le nombre total de maisons de l'ordre, soit pour la réforme, soit pour l'ancienne observance.

Nous dirons maintenant un mot du costume des religieux trinitaires des diverses observances et à différentes époques. Ceux d'entre eux, qui n'ont point subi la réforme, portaient et portent encore une grande soutane de serge blanche assez fine, avec un scapulaire de la même étoffe, orné sur la poitrine d'une croix patée rouge et bleue. Au chœur, ils mettaient un surplis en été, et en hiver une chape ou manteau, qui était blanc en France et noir en Espagne, avec une espèce de capuce fendu par devant. Ce manteau qu'on portait aussi hors de la maison descendait plus ou moins bas, suivant l'usage de chaque province. Les religieux Trinitaires espagnols non réformés, qui sont actuellement à

Rome *Via condotti*, ont un manteau noir long, assez ressemblant à celui des séculiers. Le costume des réformés français et des réformés espagnols, était à peu près le même. Toute la différence consistait en ce que le manteau des Français était blanc, tandis que celui des Espagnols était de couleur tannée, et est actuellement tout à fait noir. De plus, la sandale des réformés d'Espagne avait une semelle faite avec du chanvre, tandis que celle des déchaussés français était de cuir.

Notons enfin, que, soit dans l'ancienne observance, soit dans la réforme, les religieux trinitaires ont toujours porté sur le côté gauche extérieur de leur manteau une croix semblable à celle du scapulaire ; mais les réformés, soit en France, soit en Espagne, ont adopté pour ces croix une forme unie et simple comme plus naturelle, et venant plus sûrement de saint Jean de Matha, tandis que les autres portent une forme de croix patée appelée aussi, mais improprement, croix de Malte, et ils prétendent également qu'elle vient du premier fondateur. Nous avons dit plus haut, d'après Mgr Luquet, que la mosaïque qui existe encore sur l'arc de Saint-Thomas *in Formis*, porte l'une et l'autre de ces deux formes de croix trinitaires [1].

---

[1] Ce sont les Déchaussés d'Espagne qui sont arrivés à Faucon en 1859, attendu que les deux réformes de l'ordre en France n'ont point survécu à la Révolution de 1789. Notre costume, avec habit blanc et manteau noir, nous fait donc ressembler

VII

Du nombre de rédemptions opérées par les religieux Trinitaires.

« L'impulsion que les deux saints fondateurs et leurs premiers disciples avaient donnée à l'œuvre du rachat, l'ordre de la Très-Sainte Trinité la conserva toujours jusqu'à ce que de funestes événements vinssent le renverser, sinon l'anéantir, avec tant d'autres institutions religieuses. Pendant plusieurs siècles, on vit ces admirables religieux, partout où il y avait des esclaves à racheter. L'Afrique, l'Asie, les Indes, la Tartarie ne leur présentaient point de dangers assez grands pour les rebuter; les périls

aux Dominicains. En novembre 1859, nous nous trouvions en chemin de fer, de Bordeaux à Montauban; il y avait dans le wagon où nous étions quelques militaires que notre costume étonna d'abord un peu. Tout à coup, l'un d'eux, qui était caporal, s'approche hardiment de nous : Mon Père, dit-il, je connais votre habit; j'ai vu beaucoup de vos Pères à Rome, où j'étais logé, au couvent de la Minerve. — Je crois bien que vous vous trompez. — Pas du tout. — Et qui sommes-nous donc? à quel ordre appartenons-nous? — Ma foi, vous êtes des Dominicains. — Je vous disais bien que vous étiez dans l'erreur. Les Dominicains n'ont pas cette croix rouge et bleue que vous voyez sur notre scapulaire et sur notre manteau. — Ah! parbleu! c'est que vous êtes probablement des caporaux de Dominicains.

Et tout cela était dit de la meilleure foi du monde et sans le moindre sourire.

même enflammaient leur zèle. Plusieurs obtinrent la palme du martyre, ou échangèrent leur liberté contre les fers des captifs qu'ils ne pouvaient autrement racheter. Il faudrait des volumes entiers pour rapporter tous les faits de ce genre. On est étonné du nombre de rédemptions que firent les religieux de la Très-Sainte Trinité et de celui des esclaves qu'ils rendirent à la liberté. Quoique les malheurs des temps, qui ont détruit la plupart de leurs archives, nous aient ravi les détails et le souvenir de plusieurs de ces saintes expéditions, ils en ont cependant encore assez épargné pour que nous puissions apprécier les services immenses rendus à la religion et à l'humanité par l'admirable institut de saint Jean de Matha et de saint Félix de Valois. » (P. Prat.)

Environ 7,000 esclaves durent leur liberté aux deux saints fondateurs ou à leurs premiers compagnons. Depuis lors, jusqu'à l'an 1787, les Trinitaires de France opérèrent 400 rédemptions et délivrèrent environ 40,000 esclaves.

Les trois provinces d'Angleterre, d'Écosse et d'Irlande, depuis leur fondation jusqu'à l'an 1530, en firent 300, et délivrèrent une foule d'esclaves dont on ne connaît pas exactement le nombre.

Des religieux de diverses provinces avaient déjà opéré en Perse et en Tartarie, avant l'an 1422, 60 rédemptions, qui se multiplièrent surtout au XVIIᵉ siècle.

L'an 1455, les Trinitaires de Palestine avaient fait 117 rédemptions en Orient.

La province d'Allemagne en avait opéré 143, lorsque les hérésies vinrent y interrompre cette œuvre de haute civilisation.

La province de Naples et de Sicile compte plus de 200 rédemptions.

En Espagne, les diverses provinces de l'ordre, depuis leur établissement jusqu'au commencement de ce siècle, se signalèrent par plus de 150 rédemptions générales, où elles rendirent la liberté à plus de 40,000 captifs. Si à ce nombre on ajoute les rédemptions particulières que firent ces provinces, on aura un nombre de plus de 100,000 captifs rachetés.

La province du Portugal fit 75 rédemptions et délivra environ 16,000 esclaves. On sait, en outre, que lorsque l'ordre de la Très-Sainte Trinité put avoir des couvents à Alger et sur la côte d'Afrique, les supérieurs de ces maisons parvenaient souvent à force d'adresse, de prières et de sacrifices, à obtenir la liberté d'un très-grand nombre d'esclaves chrétiens. L'ordre multiplia encore ces bienfaits, lorsque, divisé en plusieurs congrégations, il vit s'augmenter dans son sein le nombre des rédempteurs, de sorte qu'on ne s'éloignerait pas de la vérité en portant jusqu'à 900,000 le nombre des esclaves rachetés par l'ordre de la Très-Sainte Trinité, et c'est ainsi que les enfants de saint Jean de Matha et de saint Félix de Valois ont toujours rempli leur glorieuse devise : « *Gloria Deo, uni et trino, et captivis libertas.* »

Mais, au reste, en exaltant les services rendus à l'Eglise et à l'humanité par l'ordre de la Très-Sainte Trinité, nous ne voulons point prétendre qu'il ait marché seul et sans imitateurs dans cette voie du dévouement à l'égard des captifs. Au contraire, nous saisissons volontiers cette occasion pour parler ici d'un ordre que l'on confond souvent avec le nôtre, quoiqu'il n'y ait de commun entre eux que le but, tandis que leurs fondateurs, leurs constitutions et le costume même de leurs sujets sont différents.

La charité est contagieuse de sa nature. Donc, quelques années après leur fondation, les Trinitaires eurent des rivaux, ou plutôt, des auxiliaires et des compagnons assidus de leur zèle et de leurs travaux. Ce furent les frères de la Merci. Saint Jean de Matha et saint Félix de Valois étaient enfants de la France. Leur œuvre datait de 1198. Or, voilà qu'en 1215, un autre Français, car cette œuvre de la rédemption est éminemment française, Pierre Nolasque, né dans un bourg du Lauraguais, à une heure de Castelnaudary, résolut, lui aussi, de vouer aux esclaves chrétiens sa fortune et sa vie. Guillaume de Bas, seigneur de Montpellier, Armand de Carcassonne, et plusieurs autres, se lièrent avec lui dans ce noble but. Pierre Nolasque, pour sa seule

part, racheta plus de quatre cents esclaves. Son institution se propagea rapidement; elle délivra plus
de trois cent mille esclaves en Barbarie, et plus tard,
comme si l'Afrique n'eût point pu suffire à sa charité, elle fonda des établissements en Amérique, sur
cette terre que souille encore aujourd'hui la plaie de
l'esclavage. Il paraît avéré que les Pères de la Merci,
de 1218 à 1632, ont racheté en tout plus de cinq
cent mille captifs, ce qui, joint aux neuf cent mille
dont nous venons de parler, forme au moins un total de un million quatre cent mille esclaves rachetés
par ces deux ordres religieux.

Et maintenant, voudrait-on savoir quel est le prix
de la rançon? Elle variait suivant l'âge, la force, les
aptitudes de l'esclave, et, souvent aussi, suivant la
cupidité du maître. Certaines relations des rédempteurs nous montrent des esclaves rachetés moyen-
nant une somme de 400 livres, d'autres au prix de
1,200. D'après les registres officiels trouvés à Alger,
il y en a plusieurs de 5,000 livres, d'autres de 10,000.
Celle de Michel Cervantès en avait coûté 25,000 aux
Pères Rédempteurs [1].

---

[1] Michel Cervantès, l'illustre auteur du Chevalier de la Manche, le glorieux soldat mutilé de Lépante, qui avait été cap-
turé dans une traversée de Naples en Espagne, par le fameux
corsaire algérien Mami, fut racheté, le 19 septembre 1580, par
les religieux Trinitaires, ainsi qu'il l'atteste lui-même dans un
de ses ouvrages. Les PP. Jean-Gil et Antonio de la Vella com-
plétèrent de 1,500 écus la rançon envoyée par la famille de Cervantès, qui avait passé déjà six ans en captivité. Mort le 23 avril

Ajoutez au prix du rachat donné au maître de l'esclave des droits considérables à payer, des redevances supplémentaires qui doublaient parfois le prix de la rançon convenue, les dépenses de retour pour les Pères et pour les captifs délivrés, et vous aurez en moyenne pour chaque rançon un prix de 6,000 fr. de notre monnaie, d'après le calcul de Mgr Pavy, évêque d'Alger, qui a fait à ce sujet d'intéressantes recherches.

Donc, le rachat de 1,400,000 esclaves n'aurait pas moins coûté de huit milliards quatre cent millions aux libérateurs.

On peut aussi se rendre compte des dangers qui entouraient les religieux Rédempteurs dans leur mission de charité, en relisant les atrocités que les Barbaresques commettaient envers les consuls même des puissances étrangères et les tourments dont ils les accablaient. On sait qu'un de leurs raffinements de mépris envers les chrétiens, lorsque les flottes européennes venaient les sommer de respecter le droit des gens, était de placer les consuls et les missionnaires à la bouche de leurs canons. Ce fut là l'horrible supplice qu'on infligea au P. Levacher, le 29 juillet 1683.

A travers ces incessantes calamités, les Pères Trinitaires, toujours patients et dévoués, redou

1516, il fut enterré dans l'église des Trinitaires de Madrid (Antoine de Latour, cité par M. Carlier.)

blaient d'efforts et subissaient sans murmurer les avanies de toutes sortes que les Turcs leur infligeaient. Ils ne bornaient pas leur rôle à faire des quêtes pour subvenir au rachat des chrétiens; ils visitaient, ils consolaient dans leur captivité ceux qu'ils ne pouvaient pas affranchir, en un mot, ils ne manquaient pas de joindre, toujours en faveur des captifs, l'aumône spirituelle aux secours temporels.

Dès l'an 1546, le P. Sébastien Dupont, du couvent de Burgos, qui avait suivi Charles-Quint dans son expédition de 1541, étant allé une première fois à Alger, pour racheter deux cents esclaves, songea à y faire quelques établissements religieux. Il fonda des chapelles dans les bagnes, où les Turcs permirent l'exercice du culte public, parce qu'ils avaient remarqué que les esclaves travaillaient mieux lorsqu'ils avaient fréquenté les sacrements. L'esprit de lucre fut plus fort que le fanatisme. Le P. Dupont fonda aussi dans ces cachots des infirmeries qui furent administrées par des Trinitaires espagnols, et de plus, un hôpital qui, presque ruiné, fut reconstruit, en 1612, par les PP. Bernard de Monroy, Jean d'Aquila et Jean de Palacios. Ces religieux, d'abord emprisonnés, puis retenus à Alger, profitèrent de leur séjour forcé dans cette ville pour y recueillir des aumônes, réédifièrent et agrandirent l'hôpital, où ils moururent eux-mêmes au milieu des esclaves. Assez longtemps plus tard, en 1644, l'hôpital fut encore augmenté, avec les aumônes de l'Espagne et du Pérou, par le P. Jean de la Conception qui, après avoir passé plusieurs années au service des esclaves, fut brûlé vif pour être entré dans une mosquée, le crucifix à la main et en prêchant la vérité chrétienne.

Ces admirables négociants de la liberté chrétienne avaient établi leurs comptoirs de nouvelle sorte à Alger, à Bougie, à Mostaganem, à Oran, etc. Là, ils arrivaient pleins de joie, après avoir parcouru l'Europe et recueilli, au milieu de fatigues bien rudes et de refus plus durs encore, d'abondantes aumônes. Là, ils débattaient la rançon des captifs et luttaient contre les avanies et les supercheries des Barbares, obligés bien souvent d'ajouter au prix convenu leur liberté et même leur vie. Mais, n'importe, ajoute Mgr Pavy, leur zèle croissait avec les obstacles et se fécondait par les avanies. Tous ces divers rachats, dépouilles opimes conquises sur l'infidélité et la barbarie, n'avaient coûté qu'à eux seuls des sueurs et du sang, et ces généreux sacrifices avaient lieu tandis que les protestants et les philosophes, grands et petits, demandaient ironiquement à quoi étaient bons les moines !.....

Oui, sans doute, le monde, si disposé pourtant à admirer les conquérants et les conquêtes, a trop méconnu ces hommes dont le courage et les succès dépassent de beaucoup les exploits des héros les plus vantés.

« Nous voyons de nos jours, dit un auteur, d'étranges ovations décernées à ceux qui passent pour avoir affranchi un peuple. Je salue, je l'avoue, avec plus d'admiration et d'amour ces religieux qui se dévouent au prix de tant de fatigues et de périls à l'affranchissement des esclaves. Ceux-là sont les vrais libérateurs des opprimés, et leur héroïsme, qui ne répand d'autre sang que le leur, vaut bien celui que d'autres déploient sur un théâtre bien différent. » (M. L. de Lamotte.)

Voici le portrait que Châteaubriand, dans son Génie du christianisme (4ᵉ partie, livre III, chap. vi), a tracé de ces hommes dévoués : « Le Père de la Rédemption, dit-il, s'embarque à Marseille. Où va-t-il seul ainsi, avec son bréviaire et son bâton? Ce conquérant marche à la délivrance de l'humanité, et les armées qui l'accompagnent sont invisibles. La bourse de la charité à la main, il court affronter la peste, le martyre et l'esclavage. Il aborde le dey d'Alger, il lui parle au nom du Roi céleste, dont il est l'ambassadeur. Le Barbare s'étonne à la vue de cet Européen qui ose seul, à travers les mers et les orages, venir lui demander des captifs. Dompté par une force inconnue, il accepte l'or qu'on lui présente, et l'héroïque libérateur, satisfait d'avoir rendu des malheureux à leur patrie, obscur et ignoré, reprend humblement, à pied, le chemin de son monastère. »

La force de la vérité a arraché au coryphée des

incrédules du siècle dernier, à Voltaire lui-même, de magnifiques éloges en faveur des religieux Rédempteurs. Quand verrons-nous ses adeptes s'enrôler, eux aussi, dans de semblables expéditions, pour procurer la liberté aux malheureux qui en sont encore privés?

VIII

Extinction de l'esclavage sur les côtes de Barbarie par la conquête d'Alger.

L'infâme pratique de la piraterie et de l'esclavage s'était perpétuée sur la côte septentrionale de l'Afrique; les navigateurs aux parages de la Méditerranée en étaient surtout les victimes, et seuls, les humbles frères de la Rédemption ne cessaient pas de s'entremettre pour en atténuer les misères.

A l'époque néfaste de 89, on supprima en France, avec les autres ordres religieux, celui des Trinitaires, sans tenir compte de l'utilité manifeste de leur institution qui ne tendait qu'à rendre les hommes à la liberté : motif qui eut dû, ce semble, être respecté sous le règne de la Liberté que l'on préconisait tant alors. On pourrait lire, dans quelques auteurs du temps, des plaintes touchantes, et souvent fort éloquentes, sur la dispari-

tion subite de cette société de charité que nulle autre
ne pourrait remplacer pour le soulagement efficace des infortunes auxquelles elle était chargée spécialement de remédier, société dont les membres,
sans aucun espoir de lucre, et au prix de dangers
personnels, se dévouaient à maintenir intacts, devant la coutume antique et barbare de l'esclavage,
les droits sacrés de la religion chrétienne et de la
civilisation.

Ceux qui se faisaient ainsi les défenseurs avoués
de l'Œuvre du Rachat, n'avaient point, sans doute,
sous les yeux le nombre maintenant connu des neuf
cents mille captifs délivrés successivement par les
religieux de l'ordre de la Très-Sainte Trinité. Peut-
être même ignoraient-ils complétement à quelle
source divine de foi et de charité les libérateurs
puisaient ce courage et cette persévérance invinci-
bles dont les résultats furent bien supérieurs à ceux
qu'avaient jamais obtenus, en faveur des captifs
chrétiens, les armées et les flottes des plus puissants souverains. Mais l'impartialité de ces généreux défenseurs les portait à rappeler à leurs con-
temporains, monstrueusement ingrats et insou-
ciants de l'avenir, cet exemple permanent de dévouement qui avait forcé l'Europe à rester toujours
attentive au fait sans cesse renouvelé de la barbarie
musulmane.

En effet, les puissances européennes avaient tenté,
à diverses époques, de faire justice des dépréda-

tions et des cruautés des Barbaresques. Elles tendaient, d'ailleurs, à s'affranchir en même temps des tributs honteux qui leur étaient imposés ; mais divisées entre elles, ces nations avaient agi séparément, et leurs efforts avaient toujours été infructueux.

Charles-Quint échoua dans sa mémorable expédition de 1541. Les chevaliers de Malte s'immortalisèrent par de glorieux faits d'armes contre les pirates de Barbarie, mais ils trouvaient devant eux des adversaires assez audacieux pour venir les assiéger dans leur île (1565). Les expéditions de Duquesne, tentées en 1682 et 1683, sont restées célèbres par leurs bombardements destructeurs, et aussi par leurs insuccès. Elles furent marquées surtout par un redoublement d'exécrables cruautés envers les chrétiens résidant à Alger. Celles de Tourville et du maréchal d'Estrées, en 1685 contre Tunis et Tripoli et, en 1688, contre Alger n'eurent pas une meilleure issue. On forçait un moment les souverains de ces pays de forbans à rendre cinq à six cents esclaves français ; mais, au départ des flottes, ils ne tardaient point à se remettre en croisière et leur haine du nom chrétien justifiait, à leurs yeux, l'horrible esclavage auquel ils soumettaient les marins et les passagers qu'ils capturaient.

Les expéditions des Espagnols en 1732 et 1772, celle des Français en 1764, celle des Danois en 1770, même celle des Américains, en 1815, étaient toujours demeurées sans résultats satisfaisants. Il fallait l'époque du Congrès de Vienne pour que les puissances marchassent d'accord dans une question qui les intéressait toutes. L'Angleterre prit l'initiative, et lord Exmouth fut envoyé en 1816 avec une flotte considérable qui bombarda vigoureusement Alger [1].

Le 27 août il obtint un traité qui stipulait « la délivrance de tous les chrétiens et l'abolition de l'esclavage. » Mais, après le départ de l'amiral anglais, une révolution de palais ayant de nouveau changé la forme du gouvernement algérien, l'ancienne pratique de la piraterie reprit son cours, avec son hideux cortége d'esclaves ; et le sort de ces infortunés était d'autant plus à plaindre que rien alors ne ve-

---

[1] Ce fut par suite du traité de lord Exmouth que fut délivré, avec une cinquantaine d'autres Français, Pierre-Joseph Dumond, qui était esclave à Alger depuis trente-cinq ans. Il avait été fait prisonnier à la suite d'un naufrage entre Oran et Alger. Cet infortuné a publié un récit des souffrances inouïes auxquelles les esclaves étaient exposés ; obligés, presque nus et enchaînés deux à deux, au travail incessant de la terre, sous la menace constante du bâton, et nourris seulement de quelques grains de blé de Turquie et d'olives d'une odeur insupportable. « Nous avions, dit-il, les mains si remplies de callosités, qu'il nous était impossible de les fermer, même à moitié. La plante de nos pieds était devenue une espèce de corne, plus épaisse que celle des chevaux. Ce n'est point une exagération, on aurait pu nous ferrer sans douleur. » A la prise d'Alger, en 1830, il se trouvait encore 122 captifs chrétiens dans le bagne. Un de ces malheureux y était enfermé depuis 1802.

Pour les renseignements fournis dans ce dernier chapitre, voir l'opuscule *Les Trinitaires de la Rédemption,* publié à Lille, 1866, par M. J.-J. Carlier.

nait faire contrepoids à leurs indicibles douleurs. Non, les rédempteurs d'autrefois ne leur apparaîtraient plus désormais rachetant avec leurs aumônes les plus malheureux d'entre eux, et, par des paroles de paix et de douceur, d'espoir et de consolation, rendant moins insupportable la vie au fond des cachots [1].

Il était réservé à la nation qui déjà avait donné au monde l'admirable institut des Frères de la Très-Sainte Trinité et ses deux illustres fondateurs, de délivrer enfin l'Europe d'un fléau dont l'existence était la honte des peuples civilisés. Une fois de plus on vit se réaliser alors la belle parole de nos anciens chroniqueurs : *Gesta Dei per Francos*. Donc, grâce à l'héroïque détermination d'un roi de France qui, ayant à venger une injure reçue du dey d'Alger, ne tint aucun compte du mécontentement qu'en éprouvait l'Angleterre, la chrétienté fut définitivement affranchie et mise à l'abri des attentats de lèse-humanité, qu'autorisait depuis tant de siècles la civilisation musulmane.

---

[1] Nous devons dire, cependant, que l'ordre s'étant perpétué en Espagne, après 89, quelques Trinitaires espagnols allaient séparément soulager les captifs en Barbarie. Ainsi, les Français entrant à Alger en 1830, y trouvèrent le P. Gervais, Espagnol, qui y résidait depuis près de trente-deux ans en qualité d'aumônier des esclaves chrétiens dans la Régence. De même, après la prise d'Oran, nos sœurs Trinitaires, qui y vinrent au nom du gouvernement français, pour le soin des malades, y trouvèrent également un Trinitaire espagnol qui était très-utile aux malheureux captifs.

Que d'autres envisagent la conquête d'Alger au point de vue des avantages matériels du commerce, de l'industrie, de la navigation; que d'autres la considèrent au point de vue politique de la puissance et de la gloire des armes. Nous voulons nous-mêmes porter nos regards plus haut. C'est le triomphe de notre divine religion qui, selon nous, est manifestement marqué dans la conquête d'Alger. Nous aimons aussi à y considérer le prix des sueurs et du sang dont un si grand nombre de nos religieux Trinitaires ont arrosé cette terre d'Afrique. La persévérance de leur dévouement a sans doute hâté, dans les jugements de Dieu, l'heure fortunée de la complète délivrance.

Les Français en s'emparant de l'Algérie ont donc accompli, avant tout, une mission religieuse, au nom du Rédempteur qui a apporté au monde la vraie liberté. Sur cette terre si longtemps barbare, où régnaient l'esclavage et l'ignominie, où tant de larmes et de soupirs avaient semblé accuser de lenteur la justice et la miséricorde de Dieu, on proclame désormais que tous les hommes sont frères et qu'il n'y a plus d'esclaves parmi eux.

Mais, ce résultat étant enfin obtenu, peut-on dire que l'ordre de la Très-Sainte Trinité est aujourd'hui sans objet et qu'il n'est plus qu'un touchant et respectable souvenir? Nous ne le pensons pas, et nous avons donné dans la préface du présent opuscule des raisons qui nous paraissent péremptoires pour établir que cet institut, qui a déjà si bien mérité de l'Eglise et de l'humanité, a, de nos jours, une belle mission à remplir, et que Dieu, sans doute, lui réserve encore de glorieuses destinées.

FIN.

LITANIES

DE SAINT JEAN DE MATHA.

Seigneur, ayez pitié de nous.
Christ, ayez pitié de nous.
Seigneur, ayez pitié de nous.
Christ, écoutez-nous, Christ, exaucez-nous.
Père céleste, qui êtes Dieu, ayez pitié de nous.
Fils, Rédempteur du monde, qui êtes Dieu, ayez pitié de nous.
Esprit-Saint, qui êtes Dieu, ayez pitié de nous.
Trinité-Sainte, qui êtes un seul Dieu, ayez pitié de nous.
Sainte Marie, Dame du Bon Remède, priez pour nous.
Saint Jean de Matha,
Saint Jean, fruit de prières et de larmes,
Saint Jean, qui, dès votre enfance, avez imité la pénitence de saint Jean-Baptiste.
Saint Jean, qui avez fondé l'ordre de la Très-Sainte Trinité, par une inspiration du ciel.
Saint Jean, Rédempteur des esclaves,
Saint Jean, à qui un ange a apparu, revêtu du scapulaire de l'ordre,
Saint Jean, qui vous êtes retiré dans la solitude pour vaquer à l'oraison.
Saint Jean, très-sublime contemplatif,
Saint Jean, très-fidèle exécuteur des ordres du ciel,
Saint Jean, qui avez entrepris de grands travaux pour la gloire de Dieu,
Saint Jean, qui avez sauvé un grand nombre d'âmes,
Saint Jean, qui avez été frappé souvent par les Barbares,
Saint Jean, qui avez été très-utile à l'Église,

Saint Jean, prodige de science et de lumières, priez pour nous.

Saint Jean, qui avez été un docteur très-humble,

Saint Jean, Père d'un grand nombre de saints,

Saint Jean, homme de miracles,

Saint Jean, brûlant d'amour pour Dieu,

Saint Jean, enflammé de charité pour le prochain,

Saint Jean, rempli de douceur et de patience,

Saint Jean, qui avez été un modèle accompli de toutes les vertus,

Saint Jean, qui êtes mort dans l'exercice du saint amour,

Saint Jean, qui êtes notre père et notre protecteur,

Agneau de Dieu, qui effacez les péchés du monde, pardonnez-nous, Seigneur.

Agneau de Dieu, qui effacez les péchés du monde, exaucez-nous, Seigneur.

Agneau de Dieu, qui effacez les péchés du monde, ayez pitié de nous, Seigneur.

Priez pour nous, ô saint Jean, notre père,

Afin que nous soyons rendus dignes des promesses de Jésus-Christ.

ORAISON.

O Dieu, qui avez daigné, par une vision céleste, vous servir de saint Jean de Matha, notre père, pour instituer l'ordre de la Très-Sainte Trinité, destiné à racheter les captifs de la puissance des Sarrasins, faites, nous vous en conjurons, qu'en vue de ses mérites, nous soyons délivrés de la captivité du corps et de l'âme, par Jésus-Christ Notre-Seigneur. Ainsi soit-il

TABLE DES MATIÈRES.

PARIS, IMPRIMERIE DIVRY ET Cⁱᵉ
RUE NOTRE-DAME DES CHAMPS, 49.